KB267418

갈등 담론의
철학적 지평
2

철학적 소통학 총서 04

갈등 담론의 철학적 지평 2

2025년 12월 23일 초판 인쇄
2025년 12월 28일 초판 발행

엮은이 | 경북대 철학과 4단계 BK21 사업단
교정교열 | 정난진
펴낸이 | 이찬규
펴낸곳 | 북코리아
등록번호 | 제03-01240호
전화 | 02-704-7840
팩스 | 02-704-7848
이메일 | ibookorea@naver.com
홈페이지 | www.북코리아.kr
주소 | 13209 경기도 성남시 중원구 사기막골로 45번길 14
　　　 우림2차 A동 1007호
ISBN | 979-11-94299-84-4 (93100)

값 23,000원

* 이 저서는 2024년도 정부의 재원으로 한국연구재단(BK21 FOUR 사업)의 지원을 받아 연구되었음
　[관리번호: 4120240215036, 사업단명: 경북대학교 철학과 철학기반 갈등문제 전문인재 양성 교육연구단]

04
철학적 소통학 총서

갈등 담론의 철학적 지평 2

경북대 철학과 4단계 BK21 사업단 엮음

북코리아

서문

    경북대학교 철학과 4단계 BK21 사업단은 '철학기반 갈등문제 전문인재 양성 교육연구'의 일환으로 '철학적 소통학 총서' 시리즈를 발간하고 있다. 이번에 발간하는 제3권과 제4권은 각각 독립된 주제 아래 철학적 관점으로 갈등과 소통의 문제를 탐구한 논문들을 모은 것이다. 이전에 발간된 제1권과 제2권이 갈등 문제의 해결에 무게를 둔 것이었다면, 이번의 두 권은 갈등 및 소통에 대한 깊이 있는 이해와 분석에 더 비중을 두고 있다. 갈등에는 역기능적 측면과 순기능적 측면이 모두 존재하며, 이 둘은 서로 교차하면서 인간의 삶과 역사를 만들어왔다. 소통 또한 긍정적인 것만은 아니며 있는 그대로의 사실을 흐리게 하거나 오히려 확증편향의 태도를 부추기는 문제를 야기할 수 있다. 따라서 갈등과 소통은 단순히 제거해야만 하거나 혹은 권장되어야만 할 선악 차원의 문제가 아니라 그 자체가 인간의 삶을 밝히는 철학적 탐구의 대상이 된다. 이번 총서는 바로 이 부분에 집중하여 '갈등'과 '소통'이라는 주제를 조망한 연구 성과들로 구성되어 있다. 제3권의 집필진은 경북대 철학과 교수 및 외부 대학교수로 이루어져 있으며,

제4권의 집필진은 BK사업에 참여하고 있는 경북대 철학과 대학원생 및 계약교수로 구성되어 있다. 각 권은 독자적인 제목을 지닌 제1부와 제2부로 나뉘어 도합 4부의 체계를 이룬다. 각 부에 실린 글들은 각기 독자성을 지니면서도 전체적인 구조를 반영하는 방식으로 구성되어 있다.

　　제3권 제1부의 '소통과 조화의 사상적 지평'은 소통과 조화의 철학적 기반을 탐색하는 데 초점을 맞추고 있다. 여기에 속한 논문들은 주로 서양과 동양 고전 철학자들의 사상을 통해 갈등의 원인을 분석하고, 바람직한 소통 가능성을 사상적으로 탐구한다. 첫 번째 글인 "칼 야스퍼스의 실존적 소통론"은 야스퍼스의 실존철학을 중심으로 갈등과 소통의 관계를 논의한다. 자기와 타자의 관계를 실존조명의 관점에서 분석하며, 갈등을 소통으로 전환하는 철학적 메커니즘을 제시하는 점에서 특징적이다. 두 번째 글인 "제자백가의 관점에서 본 갈등과 소통"은 중국 고대 제자백가의 사상을 통해 이기심과 시비 다툼을 갈등의 원인으로 지목하고, 이를 극복하기 위한 소통 제언을 도출한다. 동양 철학의 실천적 지혜를 현대적으로 재해석해 들어가는 접근법이 돋보인다. 세 번째 글인 "주자학은 양명학과 소통할 수 있는가: 근대 시기 영남 유학자들의 양명학에 대한 인식 태도"는 근대 영남 유학자들의 관점을 바탕으로 주자학과 양명학 간의 사상적 대화를 탐구한다. 부정적·긍정적 인식 태도의 균형을 통해 바른 소통 가능성을 모색한다는 점에서 주목된다. 네 번째 글인 "틈으로 서로 통하다: K-소통(疏通)의 원류를 찾아서"는 한국 고대 불교 사상가인 고구려의 승랑과 백제의 혜균을 원류로 삼아 한국적 소통 개념의 변천을 추적한다. 소통을 단순한 정보의 교환이 아닌 차이와 틈을 매개로 한 통과와 조율의 과정으로 재정의한다는 점에서 의의가 크다. 마지막 순서인 "갈등과 소통의 각도에서 본 이정(二程) 형제의 철학"은 송대 유학자 이정 형제가 파악한 마음의 구조와 예의 논리를 통해 소통의 존재론적 지평을 넓힌다. 특히 예를 외적 규범이 아니라 내면적 성찰과 외적 질서를 매개하는 소통 장치로 재해석한 점이 돋보인다. 제3권 제1부에 실린 논문들은 고전 텍스트를 통해 갈등과 소통이라는 주제를 반성적으로 조명한다는 공통된 특징을 가진다. 이론 중심의 탐구가 주를 이루지만, 각 논문의 맺음말에서는 실천적 함의를 밝힘으로써 전체 주제인 사상적 지평의 구체화를 모색한다.

제3권 제2부의 '갈등 대응의 실천적 지평'은 갈등의 실천적 대응 방안을 중점적으로 다룬다. 가짜뉴스, 사회적 합의, 용서, 교육자치, 진영논리 등 현대사회가 안고 있는 구체적 문제들을 철학적으로 분석해 들어가는 특징을 보인다. 인식론·윤리학·사회철학 등 철학 분과별 실천적 함의를 규명해내고 있다는 점에 의의가 있다. 첫 번째 글인 "'가짜뉴스', 소셜미디어, 그리고 증언의 인식론"은 소셜미디어에서 증언의 정당화를 환원주의와 비환원주의 관점에서 논의하며, 대화의 격률과 사회적 규범을 통해 개선 방안을 제안한다. 디지털 시대의 갈등을 인식론적으로 해부한다는 점에서 특징적이다. 두 번째 글인 "사회적 합의의 인식론: 진리주의에서 베이즈주의로"는 골드만의 진리주의와 베이즈주의의 모형을 비교하며, 가짜뉴스 논쟁을 예로 들어 사회적 합의의 역학을 탐구한다. 수학적 모델을 활용한 실증적 접근이 독특하다. 세 번째 글인 "칸트의 용서 개념과 용서의 의무"는 칸트 윤리를 바탕으로 용서의 의무성을 논의하며, 불완전한 의무로서의 용서를 통해 갈등 해소의 윤리적 근거를 제시한다. 네 번째 글인 "미국 공교육의 지

역 자치: 가치 충돌과 갈등"은 트랜스젠더 이슈와 도덕적 공황 문제를 중심으로 미국의 교육자치를 분석한다. 교육철학·정치철학·사회분석이 결합된 복합적 연구로서 갈등이 가치 충돌의 형태로 어떻게 표출되는지를 제시한다. 마지막 글인 "현 한국 사회의 갈등 및 대립의 원천으로서 진영논리: 그 폐해 및 극복 방안에 관한 시론적(試論的) 탐구"는 한국 사회의 진영논리를 비판적으로 검토하며, 그 극복 방안을 시론적으로 탐색한다. 진영 구도가 어떻게 사회적 소통을 구조적으로 왜곡시키는지 설득력 있게 보여주고 있다. 제3권 제2부를 구성하는 논문들은 실천적 지평을 강조하며, 이론을 현실 문제에 적용하는 응용적 성격이 강하다. 이들은 구체적인 사례를 통해 갈등 대응 전략을 제시함으로써 실생활에서의 적용 가능성을 밝힌다.

　　제4권 제1부의 '갈등의 역동: 자기로부터 세계로'는 자아의 내적 갈등에서 출발해 세계적 차원으로 확장되는 갈등의 역동성을 탐구한다. 여기에 실린 논문들은 심리학·불교·정치철학·고대 철학 등의 영역에 걸쳐 있으며, 개인적 갈등이 사회적 소통으로 이어지는 과정을 분석하는 데 주력한다. 첫 번째 글인 "자아의 정신적 갈등 해결에 대한 융과 니체의 관점"은 융의 에난티오드로미아와 니체의 자아 팽창을 비교하며, 선순환과 악순환의 메커니즘을 통한 자아 통합의 가능성을 검토한다. 내면의 갈등 문제 접근에 요구되는 심리-철학적 통찰을 제공한다는 점에 의의가 있다. 두 번째 글인 "분노의 극복 가능성: 현대심리학과 초기 불교의 관점을 중심으로"는 분노라는 심리적 요인을 현대 심리학과 불교 사상으로 분석하며, 이것의 극복 가능성을 탐색한다. 고대와 현대를 아우르는 학문적 논의를 실천적 유용성의 관점에서 균형 있게 결합했다고 할 수 있다. 세 번째 글인 "주권적 개인은 니체주의적인 경합적 민주주의의 주체인가?"는 니체의 주권적 개인 개념을 민주주의 맥락에서 재검토한다. 니체의 철학을 현대 정치철학에 적용하여 민주주의의 동역학을 새롭게 해석한다는 점에서 의의가 있다. 네 번째 글인 "니체의 아곤: 절제된 상호 소통적 경쟁"은 니체의 아곤 개념을 소통적 경쟁으로 재해석한다. 경쟁과 갈등의 순기능적 측면에 주목하면서 절제의 중요성을 강조한다는 점에서 특징적이다. 아곤의 균형을 논하는 부분은 경쟁을 소통의 도구로 본다는 점에서 의의가 크다. 마지막 글인 "파르메니데스의 「자연에 관하여」와 갈등의 문제: 세 길 해석과 무모순율을 중심으로"는 고대 그리스 철학자 파르메니데스가 제시하는 사유의 길에서의 무모순율과 독사(doxa)의 길에서의 갈등 상황을 분석한다. 파르메니데스의 세 가지 길에 대한 해석을 통해 이분법 구조를 유지하면서도 갈등 해소의 가능성을 제시하는 부분이 인상적이다. 제4권 제1부에 속한 논문들은 갈등의 역동성을 개인으로부터 세계로 확대하는 서사적 구조를 공유하며, 철학사적 텍스트를 현대적으로 재맥락화한다는 점이 두드러진다.

제4권 제2부의 '소통의 가능성: 윤리, 언어, 예술'은 소통의 가능성을 윤리·언어·예술의 관점에서 탐색한다. 용서, 공감, 예술 매체 등을 통해 갈등 해소의 창의적 방안을 제시한다는 점에서 특징적이다. 첫 번째 글인 "'나는 너를 용서한다': 선언으로서의 용서"는 용서를 분노 제거와 관계 청산의 관점에서 논의한다. 히에로니미의 판단 수정 모델을 비판하면서 선언적 화행으로 보는 대안은 용서의 실천적 의미를 깊이 생각하게 한다. 두 번째 글인 "소통과 대상화: 신뢰에 기반한 도덕적 변환의 가능성"은 신뢰 관계를 바탕으로 대상화의 문제를 분석한다. 누스바움의 서사적 역사 개념을 확장하여 신뢰적 관계를 강조하는 부분은 인간관계의 윤리적 차원을 재고하게 한다는 의의가 있다. 세 번째 글인 "우리는 어떻게 타인에게 공감하는가?: 코플랜과 골디의 논의 분석"은 공감의 조건을 심리철학적으로 해부한다. 공감 이론의 추상성을 구체적 조건으로 분석하여 실생활에서의 적용성을 높인 점이 주목할 만하다. 공감의 메커니즘을 분명히 하면서 이것이 지닌 소통론적 함의를 잘 드러내고 있다. 네 번째 글인 "소통의 매체로서 예술: 듀이 예술철학을 중심으로"는 듀이의 경험론을 통해 예술을 소통 매체로 재정의한다. 예술을 참여적이고 공동체적인 소통으로 본다는 점에서 주목할 만하다. 경험의 공동체 형성 과정을 분석하는 부분은 예술의 교육적 가치를 깨닫게 한다. 마지막 글인 "쇼펜하우어 철학에서 증명의 한계와 언어적 소통의 한계"는 쇼펜하우어의 증명론을 통해 언어 소통의 한계를 논의한다. 증명의 네 가지 한계를 세밀하게 분류하는 대목은 소통의 철학적 한계를 되짚어보게 한다. 고전 철학을 현대적으로 재조명하면서 철학적 논증의 엄밀성을 잘 보여주는 글이라고 할 수 있다. 제4권 제2부에 속한 논문들은 소통 담론의 지평을 윤리, 언어, 예술이라는 매체로 확장하며, 이론적 한계를 넘어 실천적 대안을 제시한다는 공통점을 가진다.

『갈등 담론의 철학적 지평』이라는 제목으로 출간되는 이번의 두 권은 갈등과 소통이라는 주제가 지닌 다층적 성격을 철학적 관점에서 짚어낸 것이라는 점에서 의의가 있다. 특히 각 권의 제1부는 사상적 차원 혹은 개인의 내면적 차원에서 갈등 및 소통 담론의 기초를 닦는 데 주력한다고 할 수 있으며, 각 권의 제2부는 이것의 실천적·사회적 적용을 통해 논의의 폭을 확장하고 있다. 이러한 전체 구조는 갈등에 대한 인식에서 출발하여 소통과 조화 그리고 상생으로 전환해나가는 과정을 보여준다. 본 사업단의 연구는 2020년도 한국연구재단의 지원으로 시작되어 올해로 5년째에 이르고 있다. 새롭게 출간되는 이 두 권의 총서가 갈등과 소통 문제에 대한 인식과 대응에서 철학의 역할을 분명히 하는 계기가 되기를 바란다. 독자 여러분의 깊은 관심과 비판적 독해를 기대한다.

2025년 12월
경북대학교 철학과 4단계 BK21 사업단장
임승택

목차

Ⅱ 소통의 가능성: 윤리, 언어, 예술   169

I

갈등의 역동: 자기로부터 세계로

01
자아의 정신적 갈등 해결에 대한 융과 니체의 관점

정희중(경북대학교 철학과 계약교수)

1. 들어가는 말

이 글은 현대의 여러 갈등 문제 중 자아의 정신적인 갈등 문제와 관련하여 융과 니체의 관점이 어떻게 이 문제를 해결하는 데 도움이 될 수 있는지 검토하고자 한다. 우리가 다루고자 하는 자아 갈등이라는 문제는 우선 세계 속의 나라는 개체의 존재 및 그에 대한 반성적 의식에 관한 문제라 할 수 있고, 이에 대해 융과 니체는 단순히 형이상학적·종교적·인식적 접근보다 일종의 심층심리학적 접근을 제시하고 있다. 자아 갈등의 문제는 결국 자신의 존재와 삶에 대한 심리적이면

---

* 이 글은 2022년 한국니체학회 추계학술대회에서 발표한 내용과 저자의 박사학위논문에 포함된 내용을 수정한 것이며, 다음과 같이 먼저 발표된 바 있음을 밝혀둔다. 정희중, 「자아 갈등 문제에 대한 두 해결 방안: 융의 니체 해석을 중심으로」(『동서인문』 29, 경북대학교 인문학술원, 2025).

서 존재론적인 문제이며, 이는 의식이 발달하고 지식이 전문화된 현대인의 삶에서 더욱 중요하게 대두되는 문제라 할 수 있다. 많은 현대인이 불안, 공포, 정신이상, 병리적 경험 등 정신-신체적인 자아 갈등의 문제를 겪고 있으며, 이러한 갈등을 해결하는 것은 중요한 사회적 어젠다라고 할 수 있다.

이 글은 자아 및 자기와 관련된 융과 니체의 관점을 통해 자아 갈등 문제에 대한 해결방안을 살펴보고, 이러한 관점들의 의의를 확인하고자 한다. 이를 위해 구체적으로 융의 니체 해석을 중심으로 니체와 융의 관점을 비교 분석한 후 최종적으로 니체의 관점, 즉 비동일적인 것으로의 회귀를 유력한 해결방안으로 제시하고자 한다. 그러므로 이 글은 폴 비숍이 이미 수행한 것처럼 니체가 융에게 미친 영향의 범위와 성격을 추적하는 글은 아니다. 즉 이 글은 "융의 삶과 사유, 그리고 니체의 그것 사이의 친연성"[1] 또는 융의 니체 수용 연구를 다루는 것이 아니라, 텍스트와 이론을 바탕으로 융의 니체 비판을 재비판하는 것에 중점을 두고 있다.

우선 니체와 융에서의 자아 갈등을 파악하기 위해 염두에 두어야 할 것은 둘 모두 자아(ego, I)와 자기(self)를 개념적으로 구분한다는 것이다. 이러한 구분을 통해 일상적인 언어 사용에서의 모호성으로부터 약간의 개념적 구분이 이루어짐으로써 우리는 결국 우리가 일상적으로 '나'라고 지칭하는 '자아'의 문제가 결국 '자기'와의 관련성 속에서 이해되어야 함을 발견할 수 있을 것이다. 이는 니체와 융의 심층심리학적 관점이 공통으로 제기하는 지점이며, 언제나 우리가 일상 속에

---

1   Paul Bishop, *The Dionysian Self: C. G. Jung's Reception of Friedrich Nietzsche* (Berlin · New York: Walter de Gruyter, 1995), p. 1.

서 망각하게 되는 자기(self)와의 관련 속에서 결국 의식으로서의 나라는 것은 의식으로서의 표면에 불과하다는 것을 다시금 확인할 필요가 있다.

결국 자아 갈등의 문제는 자기와의 관계성 문제이며, 이 관계의 기능 이상은 곧 병리적 현상으로 나타난다. 이 관계성 문제에 대해 니체의 경우, 소크라테스적 인식욕의 이상 발육과 그로 인한 그물망적 지식의 지배, 그리스도교의 선악의 가치 전도, 이러한 종류의 진리 인식 및 진리 종교에 따른 생리적-신체적 힘의 퇴화와 니힐리즘 발생 등의 문제를 제기한다. 융의 경우, 페르소나, 의식, 자아, 개인 무의식, 자기, 그림자, 아니마, 아니무스, 집단 무의식 등 다소 많은 심리학적 개념들을 통해 병리성을 다루고 있고, 자신의 여러 저작에서 환상 분석을 통해 이러한 개념들의 위상과 관계들을 설명하고 있다.

융의 '자기'에 관한 이론을 종합해보자면, 결국 자아의식과 무의식은 '상징'이라는 제3의 것을 통해 통합되어 균형을 이루어야 한다. 융은 이를 총체적인 자기로 향하는 개성화 과정이라고 지칭한 바 있다. 자아 갈등 같은 삶의 병리성은 이러한 개성화를 통해 해결할 수 있다. 융은 이러한 이론을 바탕으로 니체를 비판하는데, 왜냐하면 니체는 신의 죽음을 주장하면서 신이라는 상징을 폐기하고, 자신을 신적 인물로 과도하게 높이 평가하는 일종의 자아팽창으로 나아갔기 때문이다. 『차라투스트라는 이렇게 말했다』[2]에서의 무수한 상징들은 자아의식과 무의식의 통합과 균형에 기여하는 것이 아니라, 단지 무의식의 범람이라는 것이 융의 평가이다. 그리고 결국 이러한 범람 속에서 니체는 자신

---

2   이후 『차라투스트라』로 표기함.

의 생애 말기에 정신적인 붕괴에까지 이르게 되었다는 것이다.

필자는 융의 니체 비판이 니체의 사상적인 내용보다 치료할 환자로서 바라보는 관점에 기인한다고 생각한다. 다음과 같이 그는 니체를 치료 가능한 환자로 생각하고 있다.

> 니체와 비슷한 환자를 어떤 식으로 치료할 것인가 하는 것은 우리 전문가들이 언제나 던지고 있는 질문이다. 니체와 같은 환자는 치료가 가능하다. 하지만 우리는 지금과 달리 그런 이해의 도움을 받지 못하던 사람의 정신에 일어나는 일을 이해할 수 있어야 한다. 니체는 고립된 상태에서 집단 무의식의 경험을 해결하려고 노력하는 개인의 심리를 보여주는 탁월한 예이다.[3]

융에 따르면, 만약 집단 무의식의 경험을 이해하는 심리학의 도움이 있었다면 니체는 정신적으로 치료받을 수 있었을 것이다. 그렇다면 그는 아마도 보다 균형 잡히고 정상적인 의식으로 삶을 살다가 죽을 수 있었을 것이다. 그러나 이러한 견해에는 다음과 같은 질문이 제기될 수 있다. 즉, 그러한 정상적 의식의 삶 자체가 니체가 그토록 거부했던 평균적인 삶이 아닌가? 니체 같은 증상 자체가 의사의 치료를 통해 제거되어야 할 나쁜 것이 아니라, 오히려 그것만이 평균적 인간에서 이탈하는 자유의 징표라면 어떠할 것인가? 그럼으로써 니체는 심리학의 도움 없이 고독하게 무의식의 문제에 직면하여 정신이 붕괴된 환자가 아니라, 오히려 자신의 의식적 자아를 적극적으로 붕괴시킴으로써 최고

---

3 칼 구스타프 융(김세영·정명진 옮김), 『칼 융, 차라투스트라를 분석하다』(서울: 부글북스, 2018), 385쪽.

도의 사유 강도를 현실화시키는 창조의 영점(카오스), 즉 "언젠가 도래할 수 있을 모든 것에 적용되는 하나의 사건"[4]을 드러낸 것이 아닌가?

클로소프스키는 이와 관련하여 악순환의 기호를 말한 바 있다. 즉 니체에게 동일자의 영원회귀가 악순환이라는 것은 다시금 과거의 "완료된 사실을 무수히 재의지하면서, 그것을 완료되지 않은 것으로 바꾸기"[5]에 해당한다. 그러므로 이는 창조와 파괴의 고통스러우면서도 쾌락적인 반복 충동으로서의 악순환이며, 여기서 의지는 자아의 의식적 의지가 아닌 자기충동, 즉 힘에의 의지에 해당한다. 이는 융이 생각하는 균형으로서의 선순환[6]과는 궤를 달리한다. 오히려 니체의 악순환은 완료된 고통, 갈등, 문제를 완료되지 않은 것으로 재의지하는 순환이며, 따라서 힘이 언제나 자신의 최대치를 발휘하는 강함의 순환이라고 할 수 있다. 이는 하나의 자아의식에 갇힌 삶이 아니라 자기의 무수한 타자성과 차이를 끝없이 투쟁적으로 다시 체험하고 수반하는 삶이라 할 수 있다.

이러한 관점은 니체와 융 사상의 친연성이나 유사성을 강조하는 것과는 거리를 두는 것일 수 있다. 즉 이 글은 니체에게서 "대극이 합일되는 치유의 순간 (…) [그리고] 내면의 형상들을 통합하여 인간을 넘어선 상태"[7]를 보려는 해석과는 다른 관점을 제시하고자 한다. 그리고

4　피에르 클로소프스키(조성천 옮김), 『니체와 악순환』(서울: 그린비출판사, 2018), 98쪽.

5　같은 책, 99쪽.

6　융은 니체의 자기극복을 "열등감으로 악순환의 고리를 일으킬 권력 상황"을 초월하려는 것으로 해석한다. 즉 니체에게서 파괴와 창조가 역동적 힘의 놀이 운동임에 비해, 융에게서 파괴와 창조는 균형을 이루는 에난티오드로미아 법칙에 수반되는 과정에 해당한다. 칼 구스타프 융(김세영·정명진 옮김), 『칼 융, 차라투스트라를 분석하다』, 353쪽.

7　김서영, 「정신분석학적 해석에 대한 철학적 고찰: 항우울제에 부재하는 해석의 차원을 찾아서」[『현대정신분석』 20(1), 한국현대정신분석학회, 2018], 28쪽.

그러한 관점이 현대의 자아 갈등 문제를 해결하는 데 도움이 될 수 있다고 본다. 가령 김서영은 니체와 융의 공통점인 치유와 통합을 『차라투스트라』 제4부의 「그림자」에서 차라투스트라가 그림자에게 자신의 동굴에서 휴식할 것을 권하는 장면을 근거로 말하고 있는데, 필자의 시각에서 이는 오히려 차라투스트라가 그림자와 통합하지 않으려 하고 작별하고자 하는 것으로 보인다. 그 장면 이후 차라투스트라는 "벌써 그림자와 같은 것이 내 몸 위에 드리워져 있구나"[8]라고 하며 그림자에게서 떨어져 홀로 달려나가고자 한다. 이러한 점들을 볼 때 니체가 그림자와의 합일을 통한 치유와 통합을 지향한다고 보기는 어려울 것이다.

이 장에서는 위와 같은 배경을 바탕으로 2절에서 융의 자아 및 자기 개념의 구분을 살펴보고, 3절에서 융의 니체와 차라투스트라 비판을 살펴본다. 4절에서는 이러한 융의 비판을 재비판하기 위해 니체적 차이와 융적 상징을 비교할 것이다. 결론적으로 자아 갈등 문제에 대한 융적 해결방안은 인간을 선순환적 상징체계 내로 포섭하려는 전략으로 보이며, 이 관점에서 니체의 정신적 붕괴는 상징을 이해하지 못하고 자기통합에 실패한 것을 나타낼 뿐이다. 그러나 필자가 지지하는 니체적 해결방안은 오히려 차이를 바탕으로 악순환적 운동을 하는 충동을 긍정하는 것에 있다. 이 관점에서 니체의 정신적 붕괴는 오히려 충동의 주체를 드러낸다. 그리고 이는 최고 사유 강도와 의식적 자아의 붕괴라는 "예술가적 소크라테스"[9]의 현현에 해당한다. 필자는 이

---

[8] 프리드리히 니체(정동호 옮김), 『차라투스트라는 이렇게 말했다』(서울: 책세상, 2000), 453쪽.

[9] 니체는 소크라테스가 인식적 사유를 바탕으로 담담히 죽음을 맞이하는 모습을 비판한 바

러한 맥락에서 현대사회의 자아 갈등 문제는 융식의 선순환 방식이 아니라 니체식의 악순환 방식으로 해결될 것이라 생각한다. 물론 이러한 해결은 자아 갈등의 종결을 의미하는 것이 아니라 오히려 언제나 다시 새로운 자아 갈등 속으로 파고들어가는 집요함을 의미할 것이다.

2. 자아의식과 무의식의 균형과 통합: 에난티오드로미아

융은 자신의 많은 저작에서 니체의 자기(Selbst)와 위버멘쉬 개념을 비판한 바 있다. 이는 융이 니체의 이론을 수용하면서도 한편으로 니체와는 다른 자기 개념을 내세우는 것에서 확인할 수 있다. 특히 융은 니체의 『차라투스트라』를 집중적으로 분석한 바 있는데, 이 내용은 환상에 대한 일련의 세미나에 이어진 1934년 세미나에 나타나 있다. 즉 융은 1930년부터 자신의 분석 사례를 검토하는 '사이콜로지 클럽 취리히(Psychology Club Zurich)'를 창설하고 1934년 봄까지 "환상 해석(Interpretation of Vision)"이라는 제목으로 세미나를 열었다. 1934년 5월부터는 강의 참여자들의 요청으로 니체의 『차라투스트라』에 관한 강의를 시작하게 되었다. 이 강의는 1939년까지 약 5년간 지속되었다.

융이 자신의 저작에서 니체를 언급하거나 인용한 부분은 여러 곳

────────────

있다. 소크라테스의 죽음이 의식적 자아의 인식욕의 승리를 나타낸다면, 니체의 정신적 붕괴는 차이 나는 다수의 타자성을 체험하는 충동의 악순환적 운동, 즉 최고 강도의 사유와 의식적 자아붕괴의 동시적 현실화의 승리를 나타낸다. 이는 니체가 『비극의 탄생』에서 '과연 모순일까'라고 질문했던 "예술가적 소크라테스(künstlerischen Sokrates)"의 계속적인 최고치일 것이다. KSA 1, S.96.

에서 나타나고 있지만, 니체의 사례를 보다 집중적으로 다뤘다는 점에서 위의 강의는 특히 중요할 것이다. 이 글은 위 강의에서 이루어진 분석을 주로 다루며, 이를 위해 이 절에서는 우선 융의 자아 개념에 대해 살펴보고자 한다.

융은 자아(ego)를 "정신적 사실들의 복합체"[10]로 간주한다. 인간은 다양한 정신적 사실들로 형성된 콤플렉스를 가지고 있는데, 여기서의 정신적 사실들은 한편으로는 인간의 외부에서 인상을 끌어오고, 다른 한편으로 인간의 어두운 영역인 무의식에서 내용물을 끌어와 형성된 복합적인 것이다. 그러므로 자아는 항상 "우리의 관심의 중심에 있고 우리의 욕망의 중심"에 있으며, 또한 "의식의 중심"[11]에 있다. 그러한 중심에서 자아는 인간의 밝은 면과 어두운 면에 복합적으로 연관되어 있다. 자아의 갈등적 측면은 이러한 의식과 무의식의 복합성에 기인하는 측면이 있다.

외부에서 이끌어진 인상이 자아와 연결될 때 그것은 의식이 되는데, 융은 이러한 의식의 기능을 네 가지로 제시한다. 그것은 ① 감각, ② 사고, ③ 감정, ④ 직관이다. 융에게 감각은 '무언가가 있음'을 알려주는 것이지만, 다만 감각은 '있는 그 무언가'가 무엇인지 그리고 어떤 것인지는 말해주지 못한다. 사고는 이제 '있는 그 무언가'를 지각하고 판단하면서 이름을 붙여 정의하고 또한 개념을 부여한다. 그리고 감정은 "감정 상태를 통해서 (…) 사물들의 가치에 대해 말해준다."[12] 이렇게 감각을 통해 인지되고, 사고를 통해 개념화되고, 감정을 통해 가치가 부

---

10   칼 구스타프 융(정명진 옮김), 『분석 심리학 강의』(서울: 부글북스, 2019), 19쪽.

11   같은 책, 20쪽.

12   같은 책, 22쪽.

여된 그 사물은 단순히 순간적인 것만은 아니다. 그 사물은 시간 속에 있다. 즉, 그 사물은 과거와 미래를 가지고 있다. 우리는 사물의 그러한 시간성을 직관을 통해 느낀다. 즉 직관은 "일종의 예언이며 일종의 기적적 기능"[13]이고, 우리가 "보지 못하는 귀퉁이를 보게 하는 기능"[14]에 해당한다. 직관을 통해 우리는 사물에 대해 추측하고 예상할 수 있다.

상호 대극을 이루는 이 네 가지 기능은 상호 모순적인 기능이기도 하다. 즉 사고와 감정이 서로 모순되고, 감각과 직관이 서로 모순된다. 만약 사고가 강화(분화)된 사람이라면 대극에 있는 감정은 약화된 사람이다. 이 네 가지 기능의 중심에 있는 자아는 의지력을 통해 의식의 기능으로 향할 수 있는데, 가령 의지력이 사고로 향한다면 앞서 말했듯이 사고가 우월한 기능이 되고, 감정은 열등한 기능이 된다. 감각과 직관의 관계도 이와 마찬가지이다.

융은 이렇게 상대성과 관계성을 중심으로 정신의 역동성을 파악한다. 이러한 네 가지 기능(사고, 감정, 감각, 직관) 중에서 융은 니체가 사고와 직관이 발달한 사람으로 평가한 바 있다. 따라서 상대적으로 감정과 감각은 니체에게 열등한 기능에 해당한다. 이는 융이 니체의 자아팽창을 진단할 때 충분히 고려되었던 요소이다.[15] 즉, 융이 볼 때 니체는 개념적 사고와 예언적 직관이 발달한 대신 현실적 감각과 가치를 느끼는 감정이 부족하다. 이렇게 인간을 기능적 유형의 대상으로 분석하는 것은 결국 인식적 접근의 한계를 드러내 보이는데, 왜냐하면 이

---

13   같은 책, 24쪽.

14   같은 책, 25쪽.

15   "니체의 경우, 열등한 측면이 감각과 감정이다. 직관이 가장 뛰어나고 지성이 두 번째로 발달했다." 칼 구스타프 융(김세영·정명진 옮김), 『칼 융, 차라투스트라를 분석하다』, 334쪽.

러한 기능적 진단은 치료적 대상화와 관련되기 때문이다. 이는 인간의 정신을 치료가 필요한 것으로 대상화하고, 인간의 비상징적 창조성과 변용 능력을 무력화하는 데 기여하는 이론일 것이다.

융 이론의 이러한 측면은 무의식과 관련해서도 그대로 이어진다. 인간의 어두운 면에서도 융은 네 가지 요소를 제시한다. 그것은 ① 기억, ② "의식적 기능들의 주관적 구성요소들",[16] ③ 감정과 정서, ④ 침공(invasion)이다. 이 네 가지는 침공 쪽으로 내려갈수록 의식의 통제에서 벗어나게 된다. 먼저 기억은 의식에서 버려지거나 억압되거나 사라진 '무의식의 내용물'을 재생하는 기능이다. 두 번째, '의식적 기능들의 주관적 구성요소들'은 우리가 사물 또는 상황에 대해 그것에 수용될 수 없거나 부적당한 내용들에 대해 생각하는 것이다. 그러한 내용들은 주관적인 것이며, 그러한 면에서 기억보다 더 의식의 통제를 벗어난 것이다. 세 번째는 감정과 정서로, 융은 첫 번째, 두 번째와 달리 이것을 기능이라고 보지 않는다. 감정과 정서는 단지 사건처럼 발생하여 자아를 사로잡아버린다. 가령 원시인은 이러한 경험에 대해 "어떤 정령이 자신의 속으로 들어와서 자신을 완전히 바꿔놓았다고 말한다."[17] 이 상황은 자아의 통제력이 상실된 상황으로, 자아는 이 통제 불능의 상황에서 외면적으로만 냉정한 척할 수 있다. 그러나 자신의 내면은 어두운 측면에 의해 완전히 사로잡혀 있는 상태이다. 네 번째는 침공으로, 무의식이 의식으로 난입하는 것이 가능한 상태이다. 여기서 의식의 통제는 가장 낮아지고, 의식이 무의식에 완전히 사로잡혀 "그

---

16   같은 책, 38쪽.

17   같은 책, 41쪽.

사람에게서 무엇이든 나올 수 있는 아주 특별한 상황"[18]에 해당한다.

물론 융은 무의식을 직접적으로 관찰하는 것은 불가능하다고 말한다. 오직 정신 내부의 기능들이 무의식의 내용물을 의식에 닿게 할 때, 우리는 의식에 나타난 무의식의 내용물과 접촉할 수 있다. 융은 이러한 무의식의 내용물을 두 가지로 구분한다. 하나는 개인 무의식이고 다른 하나는 비개인적 또는 집단적 무의식이다. 개인 무의식은 그 내용물이 "사람의 전체적인 인격을 구성하고 있는 요소들"[19]로서, 망각되거나 억압되거나 왜곡된 개인적 내용물로 이루어져 있다. 반면에 집단적 무의식은 무엇보다 신화적이고 집단역사적, 즉 인류적 성격이 강하다. 즉, 이는 "인류 전체에게 고유한 어떤 패턴"[20]에 해당한다.

융은 어떤 꿈에서 나타난 원형적 이미지들은 개인적 내용물로서 습득된 것이 아니라, 집단적인 것으로서 전체 인류에 의해 형성된 것이라고 분석했다. 그리고 이러한 패턴을 아우구스티누스의 표현을 차용하여 '원형(archetype)'이라고 불렀다. 이 원형은 하나의 유형으로서 신화적 모티브를 가지고 있다. 그러나 이 집단적 무의식은 단순히 신비한 어떤 것이 아니라, 육체가 역사를 가지고 있는 것과 마찬가지로 '정신이 가지고 있는 역사'에 해당한다. 즉, 융에게 집단적 무의식은 "과거의 유물과 기억을 담고 있는 창고"[21]이다. 그리고 여기서 인간의 정신은 한 개인이 아니라 인류의 무의식적 정신으로 통합된다. 이 집단

---

18 같은 책, 42쪽.

19 같은 책, 63쪽.

20 같은 책, 64쪽.

21 같은 책, 69쪽.

적인 차원에는 "해부 불가능한 전체성"[22]이 있다. 이러한 맥락에서 융이 볼 때 니체는 집단 무의식에 대한 지식을 가지고 있는 심리학의 도움 및 치료를 받지 못했기 때문에 자신의 정신이 붕괴할 때까지 자신을 원형에 동일시하는 오류를 저지른다.

이렇게 볼 때 융에게 자아 갈등이라는 문제는 위와 같은 기능들의 불균형에 기인한다고 볼 수 있다. 즉 의식의 네 가지 요소는 어느 한쪽으로 치우치는 것보다 균형을 잡는 것이 좋으며, 무의식은 의식을 침공할 정도로 범람해서는 안 된다. 이러한 융의 진단을 전체 인류 차원으로 확대한다면 종교적 구세주는 일종의 불균형을 균형으로 이끌기 위한 것에 해당하며, 힘의 운동은 언제나 작용과 반작용 속에서 균형을 향해야 한다. 니체의 경우 이러한 균형을 잡지 못하고 자아팽창을 겪었으며, 이에 따라 정신의 붕괴를 겪었다는 것이다. 그러나 이러한 균형은 니체에게 무리-동물화 또는 평균화일 것이며, 오히려 융이 전제하고 있는 바는 기존의 관점들로 수립된 '정상인'이라는 매우 인간적인 관점의 한 고정된 존재유형에 불과할 것이다.

융은 균형을 지향하는 분석심리학적 관점을 가지고 니체의 『차라투스트라』를 분석함으로써 니체를 나름의 방식대로 해석한다. 그리고 이는 자아 갈등에 대한 융의 인식과 그에 대한 해결책을 엿볼 수 있게 해준다. 융은 차라투스트라가 서른 살 때 고향을 떠났다는 내용을 바탕으로, '차라투스트라가 산에 오르는 시기'를 '예수가 가르침을 전하는 시기'와 일치시킨다. 여기서 차라투스트라와 예수는 동일화가 일어나고 있는데, 예수와 동일화가 일어나는 이 사태에서 융은 조로아스터

---

22 같은 책, 72쪽.

교의 '구세주 사상'을 포착한다. 조로아스터교에는 천년마다 구세주로서의 사오쉬안트(Saoshyant)가 등장하여 사람들에게 새로운 진리를 가르쳐주며, 옛 진리를 바로잡아주는 역할을 한다. 이때 구세주는 "천년마다 다시 나타나 신과 인간의 중재자 역할"[23]을 한다. 그리고 이러한 구세주 사상은 그리스도교에 영향을 미치기도 했다.

구세주 사상과 함께, "어떤 힘이 과도해지면 그 반작용 또한 강해지면서 균형을 이루게 되는 자연계의 원리"[24]인 에난티오드로미아(enantiodromia) 사상 또한 그리스도교에 수용되었다. 융은 1950년 출판한 독일어판 『역경』의 영역본 서문에서 이러한 에난티오드로미아를 언급한다. 자신의 효와 괘의 한 분석에서 음(陰)이 에난티오드로미아, 즉 내적 반전을 통해 양(陽)으로 바뀌고, "그것에 의해서 미래의 가능성이나 그런 가능성에로의 경향을 묘사하는 하나의 새로운 괘를 산출한다"[25]고 말한다. 즉, 여기서의 반전은 새로운 창조로 나아가는 과정에 해당한다.

융이 보기에, 이러한 사오쉬안트와 에난티오드로미아 사상이 니체의 마음속에 있었으며, 그러한 의미에서 니체의 차라투스트라는 일종의 사오쉬안트에 해당한다. 그렇기 때문에 니체의 적그리스도적인 사상은 단순히 파괴적이고 악마적인 것이 아니라, 지난 2천 년간 인류의 방향을 제시했던 그리스도의 끝(신은 죽었다)에서 새로운 진리를 가지고 다시금 나타난 사오쉬안트의 현현으로 보아야 한다. 말하자면 이는

---

23   같은 책, 21쪽.

24   같은 책, 21쪽.

25   칼 구스타프 융(한국융연구원 옮김), 『인간과 문화』, 융 기본 저작집 9(서울: 솔출판사, 2004), 247쪽.

"기독교 도덕보다 훨씬 더 우월한 도덕"[26]을 가지고 나타나는 긍정의 사오쉬안트인 것이다.

　융의 이러한 해석은 니체의 사유를 보상체계로 형식화하는 측면이 있다. 즉 에난티오드로미아에 따라 작용에 대한 보상으로 반작용이 있으며, 사오쉬안트 즉 차라투스트라는 보상하는 자에 해당한다. 이러한 보상은 『차라투스트라』에서 최초의 사건에 해당하는 차라투스트라가 산 위에서 태양과 대화하고 하산하는 장면에도 드러나 있다. 융의 심리학적 분석에서 태양은 의식의 중심이며 본질이다. 차라투스트라와 태양의 대화는 이러한 자기의식과의 대화라고 볼 수 있다. 그것은 의식이 자신을 강하게 지배하는 상태를 나타내는데, 심할 경우에는 자신의 존재를 소멸케도 한다. 즉, 자신의 빛 속에만 있는 사람은 의식에 압도되어 있다.

　이후 차라투스트라는 의식의 대극에서 무의식의 대극으로 향하게 된다. 즉, 차라투스트라는 곧 산 위의 '의식의 태양'을 떠나 산 아래의 평범한 세상으로 내려간다. 융에게 평범한 세상이란 주로 무의식이 지배하는 "본능적"[27]인 세상이다. 거기서 차라투스트라는 에난티오드로미아를 일으키려 하고, 평범한 사람들이 결여하고 있는 것을 공급하려 한다. 이는 현명한 사람에게는 어리석음을, 가난한 사람에게는 부를 주는 것이다. 이는 또한 지혜로운 차라투스트라에게는 인간 세계로 내려옴으로써 그가 잃어버린 어리석음을 인간으로부터 받게 되는 것이다.

　이 전도 체계가 바로 에난티오드로미아이다. 즉, 의식과 무의식

26　칼 구스타프 융(김세영·정명진 옮김), 『칼 융, 차라투스트라를 분석하다』, 23쪽.

27　같은 책, 29쪽.

차원에서 에난티오드로미아가 일어나야 의식과 무의식은 선순환을 겪으며 균형을 맞출 수 있게 된다. 융에 의하면 이러한 균형의 선순환을 가능하게 하는 것이 바로 상징이며, 그것은 자아와 무의식의 균형 잡힌 통합이다. 이것이 융이 내린 일단의 결론이며, 현대 자아 갈등에 대한 융의 해결방안이다. 그렇기 때문에 융은 다양한 상징의 중요성을 강조한 바 있다. 그러나 니체와 차라투스트라에 대한 융의 이러한 결론은 과연 얼마만큼 설득력이 있을까? 다음 절에서 니체와 차라투스트라의 몰락에 대해 좀 더 살펴보도록 하자.

3. 니체와 차라투스트라의 몰락: 자아팽창

융은 1935년 런던의 타비스톡 강연에서 니체를 언급한 바 있다. 이는 위의 세미나가 진행 중인 시기의 강연이었기 때문에 니체에 대한 융의 관점을 개략적으로 파악할 수 있게 해준다. 타비스톡 강연에서 융은 니체를 조울병 성향의 지식인이라고 진단한다. 그리고 니체가 중년에 이르러 극적인 심리적 변화와 폭발을 보였다고 말한다. 즉 『차라투스트라』를 기점으로 그 이전에는 "프랑스 스타일의 아포리즘 작가"[28]에 해당했다가, 그 이후에는 그와 정반대로 무척이나 강박적이고 끔찍한 기분에 사로잡히면서 이른바 디오니소스적 정동과 분위기로 폭발했다고 말한다. 이렇게 보면 『차라투스트라』는 후기 니체의 정신

---

28 칼 구스타프 융(정명진 옮김), 『분석 심리학 강의』, 52쪽.

병적 증상의 전조에 해당하며, 그렇기 때문에 이 작품은 다른 어떤 작품보다 문제적이다. 왜냐하면 융의 관점에 따르면, 이 작품에서 니체의 자아는 차라투스트라와 동일시되면서 팽창하게 되어 스스로 균형을 상실하기 때문이다.

융은 환상을 분석하고 해석하는 관점에서 니체의 『차라투스트라』 또한 니체가 품은 환상의 일종이라고 생각하며, 『차라투스트라』를 다분히 환상으로 표현할 수 있는 "운문으로 쓴 일종의 설교"[29]로 파악한다. 이 작품의 "각 장은 [차라투스트라의] 경험과 사건, [그리고 니체의] 무의식의 표출"[30]을 보여주는 것이다. 융이 보기에, 이 책에 등장하는 수많은 상징은 물론 니체의 환상들에 해당하는 것이지만, 또한 한편으로 니체의 자아에서 한편으로 분열되고 한편으로 동일시되는 차라투스트라의 설교에 해당하는 것이다. 융의 관점에서 차라투스트라라는 원형적 인물에 대한 니체 자신의 분열과 동일시는 니체의 자아와 집단적 무의식으로서의 원형인 차라투스트라가 동일시됨으로써 적절히 자기로 통합되지 못하고 분열된 상황을 말하는 것이다.

『차라투스트라』의 서문은 차라투스트라가 산에서 성자가 기거하는 숲을 지나 군중이 살고 있는 시장터로 내려오는 내용을 담고 있다. 융에 따르면, 이 하산은 의식이 지배적인 상태에 있는 자기의식으로부터 무의식이 지배적인 상태에 있는 일반 사람들의 단계로 내려온 것을 의미한다. 이와 관련된 내용을 분석하면서 융은 『차라투스트라』의 모델로서 조로아스터교의 차라투스트라와 관련된 내용을 소개하고,

---

29   칼 구스타프 융(김세영·정명진 옮김), 『칼 융, 차라투스트라를 분석하다』, 12쪽.
30   같은 책, 12쪽.

『차라투스트라』의 집필자로서 니체의 원형(archetype)과 자아팽창(ego-inflation)에 대해 언급한 후, 이어 신의 죽음과 위버멘쉬에 대한 부분까지 분석한다.

니체는 왜 차라투스트라를 선택한 것일까? 융은 니체가 실제로 『젠드 아베스타』를 공부했을 것이라고 추측한다. 니체가 젊은 시절 라이프치히에서 공부했을 때, 당시 라이프치히에는 페르시아 종파 중 하나인 마즈다즈난 종파(Mazdaznan sect)의 신도들이 있었다. 융은 『차라투스트라』의 운문 설교의 모델이 『젠드 아베스타』 중에서 예배 의식의 규정을 담은 『야스나(Yasna)』 안에 있는 「가타스(Gathas)」(차라투스트라의 송가)라고 추측한다.

차라투스트라가 실존 인물인지 전설 속의 인물인지 확인하기는 어려워 생존 시기나 지역에 대해 정확히 알 수는 없지만, 융은 차라투스트라(Zarathustra)가 기원전 9세기에서 기원전 7세기경 페르시아 북서쪽 지방에서 살았던 것으로 추측한다. 차라투스트라는 고대 페르시아어인 아베스타어에 해당하고, 그리스식 이름은 조로아스터(Zoroaster)이다.

융은 조로아스터의 교리와 차라투스트라의 가르침을 비교해서 살펴보는데, 왜냐하면 조로아스터교가 선과 악의 대립하는 갈등을 사상의 주요 원리로 삼고 있기 때문이다. 융에 따르면 "니체 본인도 차라투스트라를 선택한 이유에 대해 선과 악의 대조를 고안한 인물이기 때문이라고 설명"[31]한 바 있다. 이에 따르면, 조로아스터교의 교리와 차라투스트라의 가르침은 "빛의 힘과 어둠의 힘 사이의 광대한 갈등에 관

---

[31]   같은 책, 12쪽.

한 것"[32]으로서 매우 유사하다. 이러한 대극성은『차라투스트라』에서 "무의식으로 내려가는 길(몰락, Untergang)"과 "새로운 의식으로 올라가는 길(상승, Aufgang)"[33]의 대극성으로 나타나며, 또한 천상과 대지, 의식과 신체라는 대극성으로도 나타난다.

융은 니체가 그러한 관련 속에서 '늙은 현자'의 모델로 차라투스트라를 선택한 것이라고 본다. 융의 분석심리학에서 '늙은 현자'는 집단 무의식에 해당하는 원형이다. 집단 무의식은 인간이 공통으로 형성하여 가지고 있는 일종의 '정신의 역사'에 해당한다. 가령 삶의 곳곳에서 어려움에 직면했을 때 우리는 늙은 현자라는 원형의 지혜를 통해 난관을 헤쳐나갈 수 있다.

융은 니체가 "삶의 초반에는 매우 직관적인 지식인이었으며, 반항심이 강하고 전통적인 가치들에 비판적이었다"[34]고 평가한다. 이후 차라투스트라가 니체의 내면에 제2의 인격으로 나타났으며, 이는 니체에게 "차라투스트라의 경험이 원형적"[35]임을 보여준다. 이 원형적인 것을 통해 니체는 운명 같은 느낌과 고양된 감정을 느끼며,『차라투스트라』의 집필 자체를 디오니소스적 경험으로 받아들이게 되었다.

융에게 차라투스트라는 늙은 현자를 상징하는 원형적 인물이다. 늙은 현자라는 원형에는 일종의 혼돈과 곤경에 빠진 사람들의 상황이 결부되어 있다. 그러므로 사오쉬안트로서의 차라투스트라는 곤경의

---

32 같은 책, 12쪽.

33 김정현,「니체와 융 사상에서의 자기 찾기: 융의 니체 읽기를 중심으로」(『철학』 77, 한국철학회, 2003), 265쪽.

34 칼 구스타프 융(김세영 · 정명진 옮김),『칼 융, 차라투스트라를 분석하다』, 18쪽.

35 같은 책, 18쪽.

시대적 상황에 의해 등장하는 인물이라고 할 수 있다. 그들은 사람들에게 새로운 방향감각과 새로운 진리를 제시해야 한다. 니체는 차라투스트라가 등장해야 할 상황을 '신의 죽음'이라고 표현하고 있다. 이전에 방향을 제시했던 신이 죽으면 인간에게는 새로운 방향감각이 필요한데, 그때 차라투스트라가 등장하여 새로운 방향감각을 제시한다는 것이다.

융이 보기에 니체의 『차라투스트라』는 이러한 원형에 대한 강렬한 경험의 산물이다. 즉, 니체는 그러한 원형적인 상황에 압도된 상태에서 마치 황홀경에 빠진 것처럼 글을 써 내려갔다. 『차라투스트라』의 집필에 대해 니체는 "그런 글쓰기의 치열함이 어떤 것인지 짐작조차 하지 못할" 것이라고 여동생에게 편지를 쓰기도 했다.[36] 그러나 융의 관점에서 이러한 압도적인 개인 경험은 개인에게서 무의식이 의식을 초과하고 잠식하는 불균형을 초래하게 된다.

융은 평범한 사람과 비교할 때, 차라투스트라의 의식은 "정상 수준 이상의 의식, 일종의 농축된 의식"[37]이라고 파악한다. 이렇게 정상을 넘어선 치열한 의식 상태에서는 줄곧 의식의 발작이 일어나며, 융이 볼 때 이러한 의식은 정상적인 수준으로 약화되어야 한다. 즉 그러한 의식은 보다 인간적인 의식으로 내려와야 하며, 그렇지 않은 경우 그것은 일종의 신적인 의식으로서 인간이 감당하기 어렵게 되고, 결국 과대망상증이 될 수 있다. 융은 『차라투스트라』 집필 당시의 니체에게서 원형의 범람을 통한 의식의 자아팽창을 발견했으며, 『차라투스트

36　같은 책, 35쪽.

37　같은 책, 37쪽.

라』집필 6년 후인 1889년 니체가 자아팽창을 약화시키지 못하고 결국 과대망상증의 발병으로 나아갔다고 본다.

융에 따르면, 니체는 차라투스트라라는 늙은 현자의 원형과 동일시하는 것에 어쩔 수 없이 빠져들었다. 융은 이를 "자아팽창"[38]이라고 부른다. 이는 "사람이 어떤 원형에 사로잡힐 때 자기 자신을 완전히 망각한 가운데 한껏 고양되며 우쭐함을 느끼게"[39] 되는 현상이다. 그렇다면 그때 니체는 자신을 어떻게 느꼈을까? 융은 니체의 말을 빌려 니체가 "자기 자신을 단순한 도구로, 이런 힘들이 내려오며 통과한, 고통받는 육신으로 느끼고 있다"[40]고 말한다. 즉 니체와 같이 자아팽창된 경우 말 그대로 자기 자신이 풍선처럼 부풀어 매우 높이 올라가기 때문에 전체성으로서의 '자기'가 약화되며, 팽창된 자아로부터 극심한 고통을 느끼게 된다. 결국 이를 해결하기 위해 자아에게는 하강이 필요하다. 그래서 차라투스트라는 평범한 세계로 내려오기를 바라고, 평범한 인간이 되기를 원했지만, 차라투스트라와 동일시한 니체 본인은 자아의 균형 상태로 하강하지 못하고 과대망상증으로 나아갔다.

차라투스트라가 산에서 내려온 후, 줄타기 곡예사가 등장하는 장면은 니체의 심리적 환상을 보여준다. 융이 볼 때 이 환상에서 "곡예사는 니체 본인을 상징"[41]하는데, 그렇기 때문에 곡예사는 무의식 차원으로 내려온 니체의 의식이 위험한 상황에 처해 있는 것과 같다. 짐승과 위버멘쉬 사이의 줄에서 곡예를 타는 곡예사는 매우 위험한 상태에 있

---

38   같은 책, 38쪽.

39   같은 책, 38쪽.

40   같은 책, 42쪽.

41   같은 책, 47쪽.

으며, 그렇기 때문에 니체 자신은 '신과의 동일시'를 통해 영웅적인, 즉 자기파괴적인 태도를 취한다. 신과의 영웅적인 동일시 때문에 자기과시와 과대망상 또는 자기오만과 자아팽창적 태도가 나타나는 것이다. 한편으로 니체는 이러한 자아팽창을 통해 자신을 "자기 자신 그 너머로까지 확장"[42]할 수 있었으며, 차라투스트라는 사람들에게 위버멘쉬를 가르치고자 했다. 융에 따르면 이것이 니체의 실책이었다. 니체와 차라투스트라는 위버멘쉬에 대해 설교할 것이 아니라, 자신(ego)이 자기(selbst)가 되려는 개성화 과정을 진행했어야 했다. 즉, 무의식의 영역이 상징을 통해 의식과 적절한 관계를 맺었어야 했다.

만약 인간 세계에서 신이 죽었다면, 이제 인간은 신에 의해 작동되었던 모든 결정적인 작용들을 자신의 내면을 통해 이뤄내야 한다. 즉 "신이 세상을 창조하듯이, 이제 사람이 자신의 창조자가 되어야"[43] 한다. 융은 이렇듯 "[자기의식이 신이 되는] 자아팽창 과정이 인간에게 일어날 때마다 인간은 자기 자신을 창조하는 존재가 된다"[44]고 말한다.

이러한 관점에서 니체는 "신은 죽었다"라고 선언하는 동시에 변형을 시작하며 "부활이라는 원형적 과정에 돌입한다."[45] 융에 따르면, "우리가 '신'이라고 부르는, 우리 내면에 있는 그 활력은 곧 자기재생의 힘이고, 영원한 변화의 힘"[46]이다. 만약 우리가 "신은 죽었다"라고 선언한다면, 우리는 우리 자신을 부활시켜야 한다. 그러나 불행하게도

---

42   같은 책, 47쪽.

43   같은 책, 47쪽.

44   같은 책, 48쪽.

45   같은 책, 50쪽.

46   같은 책, 50쪽.

니체 본인은 이러한 부활에 실패했다. 왜냐하면 니체는 부활 과정에 필요한 대극의 종합에 실패했기 때문이다. 니체의 자아는 팽창했고, 무의식은 그러한 자아의식의 영역으로 넘쳐흘렀다.

니체와 차라투스트라의 이러한 몰락은 아마도 융의 관점을 정당화해주는 것처럼 보일 수 있을 것이다. 만약 우리가 니체의 정신적 붕괴를 융과 같이 부정적으로, 즉 상징을 통한 선순환의 실패로 해석한다면 말이다. 그러나 우리는 이를 다른 관점으로 바라볼 수도 있을 것이다. 우리가 니체를 보다 니체적인 악순환의 긍정으로 해석하고자 한다면 말이다.

4. 융의 선순환과 니체의 악순환: 자기(self)의 문제

융이 한편으로 니체의 이론에 영향을 받았고 일정 정도 니체의 연장선상에서 논의될 수 있다는 점에 대해서는 이론의 여지가 없을 정도로 많은 연구가 이루어져왔다.[47] 김정현은 니체와 융이 모두 자아와 자기를 구분한다고 말하면서, 둘 모두의 방향성을 "'자기' 찾기의 문제"[48]로 정식화한 바 있다. 서구의 근대 사상이 의식을 중심으로 하는 자아를 강조한다는 점, 그리고 그에 따라 인식적 앎과 이해만이 추구된다는 점은 니체와 융 모두에게서 비판의 대상이 되며, 그 둘은 이러한 사

---

[47] 니체와 융의 연관성에 관한 간략한 연구사 정리는 비숍 저작의 Introduction을 참고할 것. *The Dionysian Self: C. G. Jung's Reception of Friedrich Nietzsche*, pp. 1-20.

[48] 김정현, 「니체와 융 사상에서의 자기 찾기: 융의 니체 읽기를 중심으로」, 249쪽.

태와 달리 인간의 자기(니체에게서는 커다란 이성으로서의 신체, 융에게서는 전체성)를 회복하는 것을 목표로 한다. 이주향은 니체가 『차라투스트라』에서 동굴로 들어가는 것과 융이 『RED BOOK(*Liber Novus*)』에서 사막으로 나가는 것을 동일한 맥락으로 파악하며, 둘 모두 의식을 통해 "배우는 것을 지우는 과정"[49]을 강조하는 것으로 파악한다. 이것이 둘에게서 공통으로 파악되는 자기 생명의 체험이다. 자아보다 자기를 강조한다는 점, 의식보다 생명을 강조한다는 점은 자아 갈등과 관련된 지점에서 둘의 공통점에 해당할 것이다.

니체와의 이러한 공통점은 융도 인정하는 바일 것이나, 그럼에도 융은 니체의 정신적 붕괴의 원인이 니체의 심리 상태와 사유 자체에 있다고 보면서 니체를 일종의 실패로 본다. 지금까지 살펴보았듯이 융은 의식과 무의식의 균형과 전체성으로서의 **자기**를 강조한다. 이러한 관점에서 볼 때, 자신과 차라투스트라를 동일시[50]한 니체는 일종의 자아팽창을 겪으며 무의식의 범람 상태에 빠져들었다. 즉 융에게 『차라투스트라』의 무수한 상징은 의식과 무의식의 양극을 매개하는 제3의 것[51]으로서의 상징으로 기능하지 못하고, 오히려 자기를 향해 성숙해가는 개성화 과정을 가로막는다. 그러므로 융의 관점에서 차라투스트라의 상징

---

49 이주향, 「『RED BOOK』을 통해 본 자기 생명 체험, 차라투스트라에 닿다: 니체와 융의 자기 생명살기」(『니체연구』 23, 한국니체학회, 2013), 175쪽.

50 여기서의 동일시는 자아(의식)와 원형의 동일시로서, 자기가 약화되고 의식과 무의식의 균형이 붕괴한 것이다.

51 융의 상징은 대극의 바깥에 놓인 '제3의 것(a third thing)'에 해당한다. 반면 니체의 상징은 대극의 내부에 존재한다. 즉, 융의 관점에서 니체의 자아 갈등과 심리적 붕괴는 니체의 의식과 무의식 외부에 그러한 대극을 매개할 상징이 작동하지 않았기 때문에 발생한 것이다. Lucy Huskinson, *Nietzsche and Jung: The Whole Self in the Union of Opposites* (Hove: Brunner-Routledge, 2004), p. 161 참조.

은 단지 무의식의 범람으로서 자아를 붕괴시키는 파편들에 해당한다.

융은 자기를 "의식적 과정들과 무의식적 과정들의 총합"[52]이라고 표현한다. 즉, 자기는 하나의 전체성이며 그 안에 의식과 무의식을 포함한다. 의식이 중심에 있고, 그 주변을 현자 등의 원형을 포함하고 있는 무의식이 둘러싸고 있다.

융의 이러한 정의는 자기가 의식과 무의식의 통합이라는 점을 나타내고 있다. 그리고 이러한 맥락에서 융은 니체가 나라는 자아의식에 대해 말하면서도 나에 대한 심리학적 비판을 하지 않았다고 비판한다. 즉, 니체가 "'나'의 개념에 대해 명확히 검토하지 않았다"[53]는 것이다. 융의 입장은 만약 나에 대해 심리학적인 비판을 하게 되면, 의식과 무의식을 아우르는 자기라는 개념에 가닿게 되고, 이를 통해 인간의 전체 심리를 파악할 수 있다는 것이다.

자아 갈등이라는 것도 이러한 방식으로 개념화할 수 있다. 즉, 융에게 자아 갈등이란 자신 안에 의식과 무의식이 결합하면서 생기는 일종의 그림자라고 부를 수 있는 "또 다른 자아(alter ego)"[54]와 자신과의 갈등이다. 의식 자아와 또 다른 자아(그림자)의 차이는 의식 자아에 부정적 위협이 될 것이고, 결국 우리는 이 두 자아 중 무엇을 받아들여야 좋을지 모르는 상황에 처하게 된다. 그러므로 융에게서 이러한 자아 갈등은 의식과 무의식의 통합, 즉 자기를 통해 해결될 수 있다. 그런데 융이 보기에 니체는 "자아를 자기와 동일시하고, 따라서 자아와 초인

52　칼 구스타프 융(김세영·정명진 옮김), 『칼 융, 차라투스트라를 분석하다』, 109쪽.

53　같은 책, 123쪽.

54　같은 책, 141쪽.

[위버멘쉬]을 동일시하는"[55] 오류를 저질렀다. 그래서 니체 자신의 자아를 위버멘쉬와 동일시하는 자아팽창으로 나아갔던 것이다. 그러나 융에게 자기는 하나의 상징으로서 의식과 무의식을 통합하는 것이지 자아와 동일시될 수 있는 것이 아니다.

또 한편 융은 니체가 "자기와 육체를 동일시"[56]한다고 비판한다. 자아가 자기와 동일시될 수 없듯이 육체 또한 자기와 동일시될 수 없는 것인데, 『차라투스트라』의 「신체를 경멸하는 자들에 대하여」에서 니체가 자기와 육체를 동일시했다는 것이다. 이렇게 볼 때 융은 자기실현으로서의 위버멘쉬 역시 실제로 나타나는 탁월한 사람이 아니라 하나의 상징으로 봐야 한다고 생각한다. 융에게 신이나 위버멘쉬 같은 것은 인간이 창조해내거나 만들어내는 것이 아니라 인간에게서 "하나의 심리적 경험"[57]에 해당한다.

그러므로 융은 자신의 자기 개념이 니체의 것과 다르다고 생각했다. 그리고 니체가 자신의 방식대로 위험하게 '신'이라는 상징을 파괴해버렸다고 생각했다. 이는 니체 자신의 정신적 붕괴와도 관련된다. 무의식이라는 것은 상징을 통해 적절하게 완화 또는 소화되어야 하는 것인데, 그러한 상징을 폐기함으로써 무의식이 표현될 매개가 사라졌기 때문에 무의식이 의식으로 범람하여 정신적 붕괴에 이르게 됐다는 것이다. 융이 보기에 니체는 신이라는 상징을 폐기하고 그것을 현실적인 위버멘쉬의 출현, 즉 인간 스스로의 창조물로 대체하려 했다. 니체의 위버멘쉬나 영원회귀 사상도 상징이 아니라 단지 "무의식의 공격을 보

---

55   같은 책, 144쪽.

56   같은 책, 164쪽.

57   같은 책, 256쪽.

상하기 위해 만들어낸 것"[58]이므로 상징의 효력을 발휘할 수는 없는 것이었다.

그러나 여기서 우리는 이렇게 의문을 제기할 수 있다. 니체에게 신체(der Leib)는 단순하게 물리적 의미에서의 육체(der Körper)가 아니지 않을까? 왜냐하면 니체가 신체를 '자기'라고 지칭할 때 그것은 단순히 물리적인 것만이 아니라 오히려 "커다란 이성"[59]에 해당하는 것이기 때문이다. 그것은 감각과 감성의 육체뿐만 아니라 작은 이성에 해당하는 정신의 자아(나)를 모두 포괄한다. 즉, 니체에게서도 자기는 자아 또는 육체와 동일화되지 않는다. 오히려 니체에게서 '자기'는 "지배하는 존재"[60]로서, 자아 또는 육체에 명령하고 그것들을 지배한다. 니체는 그동안의 인식적 인간이 자아를 비대하게 이상발육시키고, 그럼으로써 자기로서의 신체를 경멸해온 것을 비판하고 있다. 또한 니체에게 자기는 창조의 주체인데 왜냐하면 의식이라는 것도 신체 형성 과정의 산물, 즉 자기의 창조물이기 때문이다. 이렇게 본다면 인간의 심리역시 자기의 창조물에 해당하며, 그러한 심리적 경험 역시 자기의 명령과 지배하에 있는 것이다.

한편으로 이러한 융과 니체의 차이를 극명하게 드러내 보여주는 것은 융이 『RED BOOK』에서 필레몬의 침묵을 강조하는 대목이다. 필레몬은 위버멘쉬에 대해 설교하는 차라투스트라와 달리, 해답을 구하는 구도자의 질문에 침묵으로 일관한다. 사실상 융의 균형, 통합, 상징, 개성화 등의 선순환을 가능하게 하는 것은 이러한 필레몬의 침묵

---

58 같은 책, 359쪽.

59 프리드리히 니체(정동호 옮김), 『차라투스트라는 이렇게 말했다』, 52쪽.

60 같은 책, 53쪽.

이다. 즉, 융은 자기 스스로 위버멘쉬가 되지 못하고 단지 그에 대해 설교할 뿐인 차라투스트라와 침묵의 필레몬을 대립시키면서 필레몬의 손을 들어준다.

하지만 이러한 융의 진단에 대해 대항할 수 있는 니체의 구절이 없는 것은 아니다. 그리고 이러한 구절에 따르면 차라투스트라가 설교자라는 관점은 표면적인 해석일 수 있다. 니체는 『이 사람을 보라』에서 다음과 같이 차라투스트라의 언명을 설교가 아니라고 말한다.

> 여기서는 광신자가 말하지 않는다. 여기서는 '설교되지' 않는다. 여기서는 믿음이 요구되지 않는다. (…) 그 말은 선택된 자들에게만 들린다. (…) 차라투스트라를 들을 귀를 아무나 마음대로 갖게 되는 것은 아니다. (…) 차라투스트라는 **유혹자**인 걸까? (…) 여느 '현자'나 '성자'나 '세상의 구원자', 여느 데카당이 그런 경우에 말했을법한 것과는 정반대로, 바로 그렇게 말하지 않았던가. … 그는 다르게 말할 뿐만이 아니다. 그는 다른 **존재**이기도 한 것이다. …[61]

설교는 자신이 알고 있는 진리를 말하는 행위로서 듣는 사람에게 그 진리를 믿을 것을 요구한다. 즉, 설교는 진리를 알고 있다고 가정된 자에 대한 청자의 믿음에 의해 지탱된다. 니체는 차라투스트라가 일반적인 현자나 성자, 구원자 등이 말하는 정반대의 방식으로 말한다고 이야기하며, 그것은 오히려 차라투스트라를 의심하고 맞서고 떠남으로써 자기 자신을 찾아내는 것의 중요성을 말한다. 이러한 의미에서

---

[61] 프리드리히 니체(백승영 옮김), 『이 사람을 보라』(서울: 책세상, 2005), 326-327쪽.

차라투스트라는 설교하는 것이 아니며,[62] 차라투스트라의 말을 들을 수 있는 선택된 자들에게 자기를 찾아나서도록 유혹하는 유혹자에 해당한다.

이 점에서 니체의 차라투스트라는 이중적이다. 즉, 차라투스트라는 자기를 중심으로 하는 도덕적 선순환을 겨냥하지 않는다. 니체가 말하는 페르시아인으로서의 차라투스트라는 세계의 운동을 선악의 투쟁으로 보고, 도덕이라는 것을 "형이상학적인 것으로, 즉 힘, 원인, 목적 그 자체"[63]로 본 인물이다. 그러나 니체는 그러한 차라투스트라를 비도덕의 입장에서 바라본다. 즉 차라투스트라는 그러한 도덕이라는 오류를 창안해낸 인물이며, "그 오류를 인식한 최초의 사람"[64]이다. 즉, 니체의 차라투스트라는 이제 오히려 오류로서의 도덕에 대한 진실함으로서의 비도덕의 입장을 대변하는 인물이다. 차라투스트라의 가르침은 이 비도덕에 있으며, 그러므로 기존의 지혜가 아닌 새로운 진리를 말하는 진실한 용기를 필요로 한다. 즉 니체의 차라투스트라는 비도덕주의자이며, 이러한 의미에서 "도덕의 자기극복, 도덕주의자들의 자기의 대립물로의 자기극복 ― **내 안으로의 자기극복** ― "[65]에 해당한다.

차라투스트라의 설교를 도덕의 측면으로 해석한다면 물론 융과 비슷한 견해를 가지게 될 것이다. 그것은 결국 균형과 통합에 실패하는 과잉일 뿐이다. 가령 콜라치키(Colacicchi)는 니체의 사상에는 선과 악

62　임건태는 클로소프스키를 인용하며 "니체가 가르칠 수 없는 경험의 순간을 스스로 가르치려는 역설적인 시도를 하고 있다"고 말한다. 임건태, 「충동의 기호학: 클로소프스키의 니체 해석이 가진 몇 가지 함축」(『니체연구』 39, 한국니체학회, 2021), 212쪽.

63　프리드리히 니체(백승영 옮김), 『이 사람을 보라』, 458쪽.

64　같은 책, 459쪽.

65　같은 책, 459쪽.

을 넘어서서 타인에 대한 폭력과 지배의 요소가 포함되어 있는데, 니체 자신은 "두 차례의 세계대전, 스탈린, 히틀러, 홀로코스트, 히로시마(…)를 목격하지 않았기 때문에 니체가 악에 대해 말하는 것은 융뿐만 아니라 우리에게도 위험할 정도로 순진하게 들릴 수밖에 없다"[66]고 강조한다. 콜라치키가 보기에, 융은 그러한 심리적 폭탄을 가진 비도덕적 사상가의 불균형성으로부터 거리를 두고, "건강한 변용을 믿으며 자아가 자기로부터 새롭게 출현하는 상징에 열려 있어야"[67] 한다는 점을 강조했다는 것이다.

또한 도메니치(Domenici)는 신의 죽음과 연관된 자기극복의 문제가 『차라투스트라』와 『RED BOOK』 모두에서 중요한 것인데, 니체가 자기 자신을 신적으로 변용하는 실험철학적이고 위버멘쉬적인 자기극복, 즉 "더 높은 자기책임"[68]을 가르치려 했다면 융은 인식적 이해로의 환원 불가능성을 지닌 "미지의 총체를 개방하고 포용하는 것",[69] 즉 "새로운 신의 실현"[70]을 지향했다고 말한다. 물론 도메니치는 명시적으로 니체와 융 중 어느 한편의 손을 들어주지는 않는다. 그러나 적어도 도메니치가 춤추는 별을 낳는 방법을 가르치려 한 차라투스트라를 실패한 교사로 보는 융의 관점을 소개하면서, 그에 비해 아무것도 주지 않는 방식으로 말하며 마법의 필요성을 보여준 『RED BOOK』의 필

---

66   Giovanni Colacicchi, *Psychology as Ethics: Reading Jung with Kant, Nietzsche and Aristotle* (London: Routledge, 2021), pp. 58-59.

67   *Ibid.*, p. 62.

68   Gaia Domenici, *Jung's Nietzsche: Zarathustra, The Red Book, and "Visionary" Works* (London: Palgrave Macmillan, 2019), p. 242.

69   *Ibid.*, p. 242.

70   *Ibid.*, p. 241.

레몬을 대비시킬 때 차라투스트라에 대한 필레몬의 우위를 확인할 수 있다. 즉 둘 다 구체적인 내용을 제공하지는 않지만, 적어도 차라투스트라는 위버멘쉬와 영원회귀를 가르치려 했다는 점에서 (사실상 그리스도교의 가치와 다를 바 없는) 증여의 덕(물론 니체는 이를 그리스도교의 연민 또는 동정심과 구분하기는 하지만)에 해당한다는 것이다.

우리가 비도덕에 대한 니체의 강조를 망각할수록 이러한 류의 해석은 힘을 받을 것이다. 이와 달리 필자는 니체가 도덕을 기반으로 하는 동일하고 일관적인 의식 자아의 선순환(의식과 무의식의 균형, 통합, 관리)과는 완전히 다른 일종의 충동의 악순환을 겨냥한다고 생각한다. 최정기는 융이 니체의 자아팽창과 그에 따른 정신적 붕괴를 논의한 내용을 소개하고, 융의 그러한 해석에 대해 비판하며, 융의 주장을 수용하기 어렵다고 말한 바 있다. 융은 니체의 저작을 세밀히 독해하지 못한 채 정신의학적 진단을 내렸을 뿐이지만, 니체는 오히려 "자신의 병으로부터 철학적 파토스를 이끌어내며, 병조차 '커다란 건강'으로 포섭하는 철학적 사유"[71]를 보여준다는 것이다. 이러한 철학적 파토스야말로 항상 충동의 기호를 생산하는데, 차라투스트라의 설교는 도덕적 설교가 아니라 오히려 도덕을 극복하여 더욱 큰 건강에 이를 수 있는 충동의 기호에 해당하는 것이다.

허스킨슨(Lucy Huskinson) 역시 융이 대극적인 것을 그것의 외부에 존재하는 제3의 것, 즉 상징의 초월적 기능을 통해 통합될 수 있는 것으로 구조화함으로써 니체의 이론과 상반된다는 점을 강조한 바 있다. 융과 달리 니체는 대극적인 것이 외부가 아닌 내부에서 힘에의 의지를

---

[71] 최정기, 「니체의 『이 사람을 보라』에 나타난 "영리함"(Klugheit)에 대한 고찰」(『니체연구』 36, 한국니체학회, 2019), 260쪽.

통해 구조적이 아닌 창조적으로 상호작용한다는 점을 강조한다. 그러므로 허스킨슨에 따르면, 니체는 융처럼 자아가 자기로 향하는 개성화 과정, 즉 상징을 통해 무의식과 의식이 통합되는 과정을 강조하지 않고, 그러한 구조적인 통합 대신 (왜냐하면 이 구조 속에서 이미 상징이 의식 기호로 환원되어 무의식의 소통이 가로막히기 때문에) "무의식의 정동적 소통을 추구함으로써 무의식의 창조적 에너지를 활용"[72]해야 한다고 강조한다. 이러한 점을 고려한다면 융이 강조하는 필레몬의 침묵이야말로 내부적인 충동 에너지를 무력화시키는 외부의 초월적이고 규제적인 음성일 수 있다.

　　필자는 이러한 융의 도덕-선순환적인 자기 개념과 니체의 비도덕-악순환적 자기 개념의 대비에서 자아 갈등의 상황과 자기치유와 관련하여 다음과 같이 말하고자 한다. 즉 융에게서 자기 개념은 갈등과 치유의 과정을 선순환적인 것으로 구조화하는 심급에 해당하며, 이에 따라 융의 자기치유론은 자아-그림자(또 다른 자아)-자기의 삼항이 전체적으로 의식과 무의식의 균형적 통합을 이루며 전체성을 확보하는 방향으로 나아간다. 이러한 전체 자기야말로 자아와 그림자, 자기의 선순환적 전체에 해당한다. 이러한 구조 속에서는 악순환마저 선순환에 봉사한다.[73] 이에 비해 니체의 자아-그림자-자기의 삼항은 악순환의 방

72　Lucy Huskinson, *Nietzsche and Jung: The Whole Self in the Union of Opposites,* pp. 172-173.

73　『RED BOOK』에서 필레몬에게 마법을 가르쳐달라고 질문한 나는 필레몬이 자꾸 선문답 같은 대답을 하자 다음과 같이 말한다. "당신은 지금 악순환의 고리를 따라 움직이고 있어요. 악마가 당신을 이기길…" 그러자 필레몬은 다음과 같이 대답한다. "그게 마법의 또 다른 강점이야. 악마조차도 나를 이기지 못해. 자네는 마법을 이해하기 시작했어. 그러니 자네는 마법에 소질이 있어." 즉 필레몬의 악순환적 방식의 대답, 즉 내용 없는 대답을 통해서 나는 내가 의식하지 못하는 방식으로 마법을 이해한다. 이것은 악순환마저도 선순환에 종속되는 종교적 지혜에 해당할 것이다. 칼 구스타프 융(김세영·정명진 옮김), 『RED BOOK』(서울: 부글북스, 2020), 316쪽.

식을 따른다. 여기서의 악순환이란 삶이 이 삼항을 영원히 회귀하는 비동일적 방식을 말한다. 즉, 니체에게 자기는 외부에서 전체성을 담지하는 구조적 심급이 아니라 내부에서 자아와 그림자의 투쟁이 벌어지고 이에 따라 새로운 것들이 생성되는 창조성의 장소에 해당한다. 이 때문에 니체는 자기를 몸이성으로 말하며, 상징은 고정된 조직에서의 의식화될 수 없는 균열점 또는 불가해적 지점에 해당한다. 융에게서 생성, 즉 파괴와 창조가 이미 존재하는 동일성 속에서의 보상, 에난티오드로미아, 균형의 문제라면, 니체에게서 생성은 세계를 둘로 쪼개는 것, 즉 이 절단으로써 언제나 이전과 동일하지 않은 새로운 것의 창조의 문제이다. 그러므로 니체의 자기치유론은 융의 자기치유론과 같이 자기와의 동일화로 향하는 자아의 개성화가 문제 되는 것이 아니라, 자기 내부의 생명력의 투쟁들을 얼마만큼 더 활성화할 수 있는가, 얼마만큼 더 많은 다수의 비동일자, 즉 타자들을 창조해내고 그것들과 함께 또한 자기를 비동일적으로 변용해나갈 수 있는가의 문제이다.

자아 갈등, 즉 의식과 무의식의 불균형이라는 것은 단순히 자아와 무의식의 균형으로 해소되는 것이 아니다. 니체에 따르면 위버멘쉬는 바다 같은 것이다. 이 바다에서는 기존 가치들이 몰락한다. 즉 니체에게 가치의 전도, 즉 융이 분석한 사오쉬안트와 에난티오드로미아는 융처럼 전체성으로서의 자기와 상징체계로 포섭되어야 하는 것이 아니다. 즉 자아는 동일한 자아로 귀환해야 하는 것이 아니라, '자기극복'의 **구성적 계기**로 내부적으로 활성화되어야 하는 것이다. 그러므로 여기서의 자기극복은 융처럼 동일한 자아로 회귀하는 선순환이 아니라, 언제나 비동일적 자아로 회귀하는 악순환이다.

이는 또한 『차라투스트라』의 4부에서 '더없이 추악한 자'에 대한 니체의 생각, 즉 "사람은 극복되어야 할 그 무엇"[74]이라는 생각과 연결된다. 니체에게 중요한 것은 '신의 죽음' 자체, 즉 세계에서 신이 제거되어 인간의 추악함이 드러난 사실 자체가 아니라, 인간이 자기극복을 통해 자신의 내면으로부터 스스로 신적인 것을 창안해내는 과제를 가진다는 것이다. 즉, 무의식이 의식 너머로 범람하는 것을 막고 균형을 잡아주는 상징체계는 여기서 오히려 위버멘쉬의 장애물이 된다. 왜냐하면 니체의 관점에서 힘과 에너지는 균형을 허용하지 않는다. 즉, 균형이라는 사실은 없다(또는 에너지의 극대점 또는 극소점은 고정값이 아니다). 개인이 자신에게 새로운 목표를 세우는 정신의 힘은 균형이 아니라 내적 합목적성[75]이며, 이 힘과 에너지는 항상 목표를 초과한다. 이 힘은 언제나 우리가 최고의 목표라고 부르는 것, 즉 신을 넘어서버리기 때문에 이 초과된 힘은 목표를 넘어서면서 동시에 또다시 새로운 목표를 세우게 된다. 융에게서 인간이 상징을 통해 의식과 무의식의 균형으로서의 자기를 발견해야 한다면, 니체에게서 인간은 내면의 대극적 갈등을 통해 자신의 힘을 상승시킴으로써 자신을 위버멘쉬로 창조해나가는 것이다. 즉, 이러한 "악순환은 자신과 다시 만나기 위해 언제나 도주하는 것이 본질인 신이다."[76] 클로소프스키는 사유의 가장 높은 강도의 발생과 일상적인 기호의 지시작용이 갖는 강도의 부재가 동시에 현실화되는 것을 '악순환'이라고 말한다. 이러한 신이라는 악순환(Circulus vitiousus deus)은 니체에서는 디오니소스일 것이고, 우리의 주제와 관련해서는

---

74 프리드리히 니체(정동호 옮김), 『차라투스트라는 이렇게 말했다』, 440쪽.

75 니체에게 합목적성은 언제나 힘의 상승이라는 내적인 합목적성이며, 그렇기 때문에 힘들은 결코 균형을 가지거나 균형 상태에 머무를 수 없다. 언제나 힘은 자신의 최대치를 초과해 상승하고자 하며, 이는 다른 힘 또한 마찬가지이다.

76 피에르 클로소프스키(조성천 옮김), 『니체와 악순환』, 158쪽.

최고 강도의 사유의 발현과 동시에 자아가 비워지는 것에 해당할 것이다.[77] 이는 힘에의 의지라는 원환 속에서 모든 지속적인 의미, 즉 동일한 자아가 아니라 언제나 새로운 강도로 회귀하는 '차이'를 말한다.[78] 그럼으로써 니체는 신의 죽음을 신이라는 악순환으로 대체한다.

인간이 신을 죽이는 것은 한편으로 자기 자신이 계속적인 자기부정 상태에 놓이는 것이 되며, 그렇기 때문에 "계속해서 자신의 추한 면을 아름다운 환상으로 감쌀 수 있는 수단과 위안처를 구하"[79]게 되는 안정적인 원환 상태에 놓인다. 니체가 비판하는 이러한 대극적인 보상의 원환이 융의 상징체계에 해당한다.

그러나 차라투스트라는 '더없이 추악한 자'에게 위안의 보상이 아니라 이제 그리스도를 넘어선 차라투스트라의 길을 가도록 권하며, 자신의 동굴로 가서 "더없이 긍지 높은 짐승과 더없이 영리한 짐승"[80]과 이야기를 나눌 것을 제안한다.[81] 그것을 통해 자신의 추악함과 자기경

---

77   같은 책, 98쪽 참조.

78   임건태는 클로소프스키가 충동의 필연성에 대한 행위를 다음과 같이 세 가지 차원으로 구분한다고 소개한다. 1) "충동적 삶의 필연성을 단순히 견뎌내는 것", 2) "니체처럼 그런 필연성을 법칙으로 고수하는 것", 3) "니체처럼 그런 필연성을 악순환적 원환의 이미지로 정식화하는 것". 우리의 주제와 관련하여 충동적 삶의 필연성을 단순히 견뎌내는 것은 균형을 강조하는 융의 해결방안에 해당할 것이다. 임건태, 「충동의 기호학: 클로소프스키의 니체 해석이 가진 몇 가지 함축」, 218쪽.

79   백승영, 「니체『차라투스트라는 이렇게 말했다』」[『철학사상』 16: 별책 2(10), 서울대학교 철학사상연구소, 2003], 67쪽.

80   프리드리히 니체(정동호 옮김), 『차라투스트라는 이렇게 말했다』, 440쪽.

81   더없이 긍지 높은 짐승과 더없이 영리한 짐승은 동물 일반의 동물성을 극복한 짐승에 해당할 것이다. 긍지나 영리함은 동물 일반의 특성에 해당하지 않기 때문이다. 이와 같이 위버멘쉬는 인간 일반의 인간성을 극복하고, 인간이 지닐 수 있는 새로운 특성을 창조한 인간에 해당할 것이다. 다음 구절 참조. "지금까지 존재해온 모든 것들은 그들 자신을 뛰어넘어 그들 이상의 것을 창조해왔다. 그런데도 너희들은 이 거대한 밀물을 맞이하여 썰물이 되기를 원하며 자신을 극복하기보다는 오히려 짐승으로 되돌아가려 하는가?" 프리드리히 니체(정동호 옮김), 『차라투스트라는 이렇게 말했다』, 17쪽.

멸이 "자기넘어섬[자기극복]을 위한 구성적인 계기로 기능"[82]하기를 바란다.

융에게서 삶은 치료적 의미에서 의식과 무의식이 상징을 통해 안정적인 구도를 유지하는 것이라고 할 수 있을 것이다. 만약 무의식이 범람하고 자기에게 주어진 것 이상을 향하게 된다면, 그러한 인간에게는 이전의 안정적인 동일한 자아와 자기로 회귀하기 위해 해소해야 할 신경증이 발생한다. 그러나 니체의 메시지는 이전의 안정적인 삶을 다만 똑같이 의지하라는 것, 즉 "뒤로 의지하라"는 것이 될 수 없다. 오히려 니체가 보여주는 것은 자아에 대한 해방적 힘을 통해 자아의 고정적 현실성이 아닌 생성으로서의 자유로운 힘을 가진 삶을 영위하는 것에 해당할 것이다. 그리고 이 동일한 힘은 언제나 비동일적인 생성 안으로 회귀한다. 그것은 하나의 관념이나 사실을 진리로 고정하려는 관점들로부터 반대하며 얻어지는 칭호인 '차이'와 '악순환'에 해당할 것이다.

5. 맺음말

지금까지 자아 갈등의 관점에서 융의 차라투스트라 분석을 살펴보았으며, 이를 통해 균형, 통합, 상징 등 융의 선순환적 해결 방식과

---

[82] 이정환, 「온전한 자기부정을 위한 반면교사의 두 사례: 차라투스트라는 이렇게 말했다에 등장하는 창백한 범죄자와 더없이 추악한 사람의 비교 분석」(『철학』 133, 한국철학회, 2017), 45쪽.

비도덕, 충동, 차이 등 니체의 악순환적 해결 방식을 살펴보았다. 융은 신의 죽음을 통해 모든 책임을 짊어진 인간이 필연적으로 자아팽창을 겪게 된다고 말하며, 그러한 자기파괴적인 태도는 집단적 원형으로서의 상징체계로 부활되어야 한다고 보았다. 그러나 니체의 관점에서는 그러한 상징체계야말로 자기극복과 자기창조의 장애물에 해당할 것이다. 왜냐하면 그것은 인간의 추악함을 환상으로 거짓 위로하는 방편이기 때문이다. 즉 융이 말하는 자아의 균형이라는 것은 추악함과 신적인 것이 다만 의식적으로 받아들여질 수 있는 상징 상태로 결합하는, 상징적인 선순환적 상태에 불과하다.

니체에게 자기극복과 자기창조는 악순환이다. 니체에게 추악함과 신적인 것 또는 의식과 무의식은 구별이 불가능할 정도로 순수한 차이에 의해 인간의 내면에 카오스[83]로 공존하고 있으며, 그렇기에 그것은 융적인 상징화를 거부한다. 이 차이는 의식에 의해 받아들여질 수 없으며, 오로지 양자가 상호적 극복의 계기로 운동하는 과정에서 신체를 통해 감각되는 것이다. 이러한 악순환적 감각이야말로 차라투스트라가 세계의 신과 화해하기를 거부하고 자기 스스로의 신적인 것을 창안해내려는, 즉 위버멘쉬를 선포하는 지점에 해당한다.

그러나 이러한 이론적 분석은 융의 개인적인 입장을 고려할 때 현실에서는 한층 더 복잡하게 다루어져야 할 것이다. 가령 우리는 융이 자신을 니체 같은 사람일지도 모른다고 생각해서 두려움을 가졌다는

---

[83] 융이 주로 가정하는 대극성이 의식과 무의식의 대극성이라면, 니체가 주로 가정하는 대극성은 아폴론적인 것(개체의 형성)과 디오니소스적인 것(개체의 파괴)의 대극성일 것이다. 그러므로 융과 달리 니체에게서 인간 내면의 카오스는 창조의 핵심일 것이다. 다음 구절 참조. "춤추는 별을 탄생시키기 위해 사람은 자신들 속에 혼돈[카오스]을 지니고 있어야 한다." 프리드리히 니체(정동호 옮김), 『차라투스트라는 이렇게 말했다』, 24쪽.

것, 즉 자신도 니체와 같이 미쳐버릴 것을 두려워했다는 것, 그리고 융이 당대의 국가사회주의, 파시즘, 세계대전 등을 강력한 전쟁의 게르만 신인 보탄과 디오니소스적 체험, 즉 원형적이고 심리적인 관점으로 해석했다는 것 등을 고려해야 할 것이다.[84] 결국 융의 해석에 따르면 당대의 유럽에서 벌어진 파괴적인 상황은 그동안 유럽이 겪은 그리스도교에 의한 억압에 대한 보상으로서의 균형, 즉 에난티오드로미아에 해당한다. 그러나 이는 적어도 니체적인 사유에 해당하지는 않을 것이다.

융과 니체는 공통으로 현대가 자아에 대한 과대평가 상황 속에 있다는 것을 인정할 것이다. 즉, 자아 갈등은 일정 정도 자아에 대한 과대평가 및 자아의 기능이상(융) 또는 이상발육(니체)에서 기인하는 것이라 볼 수 있다. 물론 이에 대한 해결책에 관해 융과 니체는 관점을 달리한다. 융이 의사의 관점에서 비정상에서 정상으로의 회복을 욕망한다면, 니체는 병자의 관점에 있었던 까닭에 이미 정상과 비정상의 구분을 정상인의 위치에서 욕망하지 않았다. 병에 걸린 사람에게 정상인의 세계는 아득하게 느껴질 것이다. 그것은 삶의 고통이 다양한 환영들로 애써 중화하고자 하는 환영으로 느껴질 것이다. 이러한 관점에서 정상인으로 돌아간다는 것은 다시금 하나의 기만의 세계에 참여하는 것이 될 것이다.

그렇다면 자아 갈등이라는 것도 하나의 환영 속의 환영이 아닐까?[85] 어쩌면 정신이 붕괴되었다고 여겨지는 말년의 니체는 오히려 마

84　Ritske Rensma, "Jung's Reception of Friedrich Nietzsche: A Roadmap for the Uninitiated" (*Depth Insights*, Issue 3, 2012), p. 17, 19.

85　이러한 세계 질서가 이미 정상인의 환영이라면 이 세계 질서 속의 자아가 갈등한다는 것 역시 환영에 불과할 것이다. 즉, 자아 갈등이라는 것은 정상인이라는 환영 속에서 환영으로서의 자아가 갈등하는 환영이다. 필자의 관점에서는 이것이 융적인 상징이 추구하는 해결

침내 자신의 자아를 비우고 그것이 다시금 환영으로 채워지는 것을 거부하는 최종적인 실험 절차 속으로 걸어 들어간 것은 아닌가? 그리하여 의식 없는 주체로서의 새로운 인간 또는 충동의 주체로서 가능성 안으로 집요하게 밀고 들어간 것은 아닌가? 소크라테스가 담담히 자신의 죽음을 선택하며 인식적 세계관의 포문을 열어젖힌 것처럼, 니체는 갑작스레 전격적으로 충동적 세계관의 폭발에 휩싸임으로써 자아 갈등 같은 인식적 세계관의 데카당스들을 단숨에 극복하려는 것처럼 보인다. 자아 갈등에 대한 현대적 해결책들, 즉 여전히 인식 중심적인 분과 학문들의 해결책은 오히려 자아 갈등을 과대하게 포장하는 방식으로 인식적 사회 시스템을 진부하게 지탱하며 이익을 얻는 모든 인식적 전문가-학자들과 함께하고 있지 않은가? 가령 우리는 비숍의 결론과 같이 디오니소스라는 신화적 상징으로서의 자기(The Dionysian Self)라는 결론이 아니라, 자기의 디오니소스적 변용운동이라는 결론으로 나아가야 하지 않을까? 즉 언제나 동일한 상징으로 되돌아오는 자기가 아니라, 언제나 디오니소스적으로 파괴하고 창조하며 변용하는 자기의 운동을 긍정해야 하지 않을까?

방안이며, 그렇기 때문에 융의 상징적인 선순환은 환영의 선순환과 같다. 그렇다면 니체는 바로 이 지점, 즉 '환영으로서의 자아가 갈등하는 환영'을 거부하는 주체성의 실험자일 것이다.

참고문헌

김서영, 「정신분석학적 해석에 대한 철학적 고찰: 항우울제에 부재하는 해석의 차원을 찾아서」, 『현대정신분석』 20(1), 한국현대정신분석학회, 2018, 9-40쪽.

김정현, 「니체와 융 사상에서의 자기 찾기: 융의 니체 읽기를 중심으로」, 『철학』 77, 한국철학회, 2003, 245-278쪽.

백승영, 「니체 『차라투스트라는 이렇게 말했다』」, 『철학사상』 16: 별책 2(10), 서울대학교 철학사상연구소, 2003, 1-243쪽.

이정환, 「온전한 자기부정을 위한 반면교사의 두 사례: 차라투스트라는 이렇게 말했다에 등장하는 창백한 범죄자와 더없이 추악한 사람의 비교 분석」, 『철학』 133, 한국철학회, 2017, 25-49쪽.

이주향, 「『RED BOOK』을 통해 본 자기 생명 체험, 차라투스트라에 닿다: 니체와 융의 자기 생명살기」, 『니체연구』 23, 한국니체학회, 2013, 157-178쪽.

임건태, 「충동의 기호학: 클로소프스키의 니체 해석이 가진 몇 가지 함축」, 『니체연구』 39, 한국니체학회, 2021, 205-243쪽.

최정기, 「니체의 『이 사람을 보라』에 나타난 "영리함"(Klugheit)에 대한 고찰」, 『니체연구』 36, 한국니체학회, 2019, 245-281쪽.

칼 구스타프 융(한국융연구원 옮김), 『인간과 문화』, 융 기본 저작집 9, 서울: 솔출판사, 2004.

______(김세영 · 정명진 옮김), 『칼 융, 차라투스트라를 분석하다』, 서울: 부글북스, 2018.

______(정명진 옮김), 『환상 분석』, 서울: 부글북스, 2019.

______(정명진 옮김), 『분석 심리학 강의』, 서울: 부글북스, 2019.

______(김세영 · 정명진 옮김), 『RED BOOK』, 서울: 부글북스, 2020.

프리드리히 니체(정동호 옮김), 『차라투스트라는 이렇게 말했다』, 서울: 책세상, 2000.

______(백승영 옮김), 『이 사람을 보라』, 서울: 책세상, 2005.

피에르 클로소프스키(조성천 옮김), 『니체와 악순환』, 서울: 그린비출판사, 2018.

Bishop, Paul, *The Dionysian Self: C. G. Jung's Reception of Friedrich Nietzsche*,

Berlin · New York: Walter de Gruyter, 1995.

Colacicchi, Giovanni, *Psychology as Ethics: Reading Jung with Kant, Nietzsche and Aristotle*, London: Routledge, 2021.

Domenici, Gaia, *Jung's Nietzsche: Zarathustra, The Red Book, and "Visionary" Works*, London: Palgrave Macmillan, 2019.

Huskinson, Lucy, *Nietzsche and Jung: The Whole Self in the Union of Opposites*, Hove: Brunner-Routledge, 2004.

Nietzsche, Friedrich, *Samtliche Werke*, Kritische Studienausgabe in 15 Banden, hrsg. von Giorgio Colli und Mazzino Montinari, Munchen: Deutscher Taschenbuch Verlag GmbH & Co. KG, Berlin/New York: Walter de Gruyter, 1988.

Rensma, Ritske, "Jung's Reception of Friedrich Nietzsche: A Roadmap for the Uninitiated," *Depth Insights*, Issue 3, 2012, pp. 17-21.

02
분노의 극복 가능성: 현대심리학과 초기 불교의 관점을 중심으로

박정아(경북대학교 철학과 박사수료)

1. 들어가는 말

최근 우리 사회에 만연한 갈등은 의사소통을 활성화하고 건전한 경쟁을 촉진하는 긍정적 기제로 이해되기도 하지만, 다른 한편으로는 불안, 우울, 분노 같은 부정적 정서를 유발하는 원인이 되기도 한다. 예컨대 한국 사회를 '분노사회'로, 더 나아가 '원한사회'로 규정하는 담론은 갈등과 분노가 밀접하게 연결되어 있음을 보여주는 대표적인 사례이다.[1] 그러나 이러한 현상은 특정 사회만의 특수한 문제에 국한되

---

* 이 글은 2024년 4월 『요가학연구』(제31호, 한국요가학회)에 게재된 논문 일부를 수정한 것임을 밝혀둔다.

1 정지우, 『분노사회』(부산: 이경, 2014), 67-73쪽. 정지우는 한국 사회를 지배한 지속적인 집단주의가 분노사회를 만들었다고 분석하면서, 우리 사회에 만연한 분노가 더 이상 정당한 분노로 구분될 수 없게 되었다고 강조한다.

지 않는다. 종교·이념·국가 간 갈등으로 인해 전쟁·폭력·살인으로 이어지는 사례에서 볼 수 있듯이, 분노는 세계 곳곳에서 인간의 정신을 오염시키며 사회적 파괴를 야기하고 있다. 이처럼 분노는 갈등의 결과이면서 동시에 갈등을 촉발하는 요인이며, 오늘날에는 갈등 자체보다 더 심각한 사회 문제로 부상하고 있다. 따라서 분노에 대한 심층적 이해는 개인적 차원을 넘어 사회적·문화적 차원까지 아우르는 중요한 과제로 제기된다.

현대심리학은 분노를 혐오, 공포 등과 같은 생존을 위한 진화적 산물로 이해하며, 인간의 일차적이고 보편적인 기본 정서로 규정한다.[2] 분노는 신체적·생리적 변화를 수반하는 적응적 정서이며, 의식과 무관하게 발생하는 자동적 반응으로 설명된다.[3] 이러한 관점에서 분노는 단순히 파괴적 정서만이 아니라, 대처를 위한 준비이자 목표 달성을 위한 장애 극복의 동력으로 기능한다. 나아가 정의 실현이나 공동체적 이익을 위한 맥락에서 분노는 집단과 개인의 욕구를 드러내는 의사소통의 수단으로 작용할 수 있다.[4] 그러나 과도하거나 지속적인 분노는 자기와 타인 모두에게 심각한 피해를 유발하며, 병리적 차원에서는 공격성, 폭력, 우울과 결합해 사회 문제를 초래하는 정신질환으로 간주되기도 한다.[5]

---

2   R. J. Averill, "Studies on anger and aggression: Implications for theories of emotion" (*American Psychologist*, vol. 38, 1983), pp. 1145-1160.

3   로린 J. 엘리사, 데보라 M. 소시에(김명선 옮김), 『임상 및 실험신경심리학』(서울: 시그마프레스, 2007), 311-344쪽.

4   곽금주, 「성취 욕구의 원천, 분노」, https://news.samsung.com/kr/…(검색일: 2025.10.01)

5   Jerry L. Deffenbacher, "Cognitive-behavioral conceptualization and treatment of anger" (*Journal of Clinical Psychology*, vol. 55, no. 3, 1999), pp. 295-309.

이러한 분노의 양면성 때문에 현대심리학은 분노의 강도와 지속시간을 조절하기 위한 다양한 관리 모델을 개발했으며, 왜곡된 인지를 교정하며 감정 · 행동 · 신체 반응의 상호작용을 이해하도록 했다.[6] 그러나 분노 관리의 핵심은 이미 행동이 발생한 이후가 아니라, 감정과 사고가 일어나는 순간을 자각하도록 하는 데 있다. 분노의 순간에 즉각적 자각이 개입될 때 억압 · 회피 · 표출 등 다양한 반응 양식 가운데 보다 적절한 선택이 가능할 수 있기 때문이다. 이러한 이유로 최근에는 판단하지 않는 태도로 지금-여기에서 자기 생각과 감정을 자각하도록 하는 마음챙김(mindfulness)이 분노 관리에 도입되고 있다. 연구에 따르면 마음챙김은 분노 반추(rumination)를 감소시키고, 공격적 · 적대적 행동을 낮추는 효과가 있는 것으로 보고된다. 그러나 이러한 방법 역시 이미 발생한 분노를 대상으로 한다는 점에서 근본적 해결이라기보다는 일시적 통제에 머무는 한계를 지닌다.

한편, 초기 불교의 빨리어 경전인 『니까야(*Nikāya*)』에서는 성자이든 범부이든 인간이면 누구나 분노를 경험한다고 말한다. 그러나 분노(*dosa*)는 탐욕(*lobha*), 어리석음(*moha*)과 더불어 고통을 일으키는 근본 번뇌로 분류하고, 수행의 근간을 무너뜨리는 악한 정서로 간주된다. 계율을 어기게 하는 주요 원인이 분노이며, 분노를 다스리지 못하면 명상 수행이 불가능하다고까지 말한다.[7] 이 때문에 「톱의 비유경(*Kakacūpama Sutta*)」은 "도둑이 양손과 양발을 톱으로 자른다 해도 분노

---

6 J. H. 라이트, K. B. 브라운, E. 미쉘, M. E. 타제, M. R. 바스코(김정민 옮김), 『인지행동치료』(서울: 학지사, 2020), 13-38쪽.

7 이자랑, 「불교명상에서 계율의 역할과 중요성」(『동아시아불교문화』 25, 동아시아불교문화, 2016), 45쪽.

하지 말라"고 설하며, 어떤 경우에도 분노를 드러내지 말 것을 요구한다.[8] 불교학자 아날라요(Anālayo)는 초기 불교는 분노를 억압하거나 표출해야 할 것이 아니라 수행을 통해 근본적으로 극복해야 할 대상으로 이해한다고 해석한다.[9] 이처럼 초기 불교는 분노를 수행의 근본 장애이자 극복해야 할 대상으로 규정한다는 점에서, 분노의 악순환에서 벗어날 가능성을 시사한다.

현대심리학과 초기 불교 모두 분노의 보편성을 인정하지만, 그 접근 방식에는 뚜렷한 차이가 있다. 현대심리학은 분노를 관리·조절해야 할 정서로 본다면, 초기 불교는 분노를 극복해야 할 근본적 장애로 본다. 이에 본 연구는 분노의 두 관점을 비교함으로써 초기 불교를 통해 분노의 극복 가능성을 모색하고자 한다. 이를 위해 현대심리학의 주요 분노 관리 모델과 초기 불교 문헌인 『니까야』와 주석에 나타난 분노 대처 방식을 비교하여 양자의 차이를 밝히고, 그로부터 극복 가능성을 모색하고자 한다. 이러한 시도는 오늘날 분노 관리 담론에 새로운 방향을 제시하는 데 학술적 의의가 있다.

---

8   *MN* I. 128-129.

9   Bhikkhu Anālayo, "The Potential of Facing Anger with Mindfulness" (*Mindfulness*, vol. 9, no. 6, 2018), pp. 1967-1969.

2. 현대심리학의 분노 관리 모델

현대심리학은 분노를 개인의 목표가 좌절되거나 자존감의 유지·증진이 위협받는다고 인식될 때, 혹은 개인의 신념(beliefs)이 외부 현실과 충돌할 때 일어날 수 있는 정서로 규정한다.[10] 고전적 이론인 좌절-공격성 가설(Frustration-Aggression Hypothesis)은 목표 달성이 방해받을 때 분노가 발생하며, 이는 단순한 회피가 아니라 장애를 극복하기 위한 적극적 동력으로 작동한다고 설명한다.[11] 또한 강화 민감성 이론(Reinforcement Sensitivity Theory)은 분노가 행동 활성화 시스템(Behavioral Activation System)과 연결되어 위협 상황에서 회피가 아닌 접근 행동을 촉진한다고 주장한다.[12]

이러한 관점에서 현대심리학은 분노를 개인의 본능적 욕구와 가치, 기본 신념을 보존하려는 의지가 반영된 적응적 자원으로 본다. 분노가 건전하게 기능할 경우, 동기를 강화하는 원동력이 되며, 의사소통의 도구이자 자아를 보호하는 기제로 작용한다.[13] 실제로 분노는 사회적 부정의에 맞서 집단적 행동을 촉발하거나 억압된 상황에서 변화를 이끄는 원동력이 되며, "참으면 병이 된다"는 통념 속에서 분노 표

---

10   Aaron T. Beck and Eduardo Fernandez, "Cognitive-Behavioral Therapy in the Treatment of Anger: A Meta-Analysis" (*Cognitive Therapy and Research*, vol. 22, no. 1, 1998), pp. 63-74.

11   J. Dollard, L. W. Doob, N. E. Miller, O. H. Mowrer, and R. R. Sears, *Frustration and Aggression* (New Haven: Yale University Press, 1939), p. 45.

12   J. A. Gray, *The Neuropsychology of Anxiety: An Enquiry into the Functions of the Septo-Hippocampal System* (Oxford: Oxford University Press, 1982), pp. 120-122.

13   김경호, 「분노로부터 마음의 평정: 분노의 동역학을 중심으로」(『철학탐구』 34, 중앙대학교 중앙철학연구소, 2013), 38-40쪽.

출은 적극적으로 권장되기도 한다. 따라서 적절한 맥락에서 분노는 의사소통 도구, 권리 주장의 수단, 사회적 결속을 강화하는 자원으로 이해된다.

그러나 이러한 분노의 적응적 기능이나 사회적 수용은 한정적 상황에서만 긍정적으로 평가될 수 있으며, 통제되지 못한 분노가 개인과 사회, 인간관계에 미치는 영향은 반드시 유익한 것만은 아니다. 예컨대 분노를 표출한 당사자는 분노를 통해 일시적 해소감을 느낄 수 있으나, 상대방에게는 공포와 충격을 불러일으켜 스트레스 요인이 될 수 있다. 사회적으로 일정 부분 용인될 수 있는 분노일지라도 폭언·폭행·욕설·살인 같은 공격적인 방식으로 표출될 경우 비난의 대상이 된다. 이에 현대심리학은 분노의 이러한 양면성을 전제로, 연구의 초점을 분노 자체에 대한 가치 판단보다 이미 발생한 분노에 어떻게 대처(coping)할 것인가에 두고 있다.

분노 대처란 분노 상황에서 개인이 선택하는 반응 양식을 의미한다. 동일한 상황에서도 모든 개인이 동일하게 분노를 경험하지 않으며, 동일한 강도의 분노를 경험하더라도 그것의 표현 여부와 방식에는 개인차가 뚜렷하게 나타난다. 선행 연구에 따르면 분노는 우울이나 불안 같은 유사 정서에 비해 사건에 대한 인지적 평가와 해석에 훨씬 더 의존한다. 또한 분노의 강도는 바람직한 상태와 실제 상태 간의 괴리도가 클수록, 그리고 개인이 중시하는 신념이 위협받을수록 증가한다. 반대로 문제 상황을 통제할 수 있다는 지각된 통제감이 높을수록 분노의 강도는 감소한다.[14]

---

14   전겸구, 「분노의 종합적 이해를 위한 시도」(『미술치료연구』 7, 한국미술치료학회, 2000), 2-3쪽.

특히 분노 경험을 반복적으로 회상하고 되새기는 분노 반추(angry rumination)는 분노를 지속시키고 공격성을 높이는 핵심 요인으로 분노 관리 개입에서 반드시 다루어야 할 요소로 제시된다.[15] 이러한 연구들은 분노 대처가 단순히 외적 사건에 의해 결정되는 것이 아니라, 개인의 주의나 지각 같은 인지 과정에 크게 좌우됨을 보여준다.[16]

분노 사건에 대한 인지적 평가는 개인의 고유한 인지 양식(cognitive styles)과 밀접하게 관련된다. 이에 따라 분노 대처를 위한 현대심리학의 핵심 과제는 억압이나 해소가 아니라, 인지적 평가 과정을 수정하고 반추를 차단함으로써 정서의 흐름을 조절하는 데 있다. 외적 자극이나 귀인(attribution)에 대한 인지적 평가(cognitive appraisal) 방식의 변화를 분노 조절의 핵심으로 강조하는 것도 이러한 맥락에 있다.[17] 이러한 관점은 현대심리학에서 분노 관리법으로 널리 활용되는 인지행동치료(Cognitive Behavioral Therapy, CBT)의 핵심 원리에서도 분명하게 드러난다.

CBT는 "사고는 감정과 행동에 영향을 미치고, 행동은 다시 사고와 감정에 영향을 미친다"는 전제를 바탕으로 하며, 인간의 정서와 행동은 사건 자체보다 그것에 대한 주관적 해석에 의해 결정된다는 인지매개 가설(cognition mediation hypothesis)에 기초한다.[18] 이러한 관점에서 부적응적 행동은 심리 문제의 배후에 자리한 왜곡되거나 역기능적인 신

---

15 Thomas F. Denson, Naomi D. Pedersen, and Elise F. Friese, "Anger Rumination and Aggression: A Meta-Analytic Review" (*Journal of Personality and Social Psychology*, vol. 97, no. 4, 2009), pp. 734-744.

16 Aaron T. Beck, "A 60-Year Evolution of Cognitive Theory and Therapy" (*Perspectives on Psychological Science*, vol. 14, no. 1, 2019), p. 18.

17 서수균·권석만, 「비합리적 신념, 자동적 사고 및 분노의 관계」(『한국임상심리학회지』 24, 한국임상심리학회, 2005), 327-339쪽.

18 김정민 옮김, 『인지행동치료』, 13-35쪽.

념을 매개로 한 비합리적 사고에서 비롯되는 것으로 이해된다.

마찬가지로 분노는 이미 발생한 정서를 적절히 다루지 못할 때 심화되며, 그 배경은 비합리적이고 왜곡된 인지 과정으로 간주된다.[19] 이에 따라 CBT는 내담자의 부적응적 사고를 탐색하고, 소크라테스식 질문, 인지적 오류 탐색, 증거 검토, 재귀인(re-attribution) 등의 기법을 통해 분노와 관련된 인지 내용을 수정하는 데 주력한다. 이 과정에서 인지 재구조화(cognitive restructuring)는 분노 치료의 핵심적 방법으로 강조된다.[20] 구체적으로 반추사고의 경우, 사건과 관련된 분노 자극을 반복적으로 떠올리며 왜곡된 의미를 강화하는 경향이 있는데, 인지 재구조화는 이러한 사고의 타당성을 검증하고 대안을 제시함으로써 분노의 강도와 지속을 효과적으로 줄인다.[21]

CBT는 인지적 개입에만 국한되지 않고, 다양한 행동 기법을 통합한다. 인지가 사고 내용을 다룬다면, 행동 기법은 신체와 행위 차원에서 분노 반응을 조절하는 것을 목표로 한다. 예컨대 이완 훈련(relaxation training)과 호흡 조절(breathing control)은 분노 상황에서 고조된 생리적 각성을 완화하며, 노출 기법(exposure techniques)은 분노 유발 상황을 점진적으로 경험하게 함으로써 충동적 반응을 감소시키는 효과가 있다.[22] 이러한 접근은 이완과 인지적 기법을 병행할 때 특히 효과적임

---

19   Patrick M. Reilly and Michael S. Shopshire, *Anger Management: A Cognitive–Behavioral Therapy Manual* (Rockville, MD: Substance Abuse and Mental Health Services Administration, 2019), pp. 5-33.

20   김정민 옮김, 『인지행동치료』, 37-39쪽.

21   Thomas F. Denson, Naomi D. Pedersen, and Elise F. Friese, "Anger Rumination and Aggression: A Meta-Analytic Review," pp. 734-744.

22   Jerry L. Deffenbacher and Ray S. Stark, "Relaxation and Cognitive-Relaxation Treatments of Anger" (*Journal of Consulting and Clinical Psychology*, vol. 60, no. 4, 1992), p. 160.

이 경험적으로 확인되었다.[23] 또한 문제 해결 훈련(problem-solving training)은 갈등 상황에서 공격적 행동 대신 대안적 반응을 선택하는 기술을 습득하도록 하고, 사회적 기술 훈련(social skills training)은 분노가 억압되거나 폭발적으로 표출되지 않고 적절히 표현될 수 있도록 돕는다.[24]

CBT의 이론적 기반은 사회학습이론과 정서조절이론으로 보완된다. 사회학습이론에 따르면 분노 표현과 공격성은 모방·강화 과정을 통해 습득·유지된다. 이에 따라 CBT는 모델링·역강화·자기효능감 증진 기법 등을 활용하여 부적응적 반응을 기능적 대안으로 대체한다.[25] 정서조절이론의 관점에서도 CBT는 사건 이후의 단순 억제(response-focused)가 아니라, 사건 이전 단계에서의 인지 재평가 능력(antecedent-focused)을 높이는 데 주력한다.[26] 이러한 접근은 현대심리학이 분노를 파괴적 충동으로만 보지 않고, 인간에게 피할 수 없는 기본 정서이자 상황적 해석에 따라 적응적·비적응적 기능을 동시에 지닐 수 있는 정서적 자원으로 이해하며, 이를 보다 적응적인 방식으로 전환할 수 있다고 본다는 점에서 중요한 시사점을 제공한다.

그러나 분노는 사건 자체보다 주관적 해석과 의미 부여에 크게 좌우되며, 이러한 인지적 평가는 자동성을 특징으로 한다.[27] 자동적 사고

---

23 Jerry L. Deffenbacher, "Cognitive-behavioral conceptualization and treatment of anger," pp. 295-309.

24 Aaron T. Beck and Eduardo Fernandez, "Cognitive-Behavioral Therapy in the Treatment of Anger: A Meta-Analysis," pp. 63-74.

25 Albert Bandura, *Social Learning Theory* (Englewood Cliffs, NJ: Prentice Hall, 1977), pp. 122-145.

26 James J. Gross, "The Emerging Field of Emotion Regulation: An Integrative Review" (*Review of General Psychology*, vol. 2, no. 3, 1998), p. 275.

27 서수균·권석만, 「비합리적 신념, 자동적 사고 및 분노의 관계」, 327-339쪽.

(automatic thoughts)는 분노 같은 정서 반응과 밀접한 상관관계를 가지며, 정서장애를 가진 내담자들에게 높은 빈도로 나타난다.[28] 이러한 사고 과정은 의식 수준 아래에서 매우 빠르게 발생하여 사건의 의미를 평가할 때 즉각적으로 개입하므로 그 내용을 포착하기 어렵다는 한계를 지닌다. 예컨대 교통 체증 상황에서 끼어들기를 '우연한 상황'이 아니라, '나를 무시했다'는 자동적 사고가 개입하면 즉시 분노가 촉발된다. 직장에서 상사의 지적을 받았을 때 이를 '무능하게 본다'라는 의미로 받아들이면 분노와 적대감이 증폭된다.

아론 벡(A. Beck)은 분노 상황에서 자동적 사고가 인지적 왜곡과 정서 반응을 매개하는 핵심 요인임을 지적했고,[29] 덴손(T. F. Denson)과 그의 동료는 자동적 사고와 반추가 결합할 때 공격적 행동으로 이어질 가능성이 크다고 보고했다.[30] 사건 자체보다 즉각적·비의식적 해석 때문에 정서 조절이 어려운 경우가 많다. 이는 인지적으로 충분히 개입하기 어렵다는 점을 시사한다.

이러한 한계를 보완하기 위해 최근 현대심리학은 초기 불교의 수행법인 '사띠(sati)'에서 유래한 마음챙김을 인지행동치료와 분노치료에 통합하고 있다. 존 카밧진(Jon Kabat-Zinn)에 따르면, 마음챙김은 "지금 이 순간에 의도적으로, 판단하지 않는 태도로 주의를 기울이는 것"으로 정의한다.[31] 이는 경험을 평가하거나 반응하기 전에 그대로 알아

---

28 김정민 옮김, 『인지행동치료』, 22쪽.

29 Aaron T. Beck, "A 60-Year Evolution of Cognitive Theory and Therapy," pp. 16-20.

30 Thomas F. Denson, William C. Pedersen, and Norman Miller, "Cognitive Appraisals and Angry Rumination: Predictors of Aggressive Behavior" (*Journal of Social and Clinical Psychology*, vol. 31, no. 4, 2012), pp. 335–336.

31 Jon Kabat-Zinn, "Some Reflections on the Origins of MBSR, Skillful Means, and the

차리는 주의 훈련으로, 자동적 사고의 자각을 촉진하는 보완 전략으로 이해된다. 실제로 마음챙김 기반 개입(Mindfulness-Based Interventions, MBIs) 은 분노 반추를 감소시키고,[32] 충동적·적대적 언어 및 행동 반응을 유의하게 낮추는 것으로 보고된다.[33] 특히 집중된 주의(focused attention)는 분노 반추의 자각을 촉진하고, 비판단적·비반응적 태도는 공격적 분노 표출을 줄이는 요인으로 작용한다.

이러한 접근은 분노와 관련된 인지 내용을 자각하여 거리를 두고 관찰하는 개입하지 않는 방식에 중점을 둔다는 점에서, 인지 내용을 수정하려는 기존의 접근과는 차이가 있다. 그러나 분노가 발생한 이후 분노의 내용을 대상으로 한다는 점에서, 분노 발생의 근본적인 문제를 해소하는 데는 여전히 한계가 존재한다. 더구나 현대심리학은 분노를 인간에게 불가피한 기본 정서로 전제하며 일정 수준의 표출을 허용하고 적응적 가치를 강조하는데, 이는 오히려 분노의 정당화를 부추겨 갈등과 부정적 정서를 증폭시킬 위험을 내포한다. 또한 분노는 충동 조절과 마찬가지로 뇌의 인지·정서 네트워크가 활성화되는 순간이 결정적인데, 이미 발생한 이후의 개입은 효과가 제한적일 수밖에 없다.[34] 따라서 분노 관리에서 핵심 과제는 사건 이후의 조절이 아니라 발생

Trouble with Maps" (*Contemporary Buddhism*, vol. 12, no. 1, 2011), p. 285.

32 Jeremy R. Peters, et al., "Anger Rumination as a Mediator of the Relation Between Mindfulness and Aggression: The Utility of a Multimethod Approach" (*Mindfulness*, vol. 6, no. 5, 2015), p. 872.

33 Keith Heppner, et al., "Mindfulness and the Regulation of Anger" (*Cognitive Therapy and Research*, vol. 32, no. 4, 2008), p. 493; Stacy L. Frazier and Jaime Vela, "Anger Management for Adolescents: Efficacy of a Social Skills Group Intervention" (*Journal of Child and Adolescent Group Therapy*, vol. 24, no. 2, 2014), p. 156.

34 Ashley Borders, et al., "The Moderating Effect of Mindfulness on the Relation Between Anger and Aggression" (*Aggressive Behavior*, vol. 36, no. 5, 2010), pp. 469-476.

순간의 자각과 차단에 두어야 한다.

요컨대 현대심리학은 다양한 분노 관리 기법을 발전시켜왔으며, 이는 일시적인 긴장 완화나 공격적 행동의 억제, 정서적 증상의 완화에는 일정한 효과를 보여왔다. 그러나 이러한 접근은 대체로 분노가 이미 발생한 이후에 개입하는 방식으로, 정서의 근본적 발생 조건을 변화시키거나 장기적인 성향의 변화에는 한계가 있다. 나아가 이러한 사후적 관리 중심의 전략이 사회 전반의 분노 정당화적 태도와 결합할 경우, 갈등 상황을 오히려 합리화하거나 부정적 정서를 강화함으로써 새로운 대립과 심리적 부담을 심화시킬 위험 또한 크다. 이러한 한계는 분노를 어떻게 근원적으로 다룰 것인가라는 보다 근본적인 질문을 제기하며, 이를 해명하기 위해 다른 전통의 사유와 실천을 검토할 필요성을 시사한다.

3. 초기 불교의 분노 대처

초기 불교 문헌에서 분노(*dosa*)는 정서 반응에만 국한하는 것이 아니라, 수행을 방해하는 근본 번뇌(*kilesa*)로 규정된다. 『니까야』와 후대 주석 문헌에서는 분노를 탐욕(*lobha*), 어리석음(*moha*)과 함께 인간의 괴로움을 지속시키는 세 가지 근본 오염원(*mūla-kilesa*) 가운데 하나로 지목하며, 수행자가 반드시 극복해야 할 장애로 제시한다. 주석 전통에 따르면 분노의 본질은 잔인함(cruelty)이며,[35] 이는 괴로움을 발생시키고 증

---

[35] *Vism* XIV. 162.

대시키기 때문에 어떠한 긍정적 가치도 인정되지 않는다. 따라서 폭발적으로 드러나는 적극적 분노뿐 아니라, 우울이나 침울로 나타나는 소극적 분노마저 용납되지 않는다.[36]

무엇보다 초기 불교는 분노가 타인보다 분노한 자신에게 더 큰 해를 끼친다고 강조한다. 『앙굿따라니까야(*Aṅguttara Nikāya*)』에서는 화를 잘 내는 사람에게 닥치는 다섯 가지 손해를 제시한다. 그는 외모가 추해지고, 괴로운 꿈을 꾸며, 다른 이들과 불화하고, 재산을 잃으며, 죽은 뒤에는 불행한 처소에 태어난다.[37] 이러한 가르침은 분노가 사회적 관계를 해치는 데 그치지 않고, 수행자 자신의 삶과 내면을 근본적으로 파괴한다는 점을 분명히 보여준다. 이러한 맥락에서 초기 불교의 문제의식은 분노의 사회적 정당화 여부가 아니라, 어떻게 하면 그 발생을 근본적으로 예방하고 이미 일어난 분노를 수행적 통찰을 통해 완전히 소멸시킬 수 있는가에 두어진다.

『니까야』와 주석 문헌은 분노의 원인을 느낌(*vedanā*, 受)과 그것이 지닌 속성과의 연관 속에서 해명한다. 느낌은 감각기관이 대상과 접촉(*phassa*, 觸)할 때 가장 먼저 일어나는 마음부수(*cetasika*)로, 외부 대상에 대한 접촉이 느낌으로 드러나는 최초의 심리적 반응이다. 『상윳따 니까야(*Saṃyutta Nikāya*)』는 "*vedanāsamosaraṇā sabbe dhammā*(모든 법은 느낌에 모여든다)"라고 설명하면서, 느낌은 인지와 행위의 방향을 결정짓는 관문이자, 이후 모든 심리적 작용의 전환점임을 강조한다.[38]

느낌은 특정 본질로부터 발생하는 것이 아니라, 조건적·연기적

---

36 멤 틴몬(김종수 옮김), 『체계적으로 배우는 붓다 아비담마』(서울: 불광출판사, 2016), 118쪽.

37 *AN* V. 161.

38 *SN* IV. 216.

관계 속에서 일어난다. 이러한 점에서 분노는 독립된 실체적 정서가 아니라, 특정한 연기적 조건이 결합할 때 드러나는 흐름으로 이해된다. 현대심리학이 주로 인지적 재평가나 신념의 변화를 통해 정서를 조절하려는 데 비해, 초기 불교는 평가 이전 단계에서 느낌을 올바로 알아차려 반응의 사슬을 끊고자 한다. 따라서 분노 대처의 핵심은 '이미 해석된 내용'을 다루기 전에 '막 일어난 느낌'을 포착하는 데 있음을 알 수 있다.

『니까야』에서 느낌은 즐거움(*sukha*), 괴로움(*dukkha*), 괴롭지도 즐겁지도 않음(*adukkham-asukha*)으로 구분하고, 분노를 괴로운 느낌과 연결한다.[39] 주석서인 『아비담마(*Abhidhamma*)』에서는 느낌을 육체적·정신적으로 구분하여 다섯 가지로 체계화한다. 이 가운데 분노는 정신적 괴로움(*domanassa vedanā*)과 결합하여 촉발하는 것으로 설명한다.[40]

『아비담마』가 지목하는 '*domanassa vedanā*'는 단순한 감각적 통증이 아니라 대상을 향한 경험적·심리적 괴로움으로 규정된다. 이는 느낌이 신체적 반응을 넘어 접촉과 식(*viññāṇa*, 識) 등 다른 마음 요소들과 상호 의존 속에서 발생하는 조건 지어진 과정이며, 특히 괴로운 느낌

---

[39] *SN* IV. 204-235. 「느낌 상윳따(Vedanāsaṃyutta)」는 즐거운 vedanā에는 탐욕의 잠재성향(*rāga-anusaya*), 괴로운 vedanā에는 적의의 잠재성향(paṭigha-anusaya), 중립적 vedanā에는 무지의 잠재성향(avijjā-anusaya)이 관여한다고 설명한다. 여기서 'paṭigha'는 단순한 분노만이 아니라 다양한 수준의 적대감과 저항을 포괄한다.

[40] *Abhidh-s* 81. 『아비담마타 상가하(*Abhidhammattha-saṅgaha*)』에서는 육체적인 느낌과 정신적인 느낌을 구분하여 모두 다섯 가지로 나누고 있는데, 육체적인 느낌에 즐겁고(*sukha*), 괴로운(*dukkha*) 두 가지 느낌과 정신적인 느낌에 즐겁고(*somanassa*) 괴로운(*domanassa*) 두 가지 느낌 그리고 육체적·정신적 둘 다에서 느끼는 평온한(*upekkhā*) 한 가지 느낌이다. 『아비담마』의 이러한 구분은 느낌을 느끼는 기능 혹은 기관의 차이에 따른 것일 뿐 모두 느낌의 무더기(*vedanā-khandha*)에 포함되는 것으로 본다. 특히 분노는 괴로운 느낌과 함께 일어나는 것으로 설명한다("Doso pana paṭighasampayutto cittuppādo. So domanassasahagato hoti. Doso hi hiṃsāya lakkhaṇo, paṭigho pana āghātanaṭṭhena").

은 곧바로 지각(*sañña*, 想)과 결합하여 분노로 발전할 토대를 제공한다.

이러한 맥락에서 느낌과 분노의 관계는 잘 배운 제자(*ariyasāvako*)와 배우지 못한 범부(*puthujjano*)가 경험하는 느낌을 대하는 차이에서 암시된다.

> 비구들이여, 배우지 못한 범부도 즐거운 느낌을 느끼며, 괴로운 느낌을 느끼며, 괴롭지도 즐겁지도 않은 느낌을 느낀다. 잘 배운 성스러운 제자도 즐거운 느낌, 괴로운 느낌, 괴롭지도 즐겁지도 않은 느낌을 느낀다. 이들 사이에는 어떤 구별이 있으며, 어떤 다른 점이 있으며, 어떤 차이가 있는가. 배우지 못한 범부는 육체적인 괴로움을 겪게 되면 근심하고 상심하며 슬퍼하고 가슴을 치고 울부짖고 광란한다. 그는 육체적 느낌과 정신적 느낌을 모두 느낀다. … 그는 즐거운 느낌을 경험할 때도 매인 채로 그것을 느낀다. 괴로운 느낌을 경험할 때도 매인 채로 그것을 느낀다. … 이러한 사람을 배우지 못한 범부라고 말해지고…. [그는] 괴로움에 매여 있는 자라고 [나는] 말한다…. 잘 배운 성스러운 제자는 육체적으로 괴로운 느낌을 겪더라도 근심하지 않고 상심하지 않고 슬퍼하지 않고 가슴을 치지 않고 울부짖지 않고 광란하지 않는다. 그는 한 가지 느낌인 육체적 느낌만을 느끼고 정신적인 느낌은 겪지 않는다. … 그는 즐거운 느낌을 느낄 때 매이지 않고 느낀다. 또한 괴로운 느낌을 느낄 때도 매이지 않고 느낀다. … [그는] 한 가지 느낌인 육체적 느낌만을 느끼고 정신적인 느낌은 겪지 않는다. … 이러한 사람을 잘 배운 제자라고 말해지고…. [그는] 괴로움에 매여 있

지 않은 자라고 [나는] 말한다.[41]

인용문에서는 잘 배운 제자나 배우지 못한 범부 모두 육체적 느낌
은 공통적으로 경험하지만, 잘 배운 제자는 오직 육체적 느낌만을 느
끼는 반면(*so ekaṃ vedanaṃ vedayati kāyikaṃ na cetasikaṃ*), 범부는 육체적·정신
적 두 가지 느낌을 모두 경험한다(*so dve vedanā vedayati kāyikañca cetasikañca*).
육체적 느낌은 누구나 피할 수 없는 보편적 경험인 반면, 정신적 느낌
은 수행자의 인식 수준과 지혜에 따라 달라질 수 있음을 보여준다. 즉,
범부는 정신적 느낌에 매여 괴로움으로 끌려가지만, 제자는 그러한 느
낌의 흐름에 얽매이지 않고 분노의 전개를 차단할 수 있다. 이는 느낌
의 관찰을 통해 연기적으로 발생하는 분노의 고리를 끊을 수 있음을
암시하며, 분노를 단순히 억제하거나 사후적으로 관리하는 것이 아니
라 근본적이고 장기적인 소멸의 가능성을 암시한다.

한편, 『아비담마』가 '정신적 괴로움'을 분노의 원인으로 지목한
것은 느낌이 단순한 감각적 현상이 아니라 잠재성향(*anusaya*)에 의해

---

41 *SN* IV. 207.24-210.5. "sutavā bhikkhave puthujjano sukhampi vedanaṃ vedayati
dukkhampi vedanaṃ vedayati, adukkhamasukhampi vedanaṃ vedayati. sutavā,
bhikkhave, ariyasāvako sukhampi vedanaṃ vedayati, dukkhampi vedanaṃ vedayati,
adukkhamasukhampi vedanaṃ vedayati. bhikkhave puthujjano dukkhāya vedanāya
phuṭṭho samāno socati kilamati paridevati urattāḷiṃ kandati sammohaṃ āpajjati. so dve
vedanā vedayati kāyikañca cetasikañca ···so sukhañce vedanaṃ vedayati, saññutto naṃ
vedayati. dukkhañce vedanaṃ vedayati, saññutto naṃ vedayati ··· ayaṃ vuccati bhikkhave
··· puthujjano ··· saññutto dukkhasmāti vadāmi. sutavā ca kho bhikkhave ariyasāvako
dukkhāya vedanāya phuṭṭho samāno na socati na kilamati na paridevati na urattāḷiṃ
kandati na sammohaṃ āpajjati. so ekaṃ vedanaṃ vedayati kāyikaṃ na cetasikaṃ ··· so
sukhañce vedanaṃ vedayati, visaññutto naṃ vedayati. dukkhañce vedanaṃ vedayati,
visaññutto naṃ vedayati···visaññutto naṃ vedayati ··· ayaṃ vuccati bhikkhave sutavā
ariyasāvako ··· visaññutto jātiyā jarāya maranena sokehī pañdevehī dukkhehī domanassehī
upāyāsehī visaññutto dukkhasmā ti vadāmi."

이미 물들어 있는 경험일 수 있음을 시사한다. 이는 접촉이 근(*indriya*, 根)·경(*visaya*, 境)·식의 화합(*saṅgati*)으로 성립한다는 설명과도 맞닿아 있다. 이때 식은 단순히 대상을 반영하는 수동적 거울이 아니라, 잠재성향과 결합하여 느낌의 성격을 규정하는 능동적 조건으로 작용한다.[42] 잠재성향은 윤회의 삶을 거듭하면서 존재들의 무더기에 잠재한 오염원(*kilesa*)이다. 조건이 없을 때는 전혀 알 수 없으나 상응하는 감각 대상과 접촉하는 순간 실제로 표면에 나올 준비가 되어 있다. 따라서 느낌은 이미 조건화된 식의 영향 아래 발생하며, 그 단계에서부터 번뇌적 경향이 스며들 수 있다.

나아가 이러한 느낌은 즉시 지각과 결합하여 특정한 의미와 형태로 파악된다. 괴로운 느낌은 단순히 '느껴지는 것(*vedayita*)'에 머무르지 않고, 지각과의 결합을 통해 특정 대상과 연결되어 분노가 발생할 조건을 형성한다.[43] 이 과정에서 지각은 색·소리 같은 외적 특징을 식별하는 것에 그치지 않고, 기억과 개념을 바탕으로 느낌을 해석한다. 이러한 해석과 명명은 느낌을 '이것은 모욕이다', '이것은 위협이다'와 같이 규정하며, 이렇게 규정된 느낌은 곧 분노라는 정서적 반응으로 고착될 수 있다.

느낌의 속성에 대한 이러한 이해는 현대 신경과학의 논의와도 부분적으로 상응한다. 안토니오 다마지오(A. Damasio)는 인간 의식(consciousness)의 출현 배경으로 느낌을 지목하며, 그 원천을 두 가지로 설명

---

[42]   *SN* II. 65. "yañca, bhikkhave ⋯ yañca anuseti, ārammaṇametaṃ hoti viññāṇassa ṭhitiyā. ārammaṇe sati patiṭṭhā viññāṇassa hoti(비구들이여⋯ 어떤 것에 대해 잠재성향을 가지면 그 대상에 대한 식이 머무는 조건이 된다. 대상에 대한 식이 확립된다)."

[43]   *MN* I. 292-298; *SN* IV. 216; *Vism* XIV. 127 참조.

한다. 첫째는 신체 내부에서 끊임없이 일어나는 생명 활동이며, 둘째
는 이러한 활동에 따라 경험되는 행복감·불쾌감·배고픔·고통·욕구
같은 정서적 반응이다.[44] 그는 느낌을 다양한 마음속 사건이 일정한 역
할을 하는 생물학적 과정의 결과로 규정하고, 실시간 내적 경험의 총
합으로 이해한다. 이러한 정의는 느낌을 조건적 과정의 산물로 이해한
다는 점에서 초기 불교의 느낌과 유사한 측면이 있다. 물론 다마지오
는 유물론적 전제 위에서 이를 설명하지만, 그의 논의는 느낌을 무수
한 조건들의 상응 속에서 발생하는 것으로 본 초기 불교의 관점을 뒷
받침하는 현대 신경과학적 근거로 활용될 수 있다.

　이처럼 느낌이 조건적이고 복합적인 산물이라는 점은 현대 신경
과학과 초기 불교 모두에서 공통으로 강조된다. 그러나 초기 불교는
여기서 더 나아가, 느낌이 지각과 결합할 때 집착과 전도 과정을 통해
어떻게 분노로 발전하는지를 더욱 구체적으로 설명한다. 느껴지는 느
낌에 묶이고 집착된 범부는 거기에 매인(saññutta) 상태로 그것에 쏠리고
사로잡혀, 곧 지각에 의해 특정한 방식으로 인식한다. 이때 인식된 대
상은 단순한 지각에 머물지 않고, 다양한 정신적 내용의 조작을 거쳐
사고를 전도하고 증폭하며 확장하는 망상(papañca)으로 전개된다.[45] 『상
윳따니까야』는 이를 "실제로 있지도 않고 이치에 맞지도 않는 것을 말
하는 큰 바닷속의 바닥 없는 구렁텅이"에 빠진 것과 같다고 비유한다.
범부는 결국 이렇게 자기 생각, 곧 망상에 대한 철저한 믿음 속으로 빠
져든다.

44　안토니오 다마지오(임지원·고현석 옮김), 『느낌의 진화』(파주: 아르테, 2019), 107-127쪽.

45　냐냐난다(아눌라 옮김), 『위빠사나 명상의 열쇠 빠빤차』(서울: 한언, 2006), 24-28쪽.

　　망상은 단순한 순간적 느낌을 넘어서, 지속적이고 구조화된 분노를 낳는 토대가 된다. 괴로운 느낌으로 시작된 불쾌감이 지각에 의해 특정 의미로 고정되고, 이어 망상을 통해 증폭·확장하면서 일시적 경험은 지속적이고 파괴적인 정서로 굳어진다. 이와 같은 연쇄적 과정을 통해 초기 불교는 분노가 독립된 실체가 아니라 조건 지어진 연기적 흐름 속에서 발생하고 증대되는 것임을 드러낸다. 다만 망상은 분노에 국한되지 않고 탐·진·치의 다양한 왜곡을 포괄하는 개념이므로 분노와의 관계는 그 하나의 구체적 양상으로 이해하는 것이 타당하다.

　　이러한 전도된 사고는 분노가 외적으로 표출되지 않았더라도 이미 자신을 괴롭히고 일상을 방해하는 현재의 괴로움이 된다. 그뿐만 아니라 만약 분노가 실제로 드러난다면, 그 결과는 더욱 가혹하다. 『앙굿따라니까야』는 분노가 단순히 사라지는 것이 아니라, "비바람에도 지워지지 않는 비명(碑銘)"처럼 존재의 무더기에 깊은 흔적을 남겨 미래의 윤회 속에서 다시 분노를 불러오는 씨앗이 된다고 경고한다.[46] 이러한 흔적은 다시 태어나더라도 추한 외모로 태어나게 하는 원인이 되며, 분노가 분노하는 자에게 가장 큰 해로움임을 암시한다.

　　결국 초기 불교에서 분노는 모호한 정신적 느낌에서 비롯되었더라도 그것을 어떻게 처리하느냐에 따라 영향력이 달라진다. 그러나 그 영향은 현재와 미래, 그리고 내생으로까지 이어지는 괴로움일 뿐 그 어디에서도 긍정적 의미는 발견되지 않는다. 이 때문에 붓다는 "끊어

46　*AN* I. 316. "Yathāpi nāma silāpattho na suriyena na candena na meghena na vātena paṭikujjheyya; evamevaṃ kodhano puggalo … [마치 바위에 새긴 글씨는 태양도, 달도, 바람이나 비바람도 쉽게 지워버릴 수 없듯이, 성내는 사람(kodhano puggalo)의 분노도 그렇게 쉽게 사라지지 않는다. …]"

야 할 단 하나의 법을 꼽으라면 그것은 분노이다"라고 단언하며, 오직 제거만이 분노의 악순환에서 벗어나는 길임을 강조한다.[47]

그러나 여기서 말하는 '제거(*cetvā*)'는 단순히 느낌 자체를 소멸시키는 것을 의미하지 않는다. 앞서 보았듯이 제자와 범부 모두 육체를 지닌 존재로서 느낌을 경험하는 것은 피할 수 없다. 따라서 '제거'란 느낌이 분노로 발전하지 않도록 하는 근본적 제어와 초월을 뜻하며, 이 점에서 곧 '극복'이라는 의미와 맞닿아 있다. 『니까야』가 분노를 '극복'의 차원에서 논하는 것은 느낌의 발생 자체를 없애려는 것이 아니라, 그 흐름에 매이지 않고 수행적 통찰로 넘어서는 과정을 지칭한다. 분노를 먹는 약카(Yakkha)의 사례에서 샥카(Sakka)는 분노가 완전히 제거되었다고 말하지 않고, 자신이 분노를 드러내지 않았다고 진술한다.[48] 이는 느낌이 일어나더라도 그것이 분노로 고착되지 않도록 다스리는 수행적 역량을 보여준다. 잘 배운 제자가 느낌에 매이지 않음(*visaññutto naṃ vedayati*)에 비해, 범부는 느낌에 매여(*saññutto naṃ vedayati*) 괴로움과 혼란에 빠진다는 대비 역시 같은 맥락을 뒷받침한다.

이처럼 초기 불교에서 분노는 인지적 평가와 조절에 초점을 두는 현대심리학과 달리, 분노의 원인으로 지목되는 느낌의 차원에서부터 전 과정을 연기적으로 해체하여 서술된다. 이러한 이해는 분노에서 어떤 긍정적 기능도 찾을 수 없음을 확인시키며, 분노가 '관리'해야 할 감정이 아니라 수행자가 반드시 극복해야 할 대상임을 분명히 한다.

47　*SN* I. 237. "Kiṃsu cetvā sukhaṃ seti kiṃsu cetvā na socati, Kissassa ekadhammassa vadhaṃ rocesi gotamāti. Kodhaṃ cetvā sukhaṃ seti kodhaṃ cetvā na socati, Kodhassa visamūlassa madhuraggassa vāsava, Vadhaṃ ariyā pasaṃsanti taṃ hi cetvā na socatī ti."

48　*Ibid.*, 238.

따라서 초기 불교적 관점에서 분노는 결코 수용되거나 정당화되지 않으며, 오직 제거와 극복의 수행을 통해서만 괴로움의 악순환에서 벗어날 수 있다.

4. 분노의 극복 가능성

초기 불교에 따르면 인간의 인식 과정은 감각기관과 대상의 접촉을 조건으로 느낌이 일어나고, 이 느낌은 지각에 의해 분별되며, 이어 생각(*vitakka*, 尋)으로 전개된다.[49] 그러나 분노는 단순히 불쾌한 느낌과 동일시되지 않는다. 느낌은 그 자체로 쾌·불쾌의 단순한 감각적 톤에 불과하다. 분노는 불쾌한 느낌 위에서 지각이 그것을 모욕이나 위협 등으로 식별·명명하고, 생각이 그 지각을 따라 사고를 전개하는 과정에서 드러난다.

「꿀덩어리 경(*Madhupiṇḍika sutta*)」은 이러한 인식 과정을 개괄적으로 제시하지만, 분노가 어떻게 확대되는지는 구체적으로 언급하지 않는다. 이에 대한 해설은 『빠빤짜수다니(*Papañcasūdani*)』에서 찾아볼 수 있다. 주석에서는 "지각은 대상을 표지하고, 생각은 그것을 따라 움직이며, 망상은 이로부터 번져나간다"고 풀이한다.[50] 즉, 불쾌한 느낌이 곧바로 분노로 전환되는 것이 아니라, 지각과 생각의 개념화 과정이

49　*MN* I. 111.

50　*Ps* I. 129. "Saññā nimittam katvā tiṭṭhati, vitakko anuvattati, papañco tato saṅkham gacchati."

결합할 때 비로소 분노라는 정서가 발생한다.

『아비담마』 또한 느낌을 단순한 감각적 경험으로 규정하고, 분노를 불선근(*akusala-mūla*) 가운데 하나로 별도로 분류하여 그것이 다른 심리 작용과 결합할 때만 일어난다고 설명한다.[51] 따라서 초기 불교적 관점에서 분노는 고정된 본질적 성향이 아니라, 불쾌한 느낌을 토대로 지각과 생각의 해석·사고 과정을 거쳐 연기(*paṭiccasamuppāda*)의 법칙에 따라 일어나고 사라지는 무상한 정서로 이해된다. 이러한 설명이 곧, 분노의 극복 가능성을 뒷받침하는 이론적 근거가 된다.

이러한 설명은 현대 신경과학의 구성주의적 관점과 상응한다. 리사 펠드먼 배럿(Lisa Feldman Barrett)의 구성된 감정 이론(Theory of Constructed Emotion)은 감정이 뇌 속에 고정된 모듈이나 보편적 회로의 산물이 아니라, 신체 내적 감각(interoception)과 맥락적 정보가 결합할 때 실시간으로 구성하는 사건이라고 주장한다.[52] 그녀의 연구에 따르면 불쾌한 신체 느낌은 경험적으로 관찰되지만, 그것이 특정 감정과 일대일 대응하지 않으며, '분노'나 '슬픔'을 고정적으로 산출하는 뇌 회로도 확인되지 않았다. 이는 감정이 전혀 존재하지 않는다는 것이 아니라, 특정 감정이 고정된 본질로 실재한다는 통념을 부정하는 것이다. 즉 감정은 경험적으로는 분명히 존재하지만, 그것은 매번 다른 조건 속에서 달리 구성되는 사건이다.

「톱의 비유경」에 나타난 웨데히까(Vedehikā)와 깔리(Kāli)의 일화는

---

51 *Abhidh-s* §2.

52 L. F. Barrett., *How Emotions Are Made: The Secret Life of the Brain* (New York: Houghton Mifflin Harcourt, 2017), pp. 45-47.

분노가 본래적 성질이 아니라 조건적 구성임을 잘 보여준다.[53] 웨데히까는 평소 친절한 성품으로 명성을 얻었으나, 하녀 깔리가 반복적으로 불쾌한 상황을 조성하자 마침내 분노를 억제하지 못하고 폭행에 이르렀다. 붓다는 이를 두고, 불리한 조건에 직면했을 때도 친절을 유지하는 자만이 진정한 수행자라고 말한다. 이는 분노가 개인 내면의 고정 성질이 아니라 조건과 해석의 누적 속에서 형성되는 반응임을 시사한다.

반면, 수행자가 동일한 자극 속에서도 분노를 구성하지 않을 수 있음을 강조한다. 이 경에서 붓다는 "비구들이여, 만일 도적이나 도적의 동료가 너희를 두 조각 내거나 네 조각 내거나, 심지어 열여섯 조각으로 자른다 하더라도 그때 너희 마음에 분노나 증오나 원망이 일어난다면, 그 마음은 잘못된 것이다"라고 설한다.[54] 이는 가장 극단적인 조건에서도 느낌이 곧바로 분노로 확장되지 않도록 할 수 있는 수행적 역량을 상징적으로 드러낸다. 따라서 분노의 극복은 단순한 억제나 관리가 아니라, 느낌에서 지각과 생각으로 이어지는 연쇄를 알아차리고 전환하는 데서 가능하다.

그렇다면 어떻게 특정 자극에서 발생하는 정신적 느낌의 영향에서 벗어나 분노로 이어지지 않는 상태를 유지할 수 있을까? 『니까야』는 그 실마리를 "*sabbe vedanā dukkhā*(모든 느낌은 괴로움이다)"라는 가르침에서 찾는다.

---

53   *MN* I. 122-129.

54   *Ibid.*, 128. "Bhikkhave, sace vo coro vā coro sahāyo vā dvidhā chindeyya vā catu-dhā chindeyya vā, soḷasadhā chindeyya vā, tatra vo yo cittaṃ kopāya vā dosāya vā appaccayāya vā uppajjeyya, tamenaṃ tumhe cittaṃ bhikkhave na samādhiṃ āpajjissatha."

"즐거움이든 괴로움이든, 괴롭지도 즐겁지도 않은 느낌이든, 그것이 안이든 밖이든, 모든 느낌을 거짓되고 부서질 수밖에 없는 것으로 보고 괴로움으로 알며, 그것들이 부딪히고 사라져가는 양 상을 지켜보라."[55]

이 구절은 신체적이든 정신적이든 느껴지는 것들이 괴로움의 원 인이 될 수 있으며, 이를 바르게 알기 위해 느낌에 대한 사띠와 분명한 알아차림(*sampajāna*)의 중요성을 암시한다. 즉, 어떤 느낌에 해석이 개입 되는 순간 마음은 곧 반응으로 기울기 때문에 감각 접촉의 자리에서 곧바로 알아차려 느낌에 끌려가지 않아야 한다는 것이다. 「화살경(*Salla sutta*)」에서는 이를 "첫 화살을 맞는 순간, 화살이 무엇인지 분석하기보 다 맞았음을 즉각 알아차리고 곧바로 뽑아내는 것"에 비유한다.

따라서 피가 역류하거나 근육이 긴장하고 심장이 쿵쾅거리는 신 체적 감각, 혹은 불안과 두려움 같은 미묘한 정신적 느낌이 일어날 때, 수행자는 그것을 포착하여 잘 배운 성자처럼 거기에 매이지 않는 훈련 을 해야 한다. 인식의 구체적 내용물(예: *saññā, saṅkhāra*)은 언어적 개념화 를 통해 조작·구성된 것이므로 주시하고도 반응하지 않을 수 있다. 그 러나 느낌은 언어 이전의 직접 체험이기에 그 순간을 단순 관찰로 머 물게 하는 일은 쉽지 않다. 인식 내용이 아니라 인식이 개입하기 직전 의 모호한 느낌의 시점을 다루려면 보다 세밀한 수행적 장치가 요구되 며, 초기 불교는 이를 '감내(perseverance, *adhivāsana*)'로 설명한다.

---

55 *SN* IV. 205. "sukhaṃ vā yadi vā dukkhaṃ adukkhamasukhaṃ saha Ajjhattañca bahiddhā ca yaṃ kiñci atthi veditaṃ Etaṃ dukkhanti ñatvāna mosadhammaṃ palokitaṃ. Phussa phussa vayampassaṃ. Evaṃ tattha virajjatī ti."

범부가 느낌에 매이는 이유는 괴로운 느낌을 견뎌내지 못했기 때문이며(*nādhivāseti uppannā vedanā dukkhā*), 반대로 성자가 느낌에 매이지 않는 까닭은 괴로운 느낌을 견디고 감내했기 때문이다(*adhivāseti uppannā vedanā dukkhā*).『니까야』는 이를 다음과 같이 대조한다.

> "육체적 괴로움이 목숨을 앗아갈 듯 일어날 때, 이를 견뎌내지 못하는 사람은 괴로움에 맞닥뜨리면 떨고, 울부짖고, 통곡한다. 그는 허약하고 무력하여 구렁텅이에 맞서지 못하고 발판조차 마련하지 못한다. 그러나 목숨이 위협받는 상황에서도 떨지 않고, 육체적 괴로움이 일어나는 것을 견뎌내는 사람은 그 구렁텅이를 버텨낼 뿐 아니라 그 속에서조차 안전한 발판을 확보한다."[56]

위 인용문은 분노를 포함한 모든 느낌을 극복하기 위해서는 사띠와 분명한 알아차림(*sampajañña*)뿐 아니라, 거기에 더해 '감내'가 필요함을 암시한다. 감내는 느낌을 억압하거나 회피하는 것이 아니라, 그것을 있는 그대로 수용하며 견디는 능동적 태도를 의미한다. 다시 말해, 느낌을 억누르거나 바꾸려는 시도 대신, 있는 그대로 경험하고 지켜보는 것이다. "느낌은 있지만 [느낌의] 부풀림을 소멸하여 더 쌓지 않는 것"이라는 표현[57]은 억압·회피가 아니라, 일어난 느낌을 있는 그대로

---

56 *Ibid.*, 206-207.

57 *Ibid.*, 205. "sukhaṃ vā yadi vā dukkhaṃ adukkhamasukhaṃ saha ajjhattañca bahiddhā ca yaṃ kiñci atthi veditaṃ etaṃ dukkhanti ñatvāna mosadhammaṃ palokitaṃ. phussa phussa vayampassaṃ. evaṃ tattha virajjati ti(즐거움이든 괴로움이든, 괴롭지도 즐겁지도 않은 느낌이든, 그것을 괴로움으로 알고 허망하고 무너지는 것으로 관찰하며, 접촉마다 소멸해감을 지켜볼 때 집착이 사라진다)."

수용하며 견디는 적극적 태도를 지시한다.

「모든 번뇌 경(*Sabbāsava-sutta*)」에서도 번뇌를 버리는 일곱 가지 방법을 제시하며, 그중 감내 항목에서 생명까지 위협할 정도의 신체적 고통을 포함한 괴로운 느낌을 견디는 일을 구체적으로 규정한다.[58] 불교학자 드 실바(de Silva) 역시 마음챙김은 분노와 관련된 왜곡된 사고를 조절하는 데 유용하지만, 정서적·신체적 반응은 감내로 다루어야 한다고 지적한다.[59] 이는 분노가 특정 상황에서 발생하는 다양한 느낌임을 알아차리고, 그것을 기꺼이 감내할 때 비로소 개념적 범주로 정의된 '분노'로 발전하지 않을 수 있음을 시사한다.

느낌은 몸과 마음의 자연스러운 연결고리를 드러낸다. 느낌이 유기체 내부의 상태를 그대로 비추어준다면, 감내는 있는 그대로의 고통과 대면하는 작업이다. 중요한 것은 느낌에 반영된 욕구와 충동을 좇지 않고, 느껴지는 그대로를 수용하는 것이다. 이러한 태도 속에서 비로소 존재의 참된 의미가 드러난다. 따라서 느낌 단계에서의 사띠와 분명한 알아차림 그리고 감내의 결합은 동일한 자극과 신체 반응이 일어나더라도 그것이 곧바로 '분노'라는 범주로 굳어지지 않도록 하는 수행적 조건을 마련한다.

이러한 맥락은 빅터 프랭클(Victor E. Frankl)의 "자극과 반응 사이에는 공간이 있다. 그 공간에는 우리가 반응을 선택할 자유와 힘이 있다. 그리고 우리의 반응이 우리의 성장과 행복을 좌우한다"라는 언급과도

---

58 *MN* I. 6.

59 de Silva., "Anger Management: A Buddhist Perspective," *The Journal of International Association of Buddhist Universities*, vol. 2 (2009), pp. 121-134.

일정한 공감이 있다.[60] 초기 불교의 관점에서 이 '공간'은 곧 느낌이 일어나는 자리이자, 그것에 매이지 않고 감내하는 수행적 공간으로 이해할 수 있다. 물론 양자를 동일시할 수는 없으나, 느낌은 몸과 마음 사이의 틈(gap)을 드러내는 지점이며, 감내는 이 틈을 억압이나 도피가 아닌 수용을 통해 메우게 함으로써 오래된 신체적 충동에서 자유로워지게 한다. 동시에 분노를 조작하는 느낌의 구속으로부터 놓임을 가능케 하여 분노가 더 이상 실체화되지 않도록 한다. 이러한 점에서 분노는 제거가 아니라, 감내를 통한 초월이라는 방식으로 극복 가능성이 열리게 된다.

요컨대, 초기 불교에서 분노의 극복 가능성은 느낌에 대한 훈련된 태도에서 비롯된다. 느낌을 억누르거나 회피하지 않고 있는 그대로 알아차리고 감내할 때, 분노는 더 이상 정서적 반응으로 고착되지 않는다. 분노는 본래 내재된 본능이 아니라, 조건적이고 구성적인 흐름이다. 따라서 느낌의 순간에 자유를 확보하는 것이 곧 분노의 연쇄를 차단하는 관건이다. 이러한 관점은 분노를 단순히 관리해야 할 감정으로 보는 현대심리학과 달리, 극복해야 할 번뇌로 규정하는 초기 불교의 독창적 시각을 드러낸다.

---

60   V. Frankl(이시형 옮김), 『죽음의 수용소에서』(경기: 청아출판사, 2005).

5. 나가는 말

　본 연구는 현대심리학과 초기 불교의 분노 이해를 비교하고, 분노의 극복 가능성을 탐구하는 것을 목적으로 했다. 현대심리학은 분노를 기본 정서로 전제하고, 주로 발생 이후의 조절과 관리에 집중해왔다. 나아가 사회적으로 분노 표현을 용인하거나 정당화하는 경향 역시 존재한다. 이러한 접근은 분노의 일시적 완화와 증상 조절에는 기여하지만, 이미 개념화된 분노를 다루는 방식이라는 점에서 근본적 극복에는 한계를 지닌다.

　반면 초기 불교는 분노를 탐·진·치와 더불어 수행을 가로막는 근본 번뇌로 규정하고, 그 어떤 긍정적 기능도 인정하지 않는다. 현재와 미래, 내생에 걸쳐 괴로움만을 증대시키는 장애에 불과하다. 본 연구는 특히 '느낌(*vedanā*)'를 중심으로 초기 불교의 분노 이해를 분석했다. 느낌은 신체와 정신, 내부와 외부를 매개하는 지점으로서, 괴로운 느낌은 의미 부여와 확대 과정을 거쳐 분노로 발전하는 출발점이다. 이로써 분노는 고정된 정서가 아니라 조건 지어진 연기적 과정에서 발생하는 현상임을 보여준다.

　분노의 극복 가능성은 바로 이 느낌에 대한 수행적 태도에서 드러난다. 느낌을 억제하거나 회피하지 않고, 있는 그대로 수용하고 견뎌내는 감내(*adhivāsana*)의 수행을 통해 자극과 반응 사이의 틈을 확보할 수 있다. 이 틈에서 반응을 선택하지 않고 머무는 것이 분노를 끊는 관건이다. 따라서 분노는 관리해야 할 감정이 아니라 극복해야 할 번뇌이며, 그 극복은 느낌에 대한 훈련된 수용을 통해 실현 가능하다.

　이러한 통찰은 현대 신경과학의 구성주의적 감정 이해와도 맥을 같이한다. 리사 펠드먼 배럿의 '구성된 감정 이론'은 감정이 뇌 속의 보편적 회로나 고정된 신체 지문(somatic marker)에 의해 산출되는 것이 아니라, 신체 상태와 맥락적 조건이 결합할 때 매 순간 새롭게 구성되는 사건임을 보여준다. 감정은 실체적 정서가 아니라 조건적·구성적 과정이며, 따라서 특정한 조건을 전환하거나 흐름을 차단함으로써 극복 가능성이 열린다. 이는 분노 극복을 억제나 조절 차원이 아니라, 구성 과정 자체의 전환(re-construction)으로 이해할 수 있게 한다.

　본 연구의 의의는 분노를 단순히 관리해야 할 정서로 보는 시각을 넘어, 초기 불교의 연기적 해체와 수행적 극복의 관점으로 탐구를 확장했다는 점에 있다. 물론 느낌에 대한 감내 수행은 일정한 역량을 필요로 하기에 실제적 적용에는 제약이 있다. 그러나 이러한 한계를 감안하더라도 분노를 관리가 아닌 극복의 대상으로 조명했다는 점에서 본 연구는 일차적으로 학문적 기여를 지닌다. 향후 연구는 느낌에 대한 수행론적 분석을 더욱 심화하여 분노뿐 아니라 다양한 정서의 극복 가능성을 탐구하는 방향으로 발전해야 할 것이다.

참고문헌

김경호, 「분노로부터 마음의 평정: 분노의 동역학을 중심으로」, 『철학탐구』 34, 중앙대학교 중앙철학연구소, 2013, 37-64쪽.

냐냐난다(아눌라 옮김), 『위빠사나 명상의 열쇠 빠빤차』, 서울: 한언, 2006.

라이트, J. H., 브라운, K. B., 미쉘, E., 타제, M. E., 바스코, M. R.(김정민 옮김), 『인지행동치료』, 서울: 학지사, 2020.

레슬리 S. 그린베르그, 산드라 C. 파비오(이흥표 옮김), 『심리치료에서 정서를 어떻게 다룰 것인가』, 서울: 학지사, 2023.

로린 J. 엘리사, 데보라 M. 소시에(김명선 옮김), 『임상 및 실험신경심리학』, 서울: 시그마프레스, 2007.

리사 펠드먼 배럿(최호영 옮김), 『감정은 어떻게 만들어지는가?』, 경기: 생각연구소, 2019.

멤 틴몬(김종수 옮김), 『체계적으로 배우는 붓다 아비담마』, 서울: 불광출판사, 2016.

빅터 플랭클(이시형 옮김), 『죽음의 수용소에서』, 경기: 청아출판사, 2005.

서수균·권석만, 「비합리적 신념, 자동적 사고 및 분노의 관계」, 『한국임상심리학회지』 24, 한국임상심리학회, 2005, 327-340쪽.

안토니오 다마지오(임지원·고현석 옮김), 『느낌의 진화』, 파주: 아르테, 2019.

이자랑, 「불교명상에서 계율의 역할과 중요성」, 『동아시아불교문화』 25, 동아시아불교문화, 2016, 461-482쪽.

전겸구, 「분노의 종합적 이해를 위한 시도」, 『미술치료연구』 7, 한국미술치료학회, 2000, 1-34쪽.

정지우, 『분노사회』, 부산: 이경, 2014.

Abhidhammattha-saṅgaha, ed. Burmese Pali Text Society, Rangoon: Buddha Sāsana Council, 1956.

Aṅguttara-nikāya, ed. Hare, E. M., and F. L. Woodward, 5 vols., London: Pali Text Society, 1925-1936.

Anālayo, Bhikkhu, "The Potential of Facing Anger with Mindfulness," *Mindfulness*, vol. 9, no. 6, 2018, pp. 1966-1972.

Averill, R. J., "Studies on anger and aggression: Implications for theories of emotion," *American Psychologist*, vol. 38, 1983, pp. 1145-1160.

Bandura, Albert, *Social Learning Theory*, Englewood Cliffs, NJ: Prentice Hall, 1977.

Beck, Aaron T., "A 60-Year Evolution of Cognitive Theory and Therapy," *Perspectives on Psychological Science*, vol. 14, no. 1, 2019, pp. 16-20.

Beck, Aaron T., and Eduardo Fernandez, "Cognitive-Behavioral Therapy in the Treatment of Anger: A Meta-Analysis," *Cognitive Therapy and Research*, vol. 22, no. 1, 1998, pp. 63-74.

Borders, Ashley, et al., "The Moderating Effect of Mindfulness on the Relation Between Anger and Aggression," *Aggressive Behavior,* vol. 36, no. 5, 2010, pp. 469-476.

De Silva, Padmasiri, "Anger Management: A Buddhist Perspective," *The Journal of International Association of Buddhist Universities*, vol. 2, 2009, pp. 121-134.

Deffenbacher, J. L., "Cognitive-behavioral conceptualization and treatment of anger," *Journal of Clinical Psychology*, vol. 55, no. 3, 1999, pp. 295-309.

Deffenbacher, J. L., and Ray S. Stark, "Relaxation and Cognitive-Relaxation Treatments of Anger," *Journal of Consulting and Clinical Psychology*, vol. 60, no. 4, 1992, pp. 158-167.

Denson, Thomas F., Naomi D. Pedersen, and Elise F. Friese, "Anger Rumination and Aggression: A Meta-Analytic Review," *Journal of Personality and Social Psychology*, vol. 97, no. 4, 2009, pp. 734-744.

Denson, Thomas F., William C. Pedersen, and Norman Miller, "Cognitive Appraisals and Angry Rumination: Predictors of Aggressive Behavior," *Journal of Social and Clinical Psychology*, vol. 31, no. 4, 2012, pp. 329-357.

Dollard, J., L. W. Doob, N. E. Miller, O. H. Mowrer, and R. R. Sears, *Frustration and Aggression*, New Haven: Yale University Press, 1939.

Frazier, Stacy L., and Jaime Vela, "Anger Management for Adolescents: Efficacy of a Social Skills Group Intervention," *Journal of Child and Adolescent Group Therapy*, vol. 24, no. 2, 2014, pp. 151-165.

Gray, J. A., *The Neuropsychology of Anxiety: An Enquiry into the Functions of the Septo-Hippocampal System*, Oxford: Oxford University Press, 1982.

Gross, James J., "The Emerging Field of Emotion Regulation: An Integrative Review,"

Review of General Psychology, vol. 2, no. 3, 1998, pp. 271-299.

Heppner, Keith, et al., "Mindfulness and the Regulation of Anger," *Cognitive Therapy and Research*, vol. 32, no. 4, 2008, pp. 651-664.

Kabat-Zinn, Jon, "Some Reflections on the Origins of MBSR, Skillful Means, and the Trouble with Maps," *Contemporary Buddhism*, vol. 12, no. 1, 2011, pp. 281-306.

Lisa Feldman Barrett. How Emotions Are Made: The Secret Life of the Brain. New York: Houghton Mifflin Harcourt, 2017.

Majjhimanikāya, ed. Trenckner, V., and R. Chelmers, 3 vols., London: Pali Text Society, 1979, 1925, 1951 (reprints).

Papañcasūdanī. Ed. J. Takakusu & M. Nagai. London: Pali Text Society, 1926.

Reilly, Patrick M., and Michael S. Shopshire, *Anger Management: A Cognitive–Behavioral Therapy Manual*, Rockville, MD: Substance Abuse and Mental Health Services Administration, 2019.

Saṁyuttanikāya, ed. Feer, M. L., 5 vols., London: Pali Text Society, 1991, 1989, 1975, 1990, 1976 (reprints).

Visuddhimagga, ed. Ñāṇamoli, Bhikkhu, London: Pali Text Society, 1956.

곽금주, 「성취 욕구의 원천, 분노」, https://news.samsung.com/kr/%EC%A0%84%EB%AC%B8%EA%B0%80-%EC%B9%BC%EB%9F%BC-%EC%84%B1%EC%B7%A8-%EC%9A%95%EA%B5%AC%EC%9D%98-%EC%9B%90%EC%B2%9C-%EB%B6%84%EB%85%B8(검색일: 2025.10.01)

주권적 개인은 니체주의적인 경합적 민주주의의 주체인가?

김도윤(경북대학교 철학과 박사과정)

1. 들어가는 말

오늘날 우리는 언론을 통해 민주주의의 퇴행 혹은 위기라는 표현을 쉽게 접할 수 있다. 현 상황을 어떻게 받아들여야 하는지 혹은 극복할 수 있는지 검토하는 작업이 정치·사회 철학계의 의무라는 점은 분명하다. 이를 위해 민주주의 개념을 분석할 수도 있고, 위기 상황에 놓인 현재의 민주주의 모델에 비판을 가하며 발전된 혹은 대안적 모델을 제시할 수도 있다. 샹탈 무페의 작업이 좋은 예시다. 그녀는 민주주의 개념 내에 역설적 사실이 존재한다는 사실을 밝히고, 우파·보수 철학자로 여겨지는 슈미트를 통해 좌파적인 경합적 민주주의 이론을 제공

---

*   이 글은 2024년 『시대와 철학』에 실린 다음 논문을 수정 및 보완한 것임을 밝혀둔다. 김도윤, 「주권적 개인은 니체주의적 경합적 민주주의의 주체인가?」[『시대와 철학』 35(2), 한국철학사상연구회, 2024], 7-30쪽.

했다. 그녀의 이론에 영향을 받아 국내외에서 경합적 민주주의에 관한 많은 담론이 오가고 있다.

그런데 무페가 『경합들』에서 정확히 지적하듯이 경합적 민주주의 이론에는 자신이 제안한 모델 말고도 다양한 모델이 있다. 예컨대 영미권과 독일·네덜란드권의 니체주의자들은 권위적이고 엘리트주의적인 외양을 띠는 니체를 재해석해 경합적 민주주의 이론을 펼치고 있다. 따라서 경합적 민주주의에 대한 담론을 풍부하게 구성하려면 니체주의적인 경합적 민주주의 모델(이하 니체주의 모델)에 대한 논의도 첨가해야 한다.[1] 문제는 니체주의 모델도 주장하는 학자마다 각기 다른 양상을 띠고 있다는 점이다. 그렇기에 니체주의 모델 일반에 대한 분석뿐만 아니라 개별 모델에 대한 비판적 분석이 가미될 때, 니체주의 모델에 대한 합당한 이론적 평가가 가능할 것이다.[2]

---

1   필자가 보기에 니체주의 모델은 무페 모델에 제기될 수 있는 문제 중 몇 가지를 피할 수 있다는 점에서 주목할법하다. 슈미트의 철학에 기반하여 전개된 무페 모델에 제기될 수 있는 문제점은 크게 네 가지로, 각각 다음과 같다. "첫째, (우리 아닌) 그들을 정당한 상대방과 적으로 구분하는 것이 모호하다. 둘째, 적대의 존재론적 근본성과 적대 아닌 경합을 동시에 주장하는 것은 논리적으로 비일관적이다. 셋째, 무페가 말하는 경합은 자기보존이라는 텔로스에 갇혀 있다. 넷째, 경합 유지 수단에 관한 이론적 요소가 없고, 경합을 유지할 수 있는 갈등의 정도에 대한 설명도 없다." 김도윤, 「니체주의적 경합적 민주주의는 샹탈 무페 모델의 대안이 될 수 있는가?」[『시대와 철학』 34(4), 한국철학사상연구회, 2023], 71쪽. 니체주의 모델은 위 문제 중 마지막 것을 제외하고 피할 수 있으며, 미약하여 보완될 필요가 있지만 네 번째 비판에 반박할 이론적 힘도 갖고 있다. 구체적인 논의는 인용한 필자의 졸고를 참고하라.

2   니체주의 모델의 다양한 양상에 대해서는 다음을 참고하라. J. Pearson, "Nietzsche on the Sources of Agonal Moderation" (*Journal of Nietzsche Studies*, vol. 49, no. 1, Penn State University Press, 2018), pp. 106-110; M. Paxton, *Agonistic democracy: Rethinking political institutions in pluralist times* (London: Routledge, 2020), pp. 55-77. 필자는 앞서 언급한 졸고에서 "피어슨은 니체주의 모델을 사회를 유지하는 장치를 기준으로 '자기절제 접근법'과 '상호 균형 접근법'으로 나눈다(Pearson, 2018: 106-110). 하탑(Hatab)과 코널리(Connolly)가 전자에 속하고, 지멘스(Siemens)와 호닉(Honig)이 후자에 속한다. 팍스톤은 경합을 통해 사회가 이루고자 하는 목표를 기준으로 경합적 민주주의 이론을 분류한다. 팍스톤의 분류에 따르면 무페 모델은 '적대적 접근법'에 속하고, 니체주의 모델은 '완벽주의

이 장은 많은 니체주의 모델 중에서 데이비드 오웬(David Owen, 이하 오웬)이 제시한 모델을 철학적으로 검토하는 것을 목표로 한다. 특히 니체주의 모델을 구성하는 주체에 관한 오웬의 주장에 대해 집중적으로 다룰 것이다. 오웬은 『도덕의 계보』에 등장하는 '주권적 개인'이 니체주의 모델에 적절한 주체라고 주장한다. 그러나 만일 오웬의 주장과 달리 주권적 개인이 니체주의 모델에 적절한 주체가 아니라면, 우리는 오웬의 이론을 비판적으로 수용하거나 다른 이론을 수용해야 할 것이다.

이 장의 구성은 다음과 같다. 우선 니체주의 모델 일반에 대해 간략히 설명하고(2절), 오웬의 이론을 재구성하고 정리한다(3절). 이후에는 오웬이 이론적으로 빚지고 있는 니체의 『도덕의 계보』를 분석하여 오웬 이론이 니체 철학과 정합적이지 않으며, 경합적 민주주의에 적절한 주체가 아님을 보인다(4절과 5절).

2. 니체주의 모델 개요

본격적인 논의에 앞서 논의의 배경이 되는 니체주의 모델에 대해 간략히 설명하려 한다. 경합적 민주주의는 일반적인 정치 이론 혹은 정치철학과 달리, 갈등을 끝내 근절해야 하는 것으로 여기지 않고 갈

적 접근법'과 '포괄적 접근법'으로 재차 나눠진다(Paxton, 2020: 55-77). 오웬(Owen)이 전자의 대표주자로, 코널리와 툴리(Tully)가 후자의 대표주자로 소개된다"라고 정리한 바 있다. 김도윤, 「니체주의적 경합적 민주주의는 상탈 무페 모델의 대안이 될 수 있는가?」, 58쪽.

등의 긍정적인 성격을 역설한다. 그것은 특히 ① 정치의 본성으로서의 갈등, ② 정치의 우발적 성격, ③ 시민의 필연적 상호 의존성을 강조한다는 특징을 지닌다. 니체주의자들은 이러한 경합적 민주주의에 경합(혹은 아곤; Wettkampf)을 긍정적으로 여기는 니체 철학을 덧대어 니체주의 모델을 구성한다. 니체의 개념 구분에 따르면 갈등은 '상대방의 절멸을 목표로 하는 적대적 섬멸전(혹은 총력전; Vernichtungskampf)'과 '경연 상대에 대한 시기심을 동반하여 각자 최선의 퍼포먼스를 보이도록 노력하는 경합'으로 나눠진다.[3] 니체가 주목하는 갈등 양상은 후자이다. 그는 경합을 통해 개인적·사회적 차원의 탁월성을 드높이고, 지속적인 가치의 전도를 통해 사회의 건강함을 유지할 수 있다고 믿었다.[4]

니체주의 모델의 특징은 다음과 같이 요약될 수 있다. "첫째, 사회를 건강하게 유지하기 위해 사람들은 자신의 가치를 가장 탁월한 가치로 인정받도록 분투해야 하고, 경합에서 승리한 가치는 사회 전체 차원으로 확대되어 지배적 가치로 정립된다. 둘째, 경합에서의 승리를 위해 경합 참가자들은 탁월성을 계발해야 하고, 끊임없는 경합으로 인해 공동체 또한 진일보할 수 있다. 셋째, 경합 과정에서 개인적 탁월성뿐만 아니라 타자의 존재에 대한 인정 같은 에토스 증진이라는 사회적

---

3 F. Nietzsche, HW, KSA 1, pp. 786-787. 니체 저작을 인용할 경우 독일어 원전인 KSA(Sämtliche Werke: Kritische Studienausgabe in 15 Bänden) 전집에 대한 필자의 번역에 의존했고, 필요한 경우 기존의 국문 번역본들을 참고했다. 앞으로 니체 저서는 니체의 이름, 제목의 약어와 고유번호, KSA 전집의 권수, 그리고 페이지를 명기하여 인용한다. 예를 들어, 이번 인용의 경우 KSA 1권에 수록된 「호메로스의 경합(HW)」 786~787쪽을 인용했음을 의미한다. FW는 『즐거운 학문』을, GM은 『도덕의 계보』를, JGB는 『선악의 저편』을, GD는 『우상의 황혼』을, EH는 『이 사람을 보라』를 의미한다.

4 경합적 민주주의 일반에 대한 상세한 설명은 다음을 참고하라. M. Paxton, *Agonistic democracy*, p. 75.

효과도 얻을 수 있다."[5]

이상과 같이 이해되는 니체주의 모델에 대해 도대체 그것을 구성하는 구성원은 누구냐는 질문이 반드시 뒤따른다. 이에 대해 니체주의자들은 질문에 대한 각기 다른 답변을 제공하고 있다. 예를 들어, 슈리프트는 '위버멘쉬(Übermensch)'를 니체주의 모델에 적절한 주체로 내세우고, 오웬은 '주권적 개인'을 니체주의 모델에 적절한 주체로 내세운다.[6] 필자가 주목하는 것은 오웬의 주장이다.

3. 오웬 식의 니체주의 모델 주체

니체주의 모델을 지지하는 대표적인 인물이 오웬이다. 오웬의 주장에 따라 니체 철학에 기반한 이상적 공동체가 경합적 민주주의라면 당연히 그에 걸맞은 주체가 존재해야 한다. 그에 따르면 니체주의 모델의 정수는 가치들의 경쟁을 이루는 경합이므로 이상적 주체는 가치들의 경합을 원활하게 진행할 능력을 갖춰야 한다. 오웬은 해당 능력을 "각자가 자신이 믿는 일련의 가치 집단에 대해 찬동(honoring one's

---

5   김도윤, 「니체주의적 경합적 민주주의는 샹탈 무페 모델의 대안이 될 수 있는가?」, 62쪽.

6   슈리프트는 들뢰즈의 니체 독해에 기반하여 위버멘쉬가 경합적 민주주의에 적절한 주체라고 주장한다. 그에 따르면, 경합적 민주주의는 시작 후에 이러저러한 과정을 거쳐 탄생하는 종점에 주목하는 목적론이 아니라 끊임없는 생성 과정 자체에 주목하는 이른바 생성론에 입각한 이론이다. 그렇기에 경합적 민주주의의 사회 구성원도 끊임없이 자신을 재생성하는 자여야 하는데, 니체 철학이 제시하는 다양한 인간 군상 중 위버멘쉬가 바로 그러한 자라는 것이 슈리프트 주장의 핵심이다. A. D. Schrift, "Nietzschean agonism and the subject of radical democracy" (*Philosophy Today*, vol. 45, no. 5, DePaul University, 2001), pp. 153-163.

commitments)"하고, "찬동하는 자신들에 대해 비판적으로 평가"하는 능력으로 구체화한다.[7] 그리고 『도덕의 계보』에서 제시되는 '주권적 개인(souveraine Individuum; Sovereign Individual, autonomous agent)'이 두 가지 능력을 모두 갖춘 자라는 것이 오웬 주장의 핵심이다.

먼저, 첫 번째 능력에 대해 살펴보자. 경합은 다양한 가치의 투쟁으로 이루어지기 때문에 경합 구성을 위해 모든 참가자는 기존의 지배적인 가치보다 탁월하다고 믿는 일련의 가치를 가지고 있어야 한다. 즉, "자신이 옹호하는 준칙에 찬동하고, 또 그에 따라 행위"하는 태도를 갖춰야 한다.[8]

오웬은 다월의 논의를 끌고 와서 이러한 가치 찬동 능력이 '인정적 자기존중(recognition self-respect)'에 기반한다고 주장한다. 인정적 자기존중이란 "무엇을 할지 숙고하는 과정에서 행위자 X가 인격체라는 사실을 진지하게 그리고 적절히 고려할 수 있음"을 의미하는 '인정적 존중'을 자기 자신에게 부여할 때 발휘된다.[9] 오웬은 인정적 자기존중을 "행위에 대한 숙고 과정에서 자기 자신의 특징들에 대한 적절한 고려나 인정"을 부여하는 능력으로 해석하며, 니체주의 모델의 주체가 이러한 능력을 갖추고 있어야 한다고 주장한다.

이어 그는 인정적 자기존중 개념에 기반해 "(인간은) **자기의식적인**

---

7 D. Owen, "Pluralism and the Pathos of Distance (or How to Relax with Style): Connolly, Agonistic Respect and the Limits of Political Theory" (*The British Journal of Politics and International Relations*, vol. 10, no. 2, Political Studies Association, 2008), p. 218.

8 오웬은 이를 가치에 대한 '개인적·윤리적 차원의 온전함(Integrity)'으로 표현하기도 한다. D. Owen, *Nietzsche, Politics and Modernity* (London: Sage Publications, 1995), p. 38, 113.

9 S. L. Darwall, "Two Kinds of Respect" (*Ethics*, vol. 88, no. 1, The University of Chicago Press, 1977), p. 38.

존재로서 자기 자신과 **자율적인** 윤리적 관계를 맺을 수 있을” 때, 자신이 좋다고 믿는 가치에 대해 찬동할 수 있다고 주장한다.[10] 그리고 구체적으로 이러한 능력이 없는 인간이 니체가 비판하는 ‘노예 인간’이고, 이러한 능력을 갖춘 자가 ‘주권적 개인’이라는 것이 오웬의 주장이다. 그는 주권적 개인이 인정적 자기존중에 기반한 가치 찬동 능력을 갖춘 자라는 자신의 주장을 정당화하기 위해 『도덕의 계보』 속 구절을 근거로 든다.

> “만일 (⋯) 우리가 우리 자신을 이 거대한 과정[약속할 수 있는 동물을 기르는 자연의 과제]의 종점에서 본다면, 즉 나무가 마침내 열매를 맺고 사회와 관습의 윤리가 무엇을 위한 수단에 불과했는지가 마침내 완전히 드러나는 시점에서 본다면, 우리는 그 나무의 가장 잘 익은 열매인 주권적 개인을 발견한다. 이 주권적 개인은 오직 자신에게만 충실하고, 관습의 윤리에서 다시 벗어난 자이고, (‘자율적’과 ‘윤리적’은 상호 배타적이기에) 자율적이고 초윤리적인, 요컨대 자신만의 독립적이고 끈질긴 의지를 지닌 인간, 약속할 수 있는 권리를 지닌 인간이다. 그리고 그에게는 그 자신이 마침내 성취해 체화한 것에 대해 모든 근육을 경련시킬 정도로 긍지 있는 의식이, 힘과 자유에 대한 고유한 의식이, 인간에 대한 완성의 감정이 존재한다.”[11]

10　D. Owen, “Equality, democracy, and self-respect: reflections on Nietzsche’s agonal perfectionism” (*Journal of Nietzsche Studies*, vol. 24, Penn State University Press, 2002), p. 115. 강조는 필자.

11　F. Nietzsche, GM Ⅱ §2, KSA 5, p. 293.

오웬은 위 구절에 힘입어 자율과 윤리는 상호 배타적인데, 주권적 개인은 관습의 윤리에서 벗어났으니 자율적이며 나아가 자기 자신에 대한 의식이 가능한 존재라고 주장한다. 이렇게 자기의식적인 존재로서 자기 자신과 자율적인 관계를 맺을 수 있다는 점에서 주권적 개인은 오웬이 강조하는 능력 중 첫째인 가치 찬동 능력을 갖춘 자이다.

또한 오웬은 단순한 가치 찬동만으로는 경합이 이루어지지 못한다고 주장한다. 그에 따르면 경합 참가자들은 찬동한 가치와 그에 대한 자신의 태도를 견지하기 위해 "자신이 설정한 목표를 이루기 위한 내적 힘의 결속"과 "행위자로서의 자기 자신에 대한 책임(self-responsibility)"이, 다른 말로는 "찬동하는 자신에 대한 비판적 평가(혹은 반성적 순간)"가 요구된다.[12] 오웬은 이상의 요구 사항들을 총칭하여 '자기지배(혹은 자기극복)' 능력이라고 부른다.

오웬은 또다시 다월의 논의를 끌고 와서 경합 참가자들은 '평가적 자기존중(appraisive self-respect)'이 가능해야 한다고 주장한다. 평가적 자기존중은 "인격체로서 혹은 특정한 가치 추구에 참여할 때 탁월성을 발현"하는 자들을 "평가하는 태도"를 의미하는 '평가적 존중'을 자기 자신에게 취하는 것을 의미한다.[13] 즉, 평가적 자기존중은 스스로에 대해 비판적 시선을 투영함을 뜻하고, 이것이 가능하다면 자기지배가 가능한 자이다. 그리고 오웬은 자기지배 능력을 갖춘 자로 주권적 개인을 꼽는다. 이를 정당화하는 근거로 오웬이 제시하는 구절은 다음과

---

12   D. Owen, "Pluralism and the Pathos of Distance," p. 218; D. Owen, "Constructing the Agon" (*The Nietzschean Mind*, London: Routledge, 2018), p. 301.

13   S. L. Darwall, "Two Kinds of Respect," pp. 38-39.

같다.

"'자유로운' 인간, 오랫동안 지속되어 부수기 어려운 의지의 소유자인 그는 자신의 가치 척도를 갖고 있다. 그는 자신을 기준으로 하여 타인을 바라보며, 존경하기도 하고 경멸하기도 한다. 그는 필연적으로 자신과 동등한 자, 강한 자, 신뢰할 수 있는 자(약속할 수 있는 권리를 지닌)를 존경한다. 즉 주권이 있는 자처럼 진중하고 드물고 서서히 약속하는 자, 자신의 믿음을 아끼는 자, 신뢰할 때는 두드러지게 하는 자, 재해에도 불구하고 '운명에 대항하면서'까지 (약속을) 이행할 정도로 충분히 강직하다고 알고 있는 자이기에 신뢰할 수 있는 약속을 하는 자를 존경한다. 또한 필연적으로 그는 지킬 수 없으면서도 약속하는 허약한 허풍쟁이들에게는 발길질할 것이며, 약속을 입에 담자마자 이미 약속을 깨버리는 거짓말쟁이에게는 채찍으로 응징할 것이다."[14]

오웬의 설명에 따르면, 여기서 논해지는 '약속할 수 있는' 주권적 개인은 다른 허약한 자들과 달리 자신의 약속을 어떻게든 지키려고 노력하는 자이다. 그는 어떤 힘겨운 상황에서도 자기의 언행에 책임을 지는 자라는 점에서 자신을 지배하고, 또 자신의 능력과 기질을 개발하려는 책임감 있는 자이다.[15] 즉, 그는 자신이 찬동한 바를 염두에 두

---

14 F. Nietzsche, GM II §2, KSA 5, p. 294.

15 D. Owen, "Equality, democracy, and self-respect," p. 118. 오웬은 주권적 개인이 "인과적으로 혹은 규범적으로 찬동한 약속을 지키는 것이 불가능한" 상황에서도 그것을 지키는 "환상적인" 주체를 의미하지 않는다고 강조한다. D. Owen, *Nietzsche's Genealogy of Morality* (Durham: Acumen Publishing, 2007), p. 99. 오히려 니체가 말하는 '약속을 지킴'의 핵심

고, 그것을 지키기 위해 자기 자신을 평가하는 능력을 갖춘 자이다. 이런 점에서 오웬은 주권적 개인이 자기지배(혹은 자기극복) 능력을 갖춘 자라고 주장한다.

지금까지의 논의를 정리하면 다음과 같다. 오웬에 따르면 니체주의 모델을 구성하는 주체는 ① 자신이 좋다고 믿는 일련의 가치 집단에 대한 찬동 능력, ② 찬동하는 자신에 대해 반성하는 비판적 평가 능력을 갖춰야 한다. 그리고 주권적 개인은 ① 자기의식적인 존재로서 자기 자신과 자율적으로 관계 맺을 수 있다는 점에서 가치 찬동 능력을 지녔으며, ② 약속할 수 있는 탁월한 능력을 지녔다는 점에서 자신에 대한 비판적 평가가 가능한 자기지배 능력을 갖춘, 니체주의 모델에 적절한 주체다.

위와 같은 그의 입장에 대해 크게 두 가지 문제를 제기할 수 있다. 첫째, 앞서 언급된 능력들이 정말로 니체주의 모델 구성을 위해 주체가 갖춰야 할 능력인가? 둘째, 주권적 개인이 정말 해당 능력들을 모두 갖춘 주체인가? 주권적 개인은 니체가 긍정하는 자이기는 한가? 이 장은 두 번째 문제에 집중한다.

은 찬동한 바(약속)를 문자 그대로 이행함에 있는 것이 아니라, 그 찬동한 바의 정신을 이행함에 있다. 예를 들어, 주권적 개인은 '나는 너를 사랑해'를 함축하는 결혼이라는 약속을 맺었지만, 불가피하게 법적 혼인 상태를 유지하지 못할 상황이 오더라도 약속의 본질인 '사랑을 충실히 이행하겠다'라는 약속의 정신은 지키려는 자이다.

4. 주권적 개인은 두 가지 능력을 갖춘 자인가?

오웬의 주장에 따르면 니체 철학에 기반한 이상적 사회인 니체주의 모델에 적합한 주체는 주권적 개인이다. 주권적 개인은 자기 자신과 자율적인 윤리적 관계를 맺을 수 있다는 점에서 자신이 좋다고 믿는 가치에 찬동할 수 있는 인간이고, 약속할 수 있다는 점에서 자기지배가 가능한 비판적 인간이다. 그러나 필자가 보기에 주권적 개인은 그러한 능력을 모두 갖춘 인간이 아니다. 그 이유는 다음과 같다. 첫째, 그는 자기의식적·자율적인 주체가 아니기에 가치 찬동 능력을 지니고 있는지 불분명하다. 둘째, 그는 자기지배가 가능한 인간이 아니라 자신이 그런 힘을 가졌다고 착각하는 자일 수도 있다. 본격적인 논의에 앞서 이해를 돕기 위해 주권적 개인이라는 개념이 등장한 맥락을 먼저 정리한다.

『도덕의 계보』 제2장에 등장하는 주권적 개인이라는 주체는 니체가 양심의 기원을 찾는 과정에서 도입한 개념으로, 그것은 "약속하도록 허용된 동물을 기르는 과제"의 결과물로 제시된다.[16] 니체에 따르면 약속하고 또 지키는 능력은 천성적으로 타고난 것이 아니라, "인간을 어느 정도 필연적이고 같은 모양으로 서로 동등하고 규칙을 따르게 만들어 예측할 수 있게 하는" 과정을 통해 획득됐다.[17] 이렇게 인간을 "예측 가능한 존재로 만들기" 위한 도구로 "관습의 도덕과 사회적 구속복"이 제시되고, 이 둘을 통해 인간의 '망각'하는 힘은 감소하고 '기억'

16　F. Nietzsche, GM Ⅱ §1, KSA 5, p. 291.

17　Ibid., p. 293.

하는 힘은 증대됐다.[18] 이 과제의 결과이자 "잘 익은 열매"로 "끈질긴 의지를 지닌 약속하도록 허용된 인간"인 주권적 개인이 제시된다.[19] 그리고 "책임이라는 비범한 특권에 대한 자랑스러운 인식, 이러한 드문 자유에 대한 의식, 자기 자신과 운명을 지배하는 이 힘에 대한 의식은 그[주권적 개인]의 가장 밑바닥까지 침투하여 본능"이 되고, 주권적 개인은 이 본능을 '양심'이라고 스스로 일컫는다.[20]

1) 주권적 개인은 자기의식적·자율적인 주체인가?

오웬의 주장에 따르면 주권적 개인은 "**자기의식적인 존재**로서 자기 자신과 **자율적인** 윤리적 관계를 맺을 수 있기에" 자신이 좋다고 믿는 가치에 대해 찬동할 수 있는 자이다.[21] 그러나 일각에서는 오웬이 말하는 자기의식적인 존재로서 자기 자신과 자율적인 관계를 맺을 수 있는 인간, 즉 통상적인 의미에서 자유로운 의지(자율성)를 갖춘 인간 존재의 가능성을 니체가 부정했다고 주장한다.[22]

---

18 Ibid.

19 Ibid.

20 Ibid., p. 294.

21 D. Owen, "Equality, democracy, and self-respect," p. 115. 강조는 필자.

22 니체가 자유의지-결정론 논쟁에 대해 어떠한 생각을 가졌는지는 국내외 니체 학계에서 상당히 논쟁적인 주제이다. 해당 논쟁의 자세한 내용에 관해서는 다음의 국내 문헌을 참고하라. 김남호, 「니체에게 있어서 '자기조형'과 '자유의지'의 양립 가능성」(『니체연구』 34, 한국니체학회, 2018), 101-118쪽; 김남호, 「능력주의와 새로운 귀족주의: 사건 인과 자유주의자로서의 니체」(『철학』 155, 한국철학회, 2023), 59-77쪽; 김바다, 「니체의 자유 개념 이해」(『니체연구』 29, 한국니체학회, 2016), 49-81쪽; 정지훈, 「자기에게 충실함으로서의 자유 개념: 니체의 철학사적 맥락」(『철학논집』 63, 서강대학교 철학연구소, 2020), 147-168쪽.

라이터의 해석에 따르면 니체는 "인간 행위자는 자유롭고 자율적인 선택을 가능하게 만드는 의지를 지니고 있다"라는 통상적인 자유의지 옹호론에 반대한다. 라이터의 주장은 니체가 자연주의적 논변을 펼쳤으며, 자기원인적 존재의 허구성을 폭로했다는 점에 기반한다. 자연주의적 니체 독법의 핵심은 다음과 같다.[23]

① 니체는 각각의 인간은 정신-육체적 구조를 지니며, 그것이 한 인간을 특정한 유형으로 규정한다고 주장한다. 정신-육체적 구조는 인간의 유형을 결정하는 '유형-요소(type-facts)'이다.

② 한 사람의 인생의 모든 순간에 유형-요소가 영향을 미친다는 점에서, 그것은 인과적으로 일차적이다(causally primary).[24]

③ 한 사람의 믿음, 행위, 삶의 궤적 등은 유형-요소에 의해 설명될 수 있다는 점에서, 그것은 설명의 측면에서도 일차적이다 (explanatorily primary).

유형-요소에 입각한 자연주의적 니체 독법에 따르면, 인과적으로 행위를 일으키는 한 사람의 "의식적 정신 상태(conscious mental states)는 그 자체로 힘을 가지지 못하고, 그저 주어진 유형-요소에 의존한다. 즉,

---

23   B. Leiter, *Nietzsche on Morality* (London: Routledge, 2014), pp. 72-81.

24   자연주의적 니체 독법은 유형-요소가 한 인간의 삶의 모든 면을 결정한다고 강하게 주장하지 않는다. 예컨대 라이터는 인간 삶이 상황과 환경에 영향을 받는 점과 상황과 환경은 유형-요소에 의해 인과적으로 결정되지는 않는다는 점을 긍정한다. 단지 그는 사과나무 씨앗은 커서 다른 나무가 아닌 오직 사과나무가 될 수밖에 없는 삶의 궤적을 가지고 있다는 것이지, 씨앗이 자라나다가 썩어서 죽을 가능성이 없다고 주장하는 것이 아니다.

의식적 정신은 유형-부수적(Type-Epiphenomenal)이다."[25] 의식적인 정신이
단지 부수적·반응적 결과라는 이러한 니체 독법은 다음 구절을 근거
로 한다.

> "'내적 세계'란 온통 망상이다. 의지는 그들 중 하나이다. 의지
> 는 더 이상 아무것도 움직이지 않고, 따라서 아무것도 설명하지 못
> 한다. 그것은 단지 과정들에 수반될 뿐이고, 부재할 수도 있다. 소
> 위 말하는 동기도 또 다른 오류이다. 단지 의식의 한 표면적인 현
> 상이고, 행위의 선행 조건들을 드러내기보다는 오히려 숨겨버리는
> 행위의 부수물이다. (…) 이것으로부터 귀결되는 점은 무엇인가?
> 정신적 원인이란 전혀 없다는 것!"[26]

이하는 자연주의적 니체 독법이 의식의 인과적 자율성을 부정하
는 니체의 면모를 가장 잘 드러내는 구절로 제시하는 것이다.

> "하나의 사상은 '그 사상'이 원할 때 오는 것이지, '내'가 원할
> 때 오는 것이 아니다."[27]

지금까지의 논의에 따르면, 오웬의 주장과 달리 주권적 개인이 따
르는 가치는 자신의 독립적인 자율적 선택에 따라 찬동된 것이 아니

---

[25] 의식적 정신은 자신의 의지와 독립적으로 주어진 유형-요소에 부수적이라는 뜻이다. B.
Leiter, *Nietzsche on Morality*, p. 73.

[26] F. Nietzsche, GD VI §3, KSA 6, p. 91.

[27] F. Nietzsche, JGB §17, KSA 5, p. 31.

다. 그것은 우리의 자율적인 의식에 따른 것이 아니라 의식 근저에 있는 유형-요소에 의존한다.

이에 더해, 통상적으로 주체가 자율성(자율적인 선택 능력)을 가졌다는 말은 그가 자기원인적 존재라는 사실을 함축한다. 그렇기에 자기의식적이고 자율적인 존재를 논하는 오웬은 니체 철학 속의 주체가 자기원인적 존재임을 받아들여야 한다. 하지만 니체는 분명히 "자기원인이라는 개념은 근본적으로 부조리하다"라고 주장한다.[28] 심지어 "자기원인은 지금까지 사유된 것 중 가장 심한 자기모순이며, 일종의 논리적인 강요이며 부자연스러움"이라며, "(자기원인이라는 개념을) 머리에서 (…) 지워버리도록 간청"한다.[29] 그렇다면 니체는 우리가 자유의지를 실제로 소유한 게 아니라 단지 그렇게 생각할 뿐이라고 여긴 셈이다. 이러한 주장은 '자유의지라는 오류'라는 소제목을 가진 다음 구절에 의해 정당화된다.

"오늘날 우리는 '자유의지'라는 개념에 더 이상 동감(연민, 동정; Mitleid)하지 않는다. 우리는 그것이 무엇인지 너무나 잘 알고 있다. 그것은 신학자들의 가장 악명 높은 작품으로서, 인류를 신학자들이 말하는 의미에서 '책임 있게' 만드는 데, 즉 인류를 그들에게 의존적으로 만드는 데 그 목적이 있다. (…) 판결하고 처벌될 수 있기 위해, 죄지을 수 있기 위해 인간은 '자유롭다'라고 생각되었다. 따라서 개개의 행위는 원해진 것이어야 했고, 개개 행위의 기원은 의

---

28   F. Nietzsche, JGB §15, KSA 6, p. 29.

29   F. Nietzsche, JGB §21, KSA 6, p. 35.

식 안에 있다고 생각되어야 했다(이렇게 해서 심리 현상에서 가장 근본적인 허위가 심리학 자체의 원칙이 돼버렸다…).”[30]

지금까지 제시된 자연주의적 독법에 대항해 오웬이 자기 입장을 성공적으로 방어했다고 하더라도 여전히 문제는 남아있다. 니체가 자기의식적이고 자율적인 주체의 존재 가능성을 긍정했다고 하더라도 주권적 개인이 그러한지는 의문이기 때문이다. 물론 오웬은 “주권적 개인은 오직 자신에게만 충실하고, 관습의 윤리에서 다시 벗어난 자이며, (‘자율적’과 ‘윤리적’은 상호 배타적이기에) 자율적이고 초윤리적인, 요컨대 자신만의 독립적이고 끈질긴 의지를 지닌 인간(이다)”을 자기 주장의 근거로 들어 주권적 개인이 자유의지의 소유자라고 자신의 입장을 옹호할 수 있다.[31]

하지만 니체가 여기서 말하는 ‘자율성’이 오웬이 강조하는 자율성과 의미상 같은 개념인지는 불분명하다. 일견 해당 구절에서 주권적 개인은 이제 ‘관습의 윤리’에 지배받지 않기에 자율적인 인간처럼 보이나, 사실은 그렇지 않다. 『도덕의 계보』 전체 문맥상 주권적 개인은 ‘약속을 지켜야 한다’라는 관습의 윤리가 지배하는 사회 속에서 폭력의 힘을 통해 기억의 힘을 증대한 결과 도출된 열매이다. 즉, 주권적 개인은 관습의 윤리와 무관하다는 의미에서 자율적인 인간이 아니다. 그는 관습의 윤리를 완전히 내면화한 사람이라는 점에서 관습의 윤리에 **외적**으로 지배받지 않는 자이고, 외적으로 지배받지 않는다는 의미

---

30   F. Nietzsche, GD VI §7, KSA 6, p. 95.

31   F. Nietzsche, GM II §2, KSA 5, p. 293.

에서 자율적인 자이다. 그렇다면 주권적 개인이 자율적이라는 말은 오웬의 말대로 '자기의식적인 존재로서 **자기 자신과 자율적인** 윤리적 **관계를 맺는 자**'가 아니다. 오히려 그는 **외부에서 주어진 윤리를 내면화**한 자로, 자기인정적 존중이 불가능한 노예적 인간이다. 이렇게 주권적 개인이 자기 자신과 관계를 제대로 맺지 못하고 외부적 가치에 의해 지배받는 자라면, 그가 자신이 좋다고 믿는 가치에 찬동할 능력이 있는지는 분명하지 않다.

2) 주권적 개인은 자기지배 능력을 갖췄는가?

오웬의 논의에 따라 주권적 개인이 자기의식적·자율적 인간으로서 가치에 찬동할 수 있는 인간이라고 해도 주권적 개인의 능력에 대한 모호한 지점은 여전히 존재한다. 주권적 개인이 오웬이 추가로 제시한 두 번째 능력, 즉 '자기지배'로 칭해지는 자신에 대한 반성이 가능한 자인지는 불분명하다는 점에서 여전히 그가 니체주의 모델에 적절한 주체인지 의문이다.[32]

오웬의 주장에 따르면 "자신에 대한 지배와 함께, 환경과 자연"에

---

[32] 오웬의 주장과 아주 유사한 주장을 재너웨이가 펼친다. 재너웨이의 입장을 요약하면 다음과 같다. "주권적 개인은 자유로운 의지를 지닌 자이다. 그는 관습 윤리의 최종 산물인데, 그 과정에서 약속할 권리, 즉 자기 자신을 지배할 힘을 갖춘 자이기 때문이다. 이는 그가 자기 자신의 성격과 그것의 한계와 능력을 잘 알고 잘 평가할 수 있는 자임을 의미한다. 또한 그가 자기 자신에 대한 힘과 완성도를 다른 일반적 관행에의 순응에서 얻는 것이 아니라 자기 내면에서 얻는 것임을 의미한다. 그는 필연적 운명을 장애물이 아니라 자신을 이루는 것으로 여기고, 그것을 긍정하게 된다." C. Janaway, *Beyond Selflessness* (Oxford: Oxford University Press, 2007), pp. 107-123. 하지만 재너웨이는 라이터가 오웬에 대해 지적한 이유와 똑같은 이유로 비판받을 수 있다. B. Leiter, "Review of Christopher Janaway, Beyond Selflessness: Reading Nietzsche's Genealogy" (*Notre Dame Philosophical Reviews*, vol. 6, The University of Notre Deme Press, 2008), pp. 289-299.

대한 "지배가 필연적으로 그[주권적 개인]에게 맡겨져 있다"라고 니체에 의해 기술되어 있으며, "(그는) 자신이 운명에 대항하여, '운명에 대항하면서'까지도 (약속을) 이행할 정도로 충분히 강하다고 알고 있는 자"이다.[33] 하지만 니체의 서술에 따르더라도 **실제로** 주권적 개인이 그러한 힘을 가지고 있는 자인지 아니면 단지 그가 그렇게 느끼는 것일 뿐인지 불분명하다. 니체는 단지 그가 "충분히 강하다고 알고 있는 자"라고 말할 뿐, 자기 자신에 대한 의식이 참인지 아닌지 전혀 말하고 있지 않다.[34] 다른 구절에서도 그는 "마침내 체화한 것[약속할 수 있는 능력]에 대해 모든 근육을 경련시킬 정도로 긍지를 갖는 **의식**", "자기 자신과 운명을 지배하는 이 힘에 대한 **의식**"을 갖춘 자로 묘사될 뿐, 니체는 이 의식이 참이라고 말하고 있지 않다. 달리 말해, 니체의 서술에 따르면 주권적 개인은 약속할 수 있는 능력으로 대표되는 자기지배 능력을 갖췄다고 스스로 생각하는 자이나, 그 생각이 정당한 생각으로 제시되지는 않는다. 따라서 오웬처럼 주권적 개인을 자기지배 능력을 지닌 자라고 단언하기엔 무리가 있다.[35]

---

33 F. Nietzsche, GM Ⅱ §2, KSA 5, p. 293.

34 F. Nietzsche, GM Ⅱ §2, KSA 5, p. 293.

35 이 점에 관한 필자의 주장은 라이터의 입장과 유사하다. 라이터의 입장은 다음을 참고하라. B. Leiter, "Who is the 'sovereign individual'? Nietzsche on freedom" (*Nietzsche's 'On the Genealogy of Morality': A Critical Guide*, Cambridge: Cambridge University Press, 2010), p. 109.

5. 주권적 개인은 니체가 긍정하는 자인가?

이상의 문제들을 모두 해결하더라도 여전히 오웬의 주장에는 지적할 요소가 남아있다. 오웬의 주장에 따르면 주권적 개인은 니체 철학에 입각한 이상적 공동체인 경합적 민주주의 사회 구성에 적절한 자이다. 하지만 만약 주권적 개인이 니체가 긍정적으로 평가하는 이상적인 인간이 아니라면, 그러한 자가 이상적 공동체인 니체주의 모델을 구성하는 주체라는 오웬의 주장에는 다소간 괴리가 있어 보인다. 니체가 주권적 개인을 이상적인 인간으로 제시하지 않았다는 점은 다음의 이유로 인해 분명해 보인다.

무엇보다 먼저, 니체가 주권적 개인을 이상적인 인간상으로 제시하지 않았다는 주장은 『도덕의 계보』 제2장 24절을 통해서도 뒷받침될 수 있다. 니체는 해당 부분에서 "이 시대에 존재하는 것과는 다른 종류의 정신이 필요하다"라며 "이 미래의 인간은 이제까지의 이상으로부터 우리를 구원할 뿐만 아니라 그 이상에서 자라날 수밖에 없었던 것들 …로부터 우리를 구원"해줄 것이라고 말한다.[36] 이를 통해 알 수 있는 사실은 니체 자신이 생각하는 이상적 인간은 아직 등장하지 않았다는 점이다. 그런데 앞서 보았듯이 주권적 개인은 이미 관습의 윤리와 사회적 구속복의 산물로서 이미 존재하는(혹은 존재했던) 인간으로 제시된다. 이런 점에서 주권적 개인은 니체의 이상적 인간일 수 없다.[37]

---

[36] F. Nietzsche, GM Ⅱ §24, KSA: 5, p. 336.

[37] C. D. Acampora, "On Sovereignty and Overhumanity: Why it Matters How We Read Nietzsche's Genealogy Ⅱ" (*International Studies in Philosophy*, vol. 38, Binghamton University, 2006), pp. 153-154.

둘째, 이 장에서 집중적으로 다룬 『도덕의 계보』 외의 다른 문헌을 고려하더라도 주권적 개인이 니체의 이상적인 인간상이라고 여길 합당한 근거를 찾기 어렵다. 니체의 저작 『이 사람을 보라』는 자서전 역할을 담당하는 저작으로, 생애 마지막에 쓴 이 책을 통해 니체는 자신의 과거 저작들을 살펴보며 저술 당시의 상황이나 자신이 해당 저작을 통해 말하려 했던 핵심 사항을 들려준다. 만일 오웬의 주장대로 주권적 개인이 니체의 이상적 인간이라고 한다면, 당연히 『이 사람을 보라』에 주권적 개인에 관한 긍정적 서술이 존재해야 한다. 그러나 안타깝게도 그 어디에서도 주권적 개인이라는 인간상에 관한 서술은 등장하지 않는다.

셋째, 만일 주권적 개인이 자기지배 능력을 갖춘 자라면, 앞선 4절 두 번째 항목에서 인용한 니체 인용문에 따라 니체는 주권적 개인이 '운명에 저항'하면서 '환경과 자연'마저 지배하는 자임을 인정하는 셈이다. 그러나 이 경우 주권적 개인은 '아모르파티'라는 니체 사상의 핵심 요소와 잘 부합하지 않는다는 결과가 도출된다.[38] 아모르파티란 삶에 대한 염세주의적 태도에 대항해 삶에 대한 긍정 혹은 "네 운명을 사랑하라"는 명령을 역설하는 사고관으로, 이에 대해 니체는 "앞으로도, 뒤로도, 영원토록 다른 것은 갖기를 원하지 않는다는 것, 필연적인 것을 단순히 감당하는 것이 아니고, … 오히려 그것을 사랑하는 것"이라고 설명한다.[39] 그렇다면 "운명을 사랑하라"는 아모르파티라는 명령은 '운명에 저항'하려는 주권적 개인의 행태와 완벽히 대치되므로 주권적

---

38 아모르파티에 대한 니체의 진술은 다음 구절들을 참고하라. FW §276; FW §277; FW § 304; FW §324; FW §341.

39 F. Nietzsche, EH Ⅲ §10, KSA 6, p. 297.

개인은 니체가 긍정하는 형태의 인간상은 아닐 것이다.[40]

넷째, 주권적 개인의 특징이 니체의 핵심 사상과 잘 부합하지 않는다는 점은 '건강'이라는 키워드를 통해서도 알 수 있다. 니체는 주권적 개인을 논하기에 앞서 『도덕의 계보』 제2장 1절에서 '망각'과 '기억' 능력에 대해 길게 논한다. 여기서 망각은 상식적인 견해와 달리 "타성적인 힘"이 아니라 능동적인 힘으로 제시된다.[41] 망각은 "통제하고 예견하며 예정하는 더 높은 기능들과 기관들이 들어설 수 있는 자리를 다시 마련하기 위해 필요한 약간의 의식의 정적과 백지상태"를 만드는 기능을 담당하고 있어서 이를 통해 인간은 '행복, 명랑함, 희망, 긍지, 건강'을 지닐 수 있다.[42] 망각과 반대되는 힘이 바로 기억으로, 니체는 "약속을 지켜야 하는 경우에 망각을 제거"하고 기억을 통해 자신이 "의욕한 것을 계속해서 의욕"할 수 있다고 말한다.[43] 그리고 주권적 개인은 '의욕한 것을 계속해서 의욕'하는 인간으로 제시되고, 이를 위해 관습의 도덕과 사회적 구속복을 통해 망각 능력은 줄이고 기억 능력을 비대하게 증대시킨 인간으로 제시되는바, 그는 건강을 보장하는 망각의 힘을 거의 결여한 자이다. 이런 점에서 그는 건강한 인간은 아닌 셈이고, 니체가 건강한 인간 삶을 중요하게 여긴다는 점을 고려하면, 결국 오윈의 주장과 달리 그는 니체의 이상적 인간상에 부합하지 않는다.

---

40 주권적 개인이 자연과 환경에 대한 지배자라면, 그가 니체의 아모르파티 사상과 전혀 합치하지 못한다는 점을 지적하는 주장들은 다음을 참고하라. C. D. Acampora, "On Sovereignty and Overhumanity," p. 152; L. J. Hatab, *A Nietzschean Defense of Democracy* (Chicago: Open Court Publishing, 1999), pp. 37-38; T. R. Meredith, "Bound Sovereignty" (*Nietzsche-Studien*, vol. 50, no. 1, De Gruyter, 2021), pp. 230-231.

41 F. Nietzsche, GM II §1, KSA 5, p. 291.

42 Ibid.

43 Ibid., p. 292.

앞서 제시한 문헌상의 근거 및 니체 철학의 핵심 요소와의 양립 불가능성에 따르면 주권적 개인은 니체가 긍정적으로 평가한 인간이 아니다. 따라서 그가 니체의 이상적 공동체의 구성원이라는 오웬의 주장은 받아들이기 어렵다.

6. 나가는 말

지금까지 니체주의 모델에서 요구되는 주체에 관한 오웬의 주장을 소개하고 비판했다. 오웬에 따르면 니체주의 모델의 구성원들은 '가치 찬동 능력'과 '자기지배 능력'을 지녀야 하고, 주권적 개인은 두 가지 능력을 모두 갖춘 자이다. 하지만 오웬의 주장은 다음의 세 가지 비판에 취약함을 알 수 있었다. 첫째, 자연주의적 니체 독법에 따르면 니체가 가치에 찬동할 수 있는 자기의식적·자율적 인간을 긍정했는지 의문이다. 이에 대해 성공적으로 반박하더라도 주권적 개인이 자율적인 존재인지 의문이기에 그가 가치 찬동 능력의 소유자인지 불분명하다. 둘째, 주권적 개인은 자기지배가 실제로 가능한 인간이 아니라 단지 자신이 그러한 존재라고 착각하는 존재일 수도 있다. 셋째, 주권적 개인은 니체가 긍정적으로 평가하는 이상적 인간상이 아니기에 그를 니체의 이상적 공동체인 경합적 민주주의의 구성원으로 상정하는 오웬의 주장은 받아들이기 어렵다.

이 장은 오웬의 주장을 비판적 시선에서 바라보고자 하는 목표는 달성했지만, 두 가지 한계를 지니고 있다. 첫째, 주권적 개인이 니체주의 모델에 적절한 주체라는 오웬의 주장을 비판했으나, 니체주의 모델에 적절한 주체가 누구인지 긍정적인 형태의 논증을 제공하지 못했다. 둘째, 오웬의 주장에 대해 부분적으로 반박했을 뿐, 가치 찬동 능력과 자기지배 능력이 정말로 니체주의 모델에서 요구되는 능력인지 그리고 다른 능력들이 요구되지는 않는지 따져보지 않았다. 이러한 점들을 차차 검토하는 것이 필자에게 남은 과제일 것이다.

참고문헌

김남호, 「니체에게 있어서 '자기조형'과 '자유의지'의 양립 가능성」, 『니체연구』 34, 한국니체학회, 2018, 101-118쪽.

______, 「능력주의와 새로운 귀족주의: 사건 인과 자유주의자로서의 니체」, 『철학』 155, 한국철학회, 2023, 59-77쪽.

김도윤, 「니체주의적 경합적 민주주의는 샹탈 무페 모델의 대안이 될 수 있는가?」, 『시대와 철학』 34(4), 한국철학사상연구회, 2023, 45-77쪽.

김바다, 「니체의 자유 개념 이해」, 『니체연구』 29, 한국니체학회, 2016, 49-81쪽.

정지훈, 「자기에게 충실함으로서의 자유 개념: 니체의 철학사적 맥락」, 『철학논집』 63, 서강대학교 철학연구소, 2020, 147-168쪽.

Acampora, Christa Davis, "On Sovereignty and Overhumanity: Why it Matters How We Read Nietzsche's Genealogy II," *International Studies in Philosophy*, vol. 38, Binghamton University, 2006, pp. 127-145.

Darwall, Stephen L., "Two Kinds of Respect," *Ethics*, vol. 88, no. 1, The University of Chicago Press, 1977, pp. 36-49.

Hatab, Lawrence J., *A Nietzschean Defense of Democracy*, Chicago: Open Court Publishing, 1999.

Janaway, Christopher, *Beyond Selflessness*, Oxford: Oxford University Press, 2007.

Leiter, Brian, "Review of Christopher Janaway, *Beyond Selflessness: Reading Nietzsche's Genealogy*," *Notre Dame Philosophical Reviews*, vol. 6, The University of Notre Deme Press, 2008, pp. 289-299.

______, "Who is the 'sovereign individual'? Nietzsche on freedom," *Nietzsche's 'On the Genealogy of Morality': A Critical Guide*, Cambridge: Cambridge University Press, 2010, pp. 101-119.

______, *Nietzsche on Morality*, London: Routledge, 2014.

Meredith, Thomas R., "Bound Sovereignty," *Nietzsche-Studien*, vol. 50, no. 1, De Gruyter, 2021, pp. 217-243.

Nietzsche, Friedrich (Colli Giorgio and Montinari Mazzino ed.), *Sämtliche Werke: Kritische Studienausgabe in 15 Bänden*, Berlin: De Gruyter, 2020.

Owen, David, *Nietzsche, Politics and Modernity*, London: Sage Publications, 1995.

______, "Equality, democracy, and self-respect: reflections on Nietzsche's agonal perfectionism," *Journal of Nietzsche Studies*, vol. 24, Penn State University Press, 2002, pp. 113-131.

______, *Nietzsche's Genealogy of Morality*, Durham: Acumen Publishing, 2007.

______, "Pluralism and the Pathos of Distance (or How to Relax with Style): Connolly, Agonistic Respect and the Limits of Political Theory," *The British Journal of Politics and International Relations*, vol. 10, no. 2, Political Studies Association, 2008, pp. 210-226.

______, "Constructing the Agon," *The Nietzschean Mind*, London: Routledge, 2018, pp. 298-313.

Paxton, Marie, *Agonistic democracy: Rethinking political institutions in pluralist times*, London: Routledge, 2020.

Schrift, Alan D., "Nietzschean agonism and the subject of radical democracy," *Philosophy Today*, vol. 45, no. 5, DePaul University, 2001, pp. 153-163.

04

니체의 아곤: 절제된 상호 소통적 경쟁

이지형(경북대학교 철학과 박사과정)

1. 서론

이 글에서 "아곤"은 고대 그리스어로 '경쟁' 혹은 '경합'을 의미하고, 고대인이 벌인 특수한 경쟁을 지시한다. 니체는 1870년 그의 친구이자 동료인 로데(E. Rohde) 그리고 부르크하르트(J. Burckhardt)와의 대화를 통해 고대인에게 아곤의 문화가 있었다는 걸 알게 된다. 그 후 1872년 니체는 이에 관한 내용을 바젤 시민에게 강연했고, 그 내용은 「호메로스의 경쟁」에서 확인할 수 있다. 그래서 국내외의 여러 니체학자는 니체의 아곤 개념이 「호메로스의 경쟁」에 집약적으로 제시되어 있다고 평가한다.

니체는 인간의 자연성에 내재한 폭력성을 완전히 억제할 수 없으

---

*   이 글은 2024년 8월 『대동철학』 108집에 등재된 논문을 수정하고 보완한 것이다. 이지형, 「니체의 아곤: 절제된 상호 소통적 경쟁」(『대동철학』 108, 대동철학회, 2024), 311-329쪽.

므로 갈등을 근절할 수 없다고 본다. 그러나 이 상황은 마냥 부정적이 진 않다. 니체는 그 폭력성을 성장의 동력원으로 활용할 방안을 고대 인의 경쟁적 문화에서 보았기 때문이다. 이것이 바로 아곤이다. 즉, 아곤은 근절 불가능한 갈등을 건설적인 경쟁으로 승화한 활동이다. 다소간 비슷한 힘을 지닌 사람들이 파괴적인 형국으로 나아가지 않는 선에서 그들의 힘을 발휘하며, 그 활동을 통해 서로 성장하는 것이 니체가 「호메로스의 경쟁」에서 소개하는 아곤의 모습이다.

그런데 빌라(D. Villa)는 아곤에 관한 몇 가지 문제점을 지적하며, 아곤이 긍정적인 활동으로 평가될 수 있는지 의문스러워한다. 그가 제시하는 문제점은 다음과 같다. 첫째, 아곤은 공통성이 없는 무제약적인 활동이다. 니체는 보편적 진리를 해체하고 관점의 다양성을 강조한 나머지 모든 관점이 공유해야 할 내적 의미나 구조 같은 중요한 공통성마저 제거하여 무제약적으로 여러 관점을 수용하고 있다. 달리 말해, 아곤은 극단적 회의주의나 상대주의를 표방하고 있다. 둘째, 아곤은 개인주의적 활동이다. 아곤의 경합자들은 타자의 관점에 무관심하며, 자신의 관점에 대한 평가나 동의를 구하려고 하지 않는다. 아곤은 그저 자신의 주관성을 표출하고 싶어 하는 개인주의적 활동이다. 그래서 아곤에서 관객은 사실상 경합자에게 어떤 평가도 내릴 수 없는 구경꾼에 불과하다. 셋째, 그 결과 아곤은 어떠한 유의미한 결과를 산출할 수 없다. 공통의 맥락을 공유하지 않고, 타자와 소통하려 하지 않기 때문이다.

만약 빌라의 주장이 설득력 있다면, 아곤은 분명히 결함을 가진 개념이다. 아곤은 관점의 다양성을 강조한 나머지 공통성을 제거하여 극단적 회의주의나 상대주의를 표방하고 있고, 아곤을 수행하는 자들은 타자와의 소통에 무관심하며, 그 까닭에 별다른 의미 있는 결과를 산출할 수 없기 때문이다. 아곤은 맥락과 상관없이 자신이 하고 싶은 말을 내뱉고, 그에 대한 타자의 평가를 구하는 것은 물론이고, 그들과 소통하고자 하지 않는 독불장군들이 벌이는 활동으로서 유의미한 결과를 내지 못한다. 이 문제는 니체의 아곤을 중심으로 경합적 민주주의(agonistic democracy) 모델을 구축하려는 여러 학자의 기획을 전면적으로 무효화할 수 있으므로 현재 진행되는 민주주의 담론을 좌지우지할 수 있는 중대한 문제다.

본 연구는 이 중대한 문제에 초점을 맞추어 신중한 검토를 해보고자 한다. 먼저 본 연구는 경쟁의 활력을 저해해선 안 된다는 맥락을 모든 경합자가 공유하고 있다는 걸 보여준다. 그래서 아곤은 이를 만족하지 않는 경합자의 관점까지도 무제약적으로 수용하지 않는다고 주장한다. 그리고 경합자는 자신의 경쟁상대가 제시하는 관점에 관해 관심이 있고, 또 관객과 소통하고자 하는 태도를 보인다고 주장한다. 마지막으로 아곤은 개인과 사회의 안녕 그리고 성장이라는 유의미한 결과를 낳는다고 주장한다. 이 중에서 본 연구가 특히 많이 강조하려는 부분은 관객에 관한 내용이다. 아곤에 관한 여러 연구서와 논문이 있지만, 아곤의 관객에 관한 연구는 찾아보기 어렵기 때문이다. 따라서 많은 분량을 할애하여 이 부분을 부각하는 것으로 빌라의 주장을 반박해보고자 한다.

정리하자면, 본 연구의 연구 질문(research question)은 "니체의 아곤은 무제약적인 개인주의적 활동으로서 유의미한 결과를 낳지 못하는가?"이다. 2절에서는 이에 동의하는 빌라의 주장을 살펴볼 것이다. 그리고 3절은 빌라를 반박하는 주장이 전개된다. 그리고 마지막 4절은 논의를 정리하는 것으로 마무리된다.

2. 빌라의 주장[1]

빌라의 핵심 주장은 아곤이 무제약적인 개인주의적 활동으로서 이를 통해 유의미한 결과를 제시할 수 없다는 것이다. 이 주장을 제시하기 위해 빌라가 아곤을 어떻게 이해하는지 먼저 살펴보자.

아곤은 여러 경합자가 끊임없이 자신의 관점을 피력하고 경쟁하는 활동으로서 여러 관점이 활발히 제기될 수 있는 환경을 확보할 필요가 있다. 그런데 이를 가로막는 것은 바로 '노예 도덕'이다. 니체는 노예 도덕이 보편적인 행동 강령에 따를 것을 요구하여 자신만의 독특함을 뽐내는 건강한 삶을 살지 못하게 한다고 말한다. 니체는『도덕의 계보』에서 노예 도덕이 어떻게 등장했는지 설명하기 위해 노예 도덕의 인식론을 언급한다. 해당 인식론은 노예의 반란을 통해 자리 잡은 것으로서 활동과 활동하는 자를 구분하는 상상의 나래에 기초해 있다.

"(…) 민중의 도덕도 마치 강자의 배후에는 강한 것을 나타내거나 나타내지 않는 것을 자유롭게 할 수 있는 일종의 중립적인 기

---

1   빌라는 아렌트(H. Arendt)가『인간의 조건』에서 제시한 행위(action) 개념과 니체의 아곤 개념을 비교하며, 아곤 개념이 가진 한계를 행위 개념이 극복하고 있다고 주장하기 위해 니체의 아곤 개념을 다루고 있다. 아렌트의 행위 개념은 이 글의 주제를 넘고 있으므로 빌라가 파악하는 니체의 아곤 개념에만 따로 초점을 맞춰 논의하고자 한다.

체가 있는 것처럼, 강한 것을 표현하는 것과 분리한다. 그러나 그러한 기체는 존재하지 않는다. 활동, 작용, 생성 뒤에는 어떤 '존재'도 없다. '활동하는 자'는 활동에 덧붙여 단순히 상상에 의해 만들어진 것이다. 활동이 모든 것이다."[2]

과거 귀족적인 그리스인은 활동과 활동하는 자를 구분하지 않았다. 그들에게 존재하는 것은 곧 활동하는 것이다. 그래서 강한 사람은 강한 활동을, 그리고 약한 사람은 약한 활동을 할 수밖에 없다. 여기서 노예들은 자신의 약함으로 인해 강자에게 핍박받을 수밖에 없는 현실을 극복하기 위해 자신들의 힘을 기르는 것이 아니라, 현실을 정당화하고자 활동과 활동하는 자를 분리하는 상상의 나래를 펼친다. 그로부터 그들은 강자가 자신보다 약한 자를 억압하는 강한 행위를 하지 않을 수도 있는데, 강한 행위를 하기로 선택하여 일부러 약한 사람을 핍박하는 사람, 즉 부도덕한 악한 사람이라고 규정한다.

니체는 이러한 노예 도덕의 인식론이 순전히 상상에 의해 만들어진 것이라며 그 부조리함을 폭로한다. 하지만 노예의 전략은 상당한 성공을 거두었고, 그로부터 사람들은 노예 도덕의 특징인 보편적인 행동 강령을 내면화하여 자신의 개별성을 드러내고자 하는 강한 욕망을 억제하게 되었다. 이로부터 나타난 결과는 두 가지다.

① 약속할 수 있는 책임감 있는 동물로서 필연적인 규칙에 따라 행위하는 예측 가능한 인간이 나타났다. 이제 인간은 남들과 다른 개별성을 지닌 존재가 아니라, 모두가 동일한 속성을 지닌 존재로 전락

2　프리드리히 니체(김정현 옮김), 『도덕의 계보』(서울: 책세상, 2002), 379쪽.

한다. 그러나 ② 이런 상황을 극복할 수 있는 주체, 달리 말해 보편성을 내면화하여 자기감시를 일삼는 것으로부터 스스로를 해방하는 '주권적 개인'도 나타났다. 주권적 개인은 귀족적인 사람으로서 강한 열정과 힘을 통해 능동적인 자기극복 활동을 하며, 이를 가로막는 균등화에 저항한다. 그는 누군가에게 명령하고, 누군가를 지배하며, 승리를 위해 쟁투한다. 빌라는 니체가 『즐거운 학문』에서 제시한 예술 작업의 비유가 이를 잘 묘사하고 있다고 주장한다.[3]

> "작품이 완성되면 결국 명백하게 드러나는 것은 단일한 취향의 강제력이 얼마나 크고 작은 모든 것을 지배하고 형성하는가 하는 것이다. 사람들이 흔히 생각하는 것처럼, 그것이 좋은 취향인가, 나쁜 취향인가 하는 것은 별 의미가 없다. 그것이 하나의 취향이라는 것으로 충분한 것이다! 고유한 법칙 하에서 행해지는 그러한 강제력, 그러한 구속력과 완성 안에서 지극히 섬세한 기쁨을 누리는 것은 강력하고 지배욕에 불타는 천성을 지닌 사람들의 것이다. 그들의 강력한 의욕의 열정은 양식화된 자연, 정복되어 봉사하는 자연을 바라봄으로써 진정된다."[4]

이처럼 주권적 개인은 자기 앞에 놓인 자연물을 자신의 취향에 맞게 가공하여 자신의 주관성을 표출하고자 하는 자이다. 빌라는 이런

3　D. Villa, *Politics, Philosophy, Terror: Essays on the Thought of Hannah Arendt* (Princeton: Princeton University Press, 1999), p. 113 참조.

4　프리드리히 니체(안성찬·홍사현 옮김), 『즐거운 학문』(서울: 책세상, 2005), 266쪽.

주권적 개인이 아곤의 덕목을 지닌 사람이라고 주장한다.[5] 무엇이 좋은 취향인지 혹은 나쁜 취향인지에 관한 보편적인 틀을 벗어나 자신의 취향에 맞게 예술품을 만드는 것 같은 활동을 벌이는 모습을 아곤의 경합자가 지니고 있다는 것이다. 빌라는 보편적 틀이라는 단일한 관점과 타자의 관점을 무시하고, 자신의 주관성을 구축하려는 것이 니체의 힘에의 의지와 관점주의 개념과 연결된다고 한다.[6] 그래서 경합자는 힘에의 의지와 관점주의를 수행하는 자이다.

이러한 방식으로 이해된 경합자는 힘에의 의지에 따라 자신의 강함을 뽐내고자 하며, 자신을 제약하는 모든 보편적인 것을 파괴하고, 세계를 여러 관점의 힘겨루기가 벌어지는 공간으로 이해한다. 그는 자신의 관점을 세계에 투사하여 새로운 해석을 제시하고, 자기 자신이 되려고 노력하는 자이다. 그리고 니체는 보편적 틀이나 타자의 틀에서 벗어나 자신의 개별성을 표출하는 것이 참된 자유라고 하는데,[7] 이것을 미루어보았을 때, 경합자는 참된 자유를 구현하는 자라고 할 수 있다.

그런데 빌라는 이런 아곤의 모습에 문제점이 있다고 말한다. 아곤은 각각의 관점이 공유하고 있어야 할 내적 의미나 구조 같은 공통성마저 제거하여 아무런 제한사항 없이 여러 관점이 무제약적으로 제시된다. 그리고 경합자들이 자신의 주관적 관점을 피력하는 데 관심이 있을 뿐 타자의 관점을 이해하고 소통하는 데 무관심하다. 그 결과, 빌

---

5   D. Villa, *Politics, Philosophy, Terror: Essays on the Thought of Hannah Arendt*, p. 113 참조.

6   D. Villa, "How 'Nietzschean' Was Arendt?," *Nietzsche, Power and Politics: Rethinking Nietzsche's Legacy for Political Thought* (Berlin, New York: De Gruyter, 2008), p. 403; D. Villa, *Arendt and Heidegger: the Fate of the Political* (Princeton: Princeton University Press, 1996), p. 101 참조.

7   프리드리히 니체(백승영 옮김), 『우상의 황혼』(서울: 책세상, 2002), 177-178쪽 참조.

라는 아곤을 통해 어떤 유의미한 논의가 일어날 수 없다고 주장한다. 아곤은 공통된 것에 관하여 여러 관점을 제시하는 게 아니라 주권적 개인처럼 자신이 누구인지 같은 주관성을 표출하는 데 그치며, 각 관점이 설득력 있는지 타자와 소통하여 확인하려 하지 않기 때문이다.[8] 그래서 아곤에서 관객은 사실상 각 관점이 자신의 주관적 취향에 부합하는지의 여부 정도만 전하는 것밖에 할 수 없으므로 사실상 불필요한 (superfluous) 존재라고 주장한다.[9]

결국 빌라가 강조하고 싶어 한 것은 경합자들이 관객에게 무관심한 상태로 타자와 소통하기 힘든 주관적인 관점을 피력해선 안 된다는 것이다. 그 대신 일종의 해석공동체를 형성하여 맥락의 공통성을 확보하고, 경합자는 자신의 관점을 타자가 보고 들을 수 있는 공개된 장소에서 제시하여 관객과 토론하고, 관객에게 동의를 구하는 모습을 보여야 한다고 본다. 그리고 이 과정에서 유의미한 결과가 산출된다고 주장한다.

정리하자면, 빌라의 주장은 다음과 같다. ① 니체는 힘에의 의지 개념을 통해 세계를 여러 힘의 작용과 반작용으로 이뤄진 힘들의 놀이 (play of forces)로 파악한다. ② 이러한 점은 세계를 여러 관점의 경쟁장으로 파악하는 관점주의 개념과 통한다. ③ 아곤은 힘에의 의지와 관점주의를 수행하는 활동이며, 이를 수행하는 자는 주권적 개인이다. ④ 힘에의 의지와 관점주의에 의하면 경합자들은 끊임없이 여러 관점을 무제약적으로 제시할 수 있으며, 주권적 개인은 자신의 주관성

8　D. Villa, *Arendt and Heidegger: the Fate of the Political*, pp. 105-108 참조.

9　*Ibid.*, pp. 101-102; p. 105 참조.

을 표출하는 데 방해되는 타자의 의견이나 보편적 기준을 무시한다. ⑤ 그 결과, 아곤은 내적 의미나 구조와 같이 각 관점이 공유하고 있는 공통성을 상정할 수 없다. 그리고 경합자들은 타자의 의견에 무관심하여 그들과 소통하고자 하지 않으므로 아곤의 관객은 그저 관람만 하는 존재로서 사실상 있으나 마나 한 불필요한 존재이다. ⑥ 따라서 아곤은 어떤 유의미한 결과를 산출할 수 없다.

만약 빌라의 주장이 설득력 있다면, 아곤은 경합적 민주주의의 이론적 모델로서 제 기능을 발휘할 수 없을 것이다. 아곤이 다양한 관점을 수용하긴 하지만, 그 관점들을 여러 사람이 듣고 이해하는 상호작용에 무관심한 활동이라면, 사실상 민주주의를 넘어서 대다수의 정치 체제에 적용될 수 없는 개념이다. 따라서 니체의 아곤을 통해 경합적 민주주의를 이론화하고자 하는 여러 시도는 이론적 결함을 지니게 될 것이다.

본 연구는 이 같은 불상사를 해결하고자 아곤에 관한 빌라의 해석을 반박하고자 한다. 빌라의 주장 중에서 ①, ②, ③은 어느 정도 동의할 수 있지만, ④, ⑤, ⑥은 빌라가 니체를 너무 과도하게 해석하고 있으므로 동의할 수 없다. 빌라는 일종의 허수아비 공격의 오류를 범하고 있는 셈이다. 아래에선 이것에 초점을 맞추어 빌라를 반박한다.

3. 빌라에 대한 반박

이 장의 목표는 빌라의 주장에서 ④, ⑤, ⑥을 반박하는 것이다. 즉, 아곤은 모든 관점을 수용하는 게 아니라 모든 관점이 공통으로 공유해야 하는 지대를 상정하여 이를 만족하는 관점을 수용하며, 아곤은 경합자들과 관객 간의 상호작용을 바탕으로 이뤄지므로 유의미한 결과를 산출한다는 걸 보여주고자 한다.

1) 공통성

니체는 「호메로스의 경쟁」에서 경합자들이 필히 지켜야 할 선이 무엇인지 명확하게 제시한다. 그것은 경쟁의 활성화를 가로막아선 안 된다는 것이다. 니체는 밀티아데스와 스파르타의 사례를 통해 경쟁하지 못하는 상황에 봉착했을 때의 위험성을 역설한다. 밀티아데스는 누구와 경쟁해도 항상 마라톤 경기에서 승리하는 뛰어난 자이다. 그는 자신을 압박할 수 있는 경쟁상대가 인간 세계에 없어서 데메테르 여신과 겨루고자 마음먹었다가 신의 질투를 사고 결국 죽게 된다.[10] 스파르타도 경쟁상대가 없을 정도의 강대국이 되자, 오만함에 빠져 끝내 몰락하게 된다.[11] 니체는 이 두 사례를 두고 다음과 같이 밝힌다.

"에고스포타모이의 전투 후 더욱 강하고 잔인한 방식으로 그리스에 대한 자신의 우월성을 주장했던 스파르타는 밀티아데스의 예에 따라 오만스러운 행동들로 인해 자신들의 멸망을 불렀다. 그것은 시기와 질투와 경쟁하는 명예욕이 없다면 그리스 국가는 그

---

[10] 프리드리히 니체(이진우 옮김), 「호메로스의 경쟁」(『니체 전집』 3, 서울: 책세상, 2001), 339-340쪽 참조.

[11] 위의 글, 341쪽 참조.

리스인과 마찬가지로 타락한다는 사실을 증명했다."[12]

니체는 경쟁의 활력이 고갈되어 개인과 공동체가 타락하는 상황을 방지하기 위해 고대인이 패각(貝殼) 추방, 즉 도편추방제를 도입했다는 데 주목한다. 니체에 의하면 도편추방제는 두 가지 기능을 한다.[13] 하나는 최강자를 추방하는 것이다. 고대인은 아곤이 개인과 공동체의 생명 근거라는 것을 잘 알고 있었다. 그래서 공동체 내에 그 누구도 남들이 넘보지 못할 정도의 최강자가 나타나면 경쟁이 활성화될 수 없으므로 그 사람을 추방하고자 했다. 그리고 다른 하나는 뛰어난 경쟁자들 사이의 아곤이 고조되었을 때, 그들이 타자와 공동체를 파괴할 만한 위협적인 행위를 하면, 그들을 추방하는 것이다.

니체가 이를 통해 강조하고 싶어 한 것은 아곤이 상호의존적인 활동이기에 경쟁의 지속성을 위해 상대를 제거해선 안 된다는 것이다. 니체는 만약 누군가 경쟁상대를 제거하면, 경쟁은 활성화될 수 없어서 경쟁상대를 제거한 사람은 경쟁을 통한 성장 기회를 잃어버리고, 또 실존적 위기를 겪게 된다는 걸 경고하고 있다. 이는 여러 관점 사이의 힘겨루기로 세계를 이해하는 관점주의와 힘에의 의지 개념의 맥락과 연속선상에 있다. 어떤 사람의 힘이 고양되기 위해선 그와 겨루어줄 상대방이 전제되어야 하기 때문이다. 그래서 빌라가 주장한 것과 다르게, 아곤에서 모든 관점은 무제약적으로 다 수용될 수 없다. 아곤에서 경쟁상대를 제거하여 경쟁의 종식을 유발할 수 있는 관점은 고대인이

---

12   위의 글, 340-341쪽.

13   위의 글, 336-337쪽 참조.

도편추방제를 도입한 것처럼 아곤의 활성화를 위해 추방되어야 할 관점이다.

니체는 이 점을 아테네인과 그리스인 같은 고대인이 공유하고 있었다고 말한다. "아테네 사람은 아테네에 최고로 유익할 수 있거나 아니면 적어도 해를 가져오지 않도록 경쟁을 통해 자기를 발전시켜야 했다. (…) 모든 그리스인은 국가들 간의 경쟁에서 모국의 안녕을 위한 도구이고자 하는 불타는 희망을 어려서부터 자신의 내면에서 느꼈다."[14] 따라서 빌라의 주장과 다르게, 아곤은 모든 관점을 무제약적으로 수용하지 않으며, 그 기준을 사람들이 공유하고 있는 활동이다.[15]

2) 경합자 간의 그리고 관객과의 상호작용

빌라가 주장하듯, 경합자들은 힘에의 의지에 따라 자신의 관점이 타자의 것보다 더 우월하다는 걸 보여주고자 한다. 여기서 빌라는 이를 수행하는 주권적 개인의 모습을 통해 각 경합자는 자신의 주관성을 드러내는 데 집중할 뿐 타자의 관점을 이해하고 소통하려는 태도를 보이지 않는다고 주장한다. 그런데 아곤이 힘에의 의지에 따른 활동이라면, 각 관점은 그것이 가진 힘의 정도에 따라 위계질서화되어야 하므로 누군가는 각 관점이 가진 힘을 이해하고, 그에 따라 위계질서화해

14　위의 글, 337-338쪽.

15　강용수는 아곤을 벌이는 경쟁자들의 관계가 서로의 성장이라는 공동의 목적을 위해 상호 경쟁하여 상대의 성장을 돕는 친구의 관계라고 주장한다. 그리고 그는 니체가 친구 사이의 우정이 생존을 위해 꼭 필요한 조건이라는 점을 역설한다. 따라서 아곤은 절대 서로를 제거하려는 수준으로 치닫지 않아야 한다는 것을 알 수 있다. 강용수, 「니체의 우정의 정치학: 아곤(agon) 개념을 중심으로」(『니체연구』 38, 한국니체학회, 2020), 26-27쪽 참조.

야 할 것이다. 만약 해당 과정이 없다면, 힘의 우위는 도대체 무엇을 통해 선정될 수 있단 말인가? 따라서 아곤은 힘에의 의지에 따른 활동이기에 오히려 경합자들은 타자의 관점을 이해하고 소통하려는 자세를 갖춰야 한다.

니체가 「호메로스의 경쟁」에서 서술한 경쟁자들의 태도는 이러한 주장을 뒷받침해준다. "보아라. 내 위대한 경쟁자들이 할 수 있는 것은 나도 할 수 있다. 그렇다. 나는 그들보다 더 잘할 수 있다."[16] A라는 경합자는 자신의 상대인 B가 어떠한 주제의 경쟁에 임하고 있는지 알고 있다. 그리고 B가 해당 주제에 관하여 위대한 사람이라는 것도 알고 있다. 이러한 태도는 상대방이 보여주는 훌륭함, 즉 그의 관점을 잘 파악하고 있어서 나타날 수 있는 반응이다. 그리고 애당초 타자에 무관심하다면, 타자에 대한 경쟁심조차 느낄 수 없을 것이다.

빌라는 힘에의 의지를 단순히 어떤 개인이 자신의 힘을 발휘하는 것에 그치는 극단적인 개인주의적 활동으로 축소하여 이해했기 때문에 이러한 점을 놓치고 있는 것처럼 보인다. 일례로 빌라는 니체의 아곤을 아렌트의 작업(work) 개념과 유사하다고 주장한다.[17] 작업은 장인이 홀로 공예품을 제작하는 것 같은 활동으로 세계를 수단과 목적의 맥락으로 파악하는 것인데, 이런 틀을 통해 아곤을 파악하려 했으므로 아곤을 작업 개념과 같이 다분히 개인주의적인 활동으로 파악하는 듯하다.[18] 그런데 이는 빌라가 니체를 오해하고 있는 것이다. 이 부분은

---

16   프리드리히 니체, 「호메로스의 경쟁」, 339쪽.

17   D. Villa, *Arendt and Heidegger: the Fate of the Political*, p. 108 참조.

18   필자가 2절에서 빌라의 주장을 설명하기 위해 빌라가 인용하고 있다고 서술한 『즐거운 학문』의 내용을 살펴보면, 빌라가 아곤의 경합자를 작업하는 사람으로 파악한다는 게 여실히 드러난다. 해당 인용문에 등장하는 사람은 예술품을 제작하기 위해 주위 사물들을 수단화

힘에의 의지에 따른 경합자들의 태도를 통해서도 드러나지만, 아래에서 제시될 관객에 관한 내용을 통해 더 확실하게 나타난다.

「호메로스의 경쟁」에서 관객에 관한 내용은 명시적으로 뚜렷하게 제시되지 않으므로 이에 관한 내용이 없다고 쉽게 생각할 수 있다. 따라서 관객의 역할을 제대로 파악하기 위해서는 면밀한 검토가 필요하다.

> "페리클레스의 유명한 적수가 '당신과 페리클레스 중 누가 최고의 씨름꾼인가'라는 질문에 대한 다음과 같은 그의 답은 얼마나 독특한가. '설령 내가 그를 내던진다고 하더라도, 그는 패배했다는 사실을 부인할 것이고, 그의 패배를 **목격한 사람들조차도 설득하여** 자신의 의도를 성취할 것이다'."[19] (강조는 필자)

여기서 니체는 두 씨름꾼 사이의 아곤을 관람하는 관객을 상정하고 있고, 씨름꾼 중 하나는 승패의 부당함을 토로하기 위해 관객조차 설득하여 그 부당함을 인정받고자 할 것이라고 한다. 그렇다면 여기서 관객이 승패를 정하는 데 최소한 어떠한 역할 정도는 맡고 있다는 걸 알 수 있다. 그러나 혹자는 "조차도"에 주목하여 관객이 원래 아무런 역할을 하지 않지만, 그러한 관객조차 설득하여 승패의 부당함을 증명하려는 것으로 해석할 수 있으므로 이것만으로는 관객이 아곤에 직접

하여 자신의 취향에 맞게 그것들을 가공하고 있다는 대목이 제시되는데, 이는 예술품을 만들기 위해 주위 환경을 수단화하여 자신의 목적을 위해 사용하는 작업의 모습과 유사하다. 이 유사성을 통해 빌라는 작업이 개인주의적인 활동이므로 이와 유사한 아곤도 개인주의적인 활동이라고 파악하고 있는 것처럼 보인다. 그러나 실상 이 둘이 정말 같다고 볼 수 있을지는 의문이다. 빌라는 아렌트 철학을 통해 니체의 아곤을 파악하려 하고 있으므로 아렌트가 제시한 틀로 아곤을 재단하고 있는 것처럼 보이기 때문이다.

19　프리드리히 니체, 「호메로스의 경쟁」, 336쪽.

적인 역할을 담당하고 있지 않다고 생각할 수 있다. 이러한 해석은 「호메로스의 경쟁」만 놓고 보았을 때는 설득력 있으나, 니체의 다른 저작을 고려했을 때 충분히 보완될 수 있다.

니체는 『인간적인 너무나 인간적인 I』에서 관중의 중요성을 몇 차례 언급한다. 가령 157절 "천재의 고뇌와 그것의 가치", 170절 "예술가의 명예심"이 대표적인 예다. 특히 170절은 주목할 만한 가치가 있다. 여기서 니체는 아곤에서 관객의 역할이 무엇이며, 그것이 왜 중요한지 역설한다. 이러한 내용은 아곤에서 관객이 사실상 아무런 역할을 하지 못한다는 빌라의 주장을 정면으로 반박할 수 있는 지점이다. 여기서 필자는 해당 절이 아곤에 대해 논하고 있는 것인지, 그리고 어떠한 의미에서 관객이 중요하다고 하는 것인지 차례대로 설명하겠다.

니체는 비극 작가의 예술이 내기 없이는 생각될 수 없다며, 그들의 천재성은 헤시오도스의 훌륭한 에리스 여신으로부터 만개했다고 한다.

> "비극 작가는 승리를 위하여 창작을 했다. 그들의 예술 전체는 내기 없이는 생각될 수 없다: 헤시오도스(Hesiodos)의 훌륭한 에리스(Eris)라는 명예심이 그들의 천재성에 날개를 달아주었던 것이다."[20]

여기서 "헤시오도스", "훌륭한 에리스" 그리고 "천재성"이라는 표현은 「호메로스의 경쟁」에 등장하는 핵심 표현이다. 니체는 「호메로

---

20 프리드리히 니체(김미기 옮김), 『인간적인 너무나 인간적인 I』(서울: 책세상, 2001), 187쪽.

스의 경쟁」에서 고대 그리스인이 '헤시오도스'의 『일과 날』에 등장하는 '에리스 여신'의 두 가지 모습[21] — 이웃과의 불화를 부추겨 파괴적인 투쟁을 일으키게 하는 면과 이웃과의 시기심을 부추겨 경쟁을 일으키게 하는 면 — 중에서 후자를 선한 에리스에 속한다고 생각했고, 후자에 많은 영향을 받았다고 한다.[22] 그리고 이 영향으로부터 경쟁적인 문화가 성행하여 "모든 재능은 싸우면서 만개해야 한다"[23]는 생각을 정립하여 개인의 '천재성'이 만개했다고 한다.

이로부터 우리는 『인간적인 너무나 인간적인 I』 170절과 「호메로스의 경쟁」의 내용이 연속선상에 있다는 것을 알 수 있다. 이는 헤시오도스의 『일과 날』에 등장하는 훌륭한 혹은 선한 에리스 여신에 의한 경쟁적인 문화로부터 고대 그리스의 비극 작가는 경쟁 혹은 내기를 통해 자신의 천재성을 만개했다는 것이다. 바꾸어 말해, 비극 작가는 아곤을 벌이고 있었다는 것이다. 따라서 170절의 내용은 아곤에 관한 내용이라고 봐도 무방하다. 그렇다면 인용한 170절의 대목 이후에서 제

---

[21] 니체는 「호메로스의 경쟁」에서 헤시오도스의 『일과 날』에 등장하는 에리스 여신을 언급하며, 악한 에리스와 선한 에리스라는 두 에리스 여신이 있다고 한다. 하지만 실상 『일과 날』에는 불화에 두 종류가 있고, 하나의 에리스 여신에게 그 두 종류가 혼재되어 있다고 나와 있다. 니체가 어떠한 이유에서 이를 다르게 해석했는지는 명확하지 않다. 하지만 아곤에 관한 고대 그리스의 문화에 관심을 가졌던 시기에 부르크하르트와 교류하여 니체가 부르크하르트에게 많은 영향을 받았다는 지멘스의 연구를 통해 그에 대한 실마리를 짐작할 수 있을 것 같다. 부르크하르트는 선한 에리스가 먼저 태어났고, 그 뒤에 악한 에리스가 태어났다고 해석하기 때문이다. 물론 니체는 부르크하르트와 다르게 악한 에리스가 먼저 태어났고, 그 뒤에 선한 에리스가 태어났다고 해석하지만, 아마 부르크하르트와의 교류를 통해 하나의 여신이 아닌 두 여신으로 설정한 것처럼 보인다. 해당 내용은 프리드리히 니체, 「호메로스의 경쟁」, 333쪽; 헤시오도스(천병희 옮김), 『신들의 계보』(서울: 숲, 2009), 101쪽; H. Siemens, "Nietzsche's Agon," *The Nietzschean Mind* (New York: Routledge, 2018) p. 317 참조.

[22] 프리드리히 니체, 「호메로스의 경쟁」, 333-335쪽 참조.

[23] 위의 글, 337쪽.

시되는 관객의 중요성에 관한 내용을 살펴보자.

니체는 명예로움을 획득하기 위해 "지배적인 취향과 예술작품의 우수성에 관한 일반적인 의견을 고려하지 않고 그들이 우수하다고 이해했던 것만을 얻고자"[24] 하는 비극 작가들의 모습을 비판한다. 니체가 보기에 명예로움은 자신의 탁월함에 대한 자기긍정과 외부의 공증을 통해 획득되기 때문이다.

> "명예를 얻고자 하는 것은 여기에서 '자신을 탁월하게 만들고, 공적으로도 그렇게 보이기를 바란다'는 것을 의미한다. 우리는 전자가 결여되어 있음에도 불구하고 후자를 갈망하면 **허영심**이라 부른다. 그리고 후자가 결여되어 있음에도 그것을 구하지 않으면 **자만심**이라 부른다."[25] (강조는 필자)

그렇다면 공적으로 그들의 작품을 탁월하다고 여기는 주체는 누구인가? 이는 그들의 작품을 감상하는 관객이다. 니체는 심지어 누군가 자신이 탁월하다고 생각하는데, 그 진가를 보지 못하는 사람이 있어서 제대로 된 평가를 받지 못하는 경우에도 명예로워질 수 없다며, 관객이 가진 중요성을 역설한다.[26] 물론 누구나 관객의 역할을 할 수는

---

24   프리드리히 니체, 『인간적인 너무나 인간적인 I』, 187쪽.

25   위의 책, 188쪽.

26   아곤에서 관객이 가진 중요성은 지멘스(H. Siemens)의 연구를 통해서도 소개되고 있다. 그는 일반적인 경쟁과 아곤의 차이를 밝히며, 그 차이를 관객의 역할을 통해 부각한다. 지멘스에 의하면 일반적인 경쟁은 승패 기준이 경쟁의 맥락과 무관하게 독립적으로 정해지며, 그 내용이 확실하게 정의된다는 특징을 가진다. 이에 반해 아곤에서 승패 기준은 경쟁의 맥락 내에서 정해지므로 확실하게 정의되지 않는다. 아곤은 각 경합자가 벌이는 가치 전도 (transvaluation) 활동으로서 기존의 기준을 넘어서 자신의 기준을 새로운 기준으로 제시하

없을 것이다. 관객은 각 경합자의 관점을 충분히 이해하고, 무엇이 더 적절할지 판단할 능력을 갖춰야 하기 때문이다. 이런 이유에서 니체는 『인간적인 너무나 인간적인 I』의 170절 "예술가의 명예심"에서 다음과 같이 밝힌다.

> "그래서 아이스킬로스와 에우리피데스도 마침내 그들의 작품을 자신들이 설정한 척도로 예술을 평가하는 사람을 만들어낼 때까지는 오랫동안 성공을 거두지 못했다. 이리하여 그들은 자신들의 심판석 앞에서 스스로의 평가에 따라 경쟁자에 대한 승리를 챙취하려 한다."[27]

해당 내용을 통해 우리는 다음과 같은 내용을 추론할 수 있다. 이는 경합자와 관객이 누구인지, 그리고 그들의 능력이 얼마나 출중한지에 따라 아곤의 판단 기준이 달라질 수 있다는 것이다. 그래서 모든 종류의 아곤이 다 같은 기준을 공유한다고 볼 수 없다. 그리고 이런 의미에서 개별적인 아곤의 판단 기준은 그 당시 경합자들과 관객이 공유하고 있는 일시적인 합의일 뿐 어떤 고정된 보편적인 합의가 아니다. 만약 어떤 보편적인 합의를 구축하고자 한다면, 이는 경쟁의 활성화를

고자 하는 활동이기 때문이다. 이 점에 주목하여 지멘스는 아곤을 두 층위로 나눈다. 하나는 작품이나 행위(works or deeds)에 관한 경쟁이다. 이것은 마치 음악과 같이 어떤 한 주제를 중심으로 여러 음악가가 경쟁하는 것이다. 다른 하나는 판단의 경쟁이다. 이는 어떠한 승패 기준을 적용하여 결과를 판단할지 경쟁하는 것이다. 지멘스는 후자에 속하는 판단의 경쟁에서 관객이 중요한 역할을 담당한다고 주장한다. 경합자들이 기존의 기준을 거부하고, 그들의 관점에 입각하여 새로운 판단 기준을 제시할 텐데, 해당 판단 기준은 관객이 평가하여 승인해준다는 것이다. H. Siemens, *Agonal Perspectives on Nietzsche's Philosophy of Critical Transvaluation* (Berlin/Boston: Walter de Gruyter, 2021), p. 77 참조.

27   프리드리히 니체, 『인간적인 너무나 인간적인 I』, 187-188쪽.

막을 것이므로 추방되어야 할 것이다.[28]

　이제 빌라가 주장한 바를 다시 살펴보자. 빌라는 아곤의 주체가 타자에 무관심하여 그들의 의사를 들어보고자 하지 않는 태도를 지닌다고 하는데, 사실 니체가 가정하는 주체는 타자의 관점에 대해 다분히 관심 있는 사람이다. 그들은 자신의 강함을 선보여 명예로워지고 싶어 하는데, 이 명예는 단순히 자기 스스로 확보할 수 있는 게 아니라 타자의 동의와 함께 확보할 수 있다. 따라서 빌라가 주장한 바와 달리, 경합자들은 관객과 소통하고자 하는 태도를 보이고 있다.

3) 유의미성

　이제 파괴적인 투쟁으로 치닫지 않는 관점을 수용하고, 그러한 선을 지켜야 한다는 것을 경합자들이 공유하며, 경합자와 관객 간의 상호작용이 일어나고 있는 아곤에서 어떤 유의미한 결과가 나타날 수 있는지 알아보자.

　아곤은 첫째, 공동체의 안녕을 가져다준다는 유의미한 결과를 낳

28　여기서 오해하지 말아야 할 부분은 도편추방제와 같이 경쟁의 활성화를 위해 설정한 장치들이 일종의 보편적인 합의이기 때문에 이것도 누군가의 관점에 의해 교체될 수 있어야 하는 것 아니냐고 생각하는 것이다. 다시 강조하지만, 아곤은 파괴적인 투쟁이 아니다. 상호의존적인 활동으로서 상대가 제거되면, 자신도 제거되는 활동이다. 따라서 이것은 어떠한 종류의 아곤이든 변함없이 모두가 준수해야 하는 규칙이다. 다만 이를 제외한 나머지 규칙은 각각의 아곤마다 다를 수 있다. 마치 모든 격투기 스포츠는 상대를 죽음에 이르게 해서는 안 된다는 규칙을 준수하지만, 복싱의 규칙과 종합격투기의 규칙은 다르듯이 말이다. 이것이 함의하는 바는 아곤에 모두가 공유하고 있어야 하는 규칙이 있다고 해서 이것이 힘에의 의지나 관점주의와 모순되는 건 아니라는 것이다. 힘에의 의지는 힘을 발휘하지 못하게 하는 상황, 그리고 관점주의는 여러 관점이 제시되지 못하게 하는 상황이 발생하지 않아야 활성화된다. 그래서 도편추방제 같은 공통의 규칙은 두 개념과 모순적 관계에 있는 것이 아니라, 오히려 이 개념들이 활성화될 수 있도록 하는 보완적 관계에 있다.

는다. 니체는 이 역시 명확하게 제시한다. "만약 우리가 그리스적 삶에서 경쟁을 제거한다면, 우리는 호메로스 이전의 심연, 즉 증오와 파괴욕의 소름 끼치는 야만성의 심연을 보게 된다."[29] 니체는 "서로의 활동을 자극하는 천재들이 (…) 서로 중용의 한계를 지킨다는 사실을 전제"[30]로 하여 경쟁을 벌이는 것을 아곤으로 규정한다. 즉, 서로 상대를 죽음에 이르게 하여 경쟁을 중단해서는 안 된다는 걸 알고 있는 사람들끼리의 경쟁이 아곤이라는 것이다.

"(…) 고대인들에게는 투쟁적 교육의 목표는 전체, 즉 국가사회의 안녕이었다. 예를 들면 모든 아테네 사람은 아테네에 최고로 유익할 수 있거나 아니면 적어도 해를 가져오지 않도록 경쟁을 통해 자기를 발전시켜야 했다. (…) 헤아릴 수 없을 정도로 무한한 명예욕은 없었다."[31]

둘째, 개인과 공동체가 교육되어 성장한다는 유의미한 결과를 산출한다. 니체는 고대 그리스의 교육 방침이 "모든 재능은 싸우면서 만개해야 한다"[32]는 것이라고 하며, 음악의 대가인 핀다로스와 시모니데스 그리고 여러 과거의 지혜로운 자들도 그들과 겨룰만한 실력을 갖춘 사람과 겨루어서 그러한 경지에 이를 수 있었다고 말한다.[33] 더 나아가, 그런

---

29   프리드리히 니체, 「호메로스의 경쟁」, 339쪽.

30   위의 글, 337쪽.

31   위의 글, 337-338쪽.

32   위의 글, 337쪽.

33   위의 글, 338-339쪽 참조.

뛰어난 천재들이 벌인 경쟁의 결과물이 사람들에게 선보여지게 되어 이를 보고 듣는 사람들에게 교육적 효과[34]가 나타나게 되었다고 한다.[35]

빌라가 말하는 유의미한 결과는 아렌트의 행위(action) 개념처럼 누구나 보고 들을 수 있는 공적인 장소에서 모든 사람에게 공통적인 것에 관한 논의를 펼쳐야 산출될 수 있는 것이다.[36] 빌라는 아곤을 아렌트의 작업 개념 같은 활동으로 취급하여 영웅적인 개인주의적 활동으로 해석한다. 이런 이유에서 아곤은 사적인 공간에서 일어나는 활동이고, 자신의 주관적인 관점을 피력하는 것에 그치는 활동으로서 공동체에 긍정적인 영향을 끼칠 수 없다고 파악한 것처럼 보인다.

그런데 위와 같이 아곤은 빌라가 제시한 유의미함의 기준을 만족하는 유의미한 결과를 산출한다. 어떤 경합자가 공동체의 안녕을 방해하는 관점을 제시할 경우, 이를 보고 듣는 관객은 아곤이 전개되지 않은 상황이 가져다줄 참사를 인지하고 있으므로 해당 관점을 정당한 관점으로 승인하지 않아 공동체의 안녕을 보장하는 유의미한 결과를 낳는다. 이 외에도 아곤은 개인과 공동체의 성장이라는 유의미한 결과를

---

34   니체는 「호메로스의 경쟁」에서 민중에게 어떤 교육적 효과가 나타났는지 알려주지 않는다. 하지만 아캄포라(C. Acampora)의 설명을 통해 이를 알 수 있다. 아캄포라는 핀다로스가 "Olympian 10"이라는 극 작품을 통해 어떤 사람과의 대결에서 이뤄낸 승리는 단순히 개인의 능력이 출중했기 때문이 아니라 타자의 도움이 있었기 때문에 가능했던 것이라며, 그들의 도움에 대해 감사함을 느껴야 한다는 걸 제시했다고 말한다. 이것을 염두에 두었을 때, 니체가 말하는 교육적 효과는 자신의 승리에 취하여 오만함에 빠지지 말고, 그 승리를 가능케 한 사람들에게 감사함을 표현할 줄 알아야 한다는 내용과 같은 것임을 알 수 있다. C. Acampora, *Contesting Nietzsche* (Chicago: University of Chicago Press, 2013), pp. 27-33 참조.

35   아곤과 교육에 관한 연구는 다음과 같은 것들이 있다. 이상엽, 「니체와 아곤의 교육」(『철학논총』 73, 새한철학회, 2013), 213-237쪽; 정낙림, 「니체의 아곤과 인성교육」(『문화와융합』 40, 한국문화융합학회, 2018), 99-126쪽.

36   D. Villa, *Arendt and Heidegger: the Fate of the Political*, p. 102 참조.

낳는다. 앞서 아곤의 관객을 설명할 때 제시한 아이스킬로스와 에우리피데스의 일화를 상기해보면, 개인의 성장은 관객의 승인을 거쳐 이뤄진다는 걸 알 수 있다. 그리고 핀다로스와 에우리피데스의 경쟁이 관객 앞에서 전개되어 교육적 효과를 누렸다는 대목을 통해 그들의 경쟁이 빚어낸 작품이 관객에게 공개되어 있고, 그들의 승인을 거쳤기 때문에 그들의 작품을 공동체가 받아들여 성장했다는 걸 알 수 있다. 따라서 빌라의 주장과 달리 아곤은 유의미한 결과를 산출하는 활동이다.

4. 결론

본 연구는 빌라가 주장한 아곤의 해석을 반박하고자 했다. 빌라는 첫째, 아곤이 무제약적인 활동이라서 모든 관점이 지녀야 할 공통성을 제거하여 아무런 관점도 제시될 수 있는 활동이라고 주장한다. 그런데 니체는 경쟁을 저해하는 파괴적인 투쟁을 벌이는 자들을 철저히 아곤에서 배제한다. 그리고 경쟁을 활성화하는 데 기여하는 공통점을 가진 관점만 수용한다. 따라서 아곤에는 모든 관점이 지녀야 할 공통성이 있고, 이를 통해 수용될 수 있는 관점과 수용될 수 없는 관점을 구분한다.

둘째, 아곤이 개인주의적인 활동이라서 타자에 무관심하여 그들의 의견을 듣고자 하는 소통 과정이 없다고 주장한다. 그런데 아곤은 다분히 타자에게 관심이 있는 사람들이 벌이는 활동이다. 그들은 자신의 뛰어남을 타자에게 인정받고자 하는 태도를 보이기 때문이다. 니체는 특히나 타자의 인정 없이 스스로 뛰어나다고 생각하는 사람을 자만심에 가득 찬 사람이라고 비판하므로 더욱이 빌라의 주장은 받아들일 수 없다.

셋째, 아곤은 유의미한 결과를 산출할 수 없다고 주장한다. 빌라는 유의미한 결과가 산출되기 위해선 관점의 공통성이 확보되어야 하고, 이를 타자와 소통하며 논의가 전개될 수 있어야 한다고 본다. 그런데 첫째와 둘째에서 보았듯이, 아곤은 공통성이 확보되어 있고, 타자와 소통하고자 하는 태도를 지닌 사람들의 활동이다. 그리고 공동체의 안녕과 성장이라는 유의미한 결과를 제시한다. 따라서 이 역시 빌라가 아곤을 오해하고 있다.

본 연구의 의의는 빌라의 주장을 반박하여 니체의 아곤이 경합적 민주주의의 이론적 모델로서 가진 지위를 확보하려고 하는 데 있다. 니체 철학을 통해 경합적 민주주의 이론을 세우려고 하는 시도는 다양한 공격을 받는다. 가령 니체 철학이 어떻게 정치와 민주주의와 엮일 수 있냐는 것이 대표적이다. 본 연구는 이 부분들을 다루기 전에 애당초 니체의 아곤 개념이 정치적 모델로서 자격이 있는지에 관한 문제를 해결하고 있다. 추후 본 연구를 발판으로 삼아 니체 철학과 정치 그리고 민주주의의 관계로 연구를 확장해보도록 하겠다.

참고문헌

강용수, 「니체의 우정의 정치학: 아곤(agon) 개념을 중심으로」, 『니체연구』 38, 한국니체학회, 2020, 7-36쪽.

이상엽, 「니체와 아곤의 교육」, 『철학논총』 73, 새한철학회, 2013, 213-237쪽.

정낙림, 「니체의 아곤과 인성교육」, 『문화와융합』 40, 한국문화융합학회, 2018, 99-126쪽.

프리드리히 니체(김정현 옮김), 『도덕의 계보』, 서울: 책세상, 2002.

______(백승영 옮김), 『우상의 황혼』, 서울: 책세상, 2002.

______(김미기 옮김), 『인간적인 너무나 인간적인 I』, 서울: 책세상, 2001.

______(안성찬·홍사현 옮김), 『즐거운 학문』, 서울: 책세상, 2005.

______(이진우 옮김), 「호메로스의 경쟁」, 서울: 책세상, 2001.

헤시오도스(천병희 옮김), 『신들의 계보』, 서울: 숲, 2009.

Acampora, C., *Contesting Nietzsche*, Chicago: University of Chicago Press, 2013.

Siemens, H., *Agonal Perspectives on Nietzsche's Philosophy of Critical Transvaluation*, Berlin/Boston: Walter de Gruyter, 2021.

______, "Nietzsche's Agon," *The Nietzschean Mind*, New York: Routledge, 2018, pp. 314-333.

Villa, D., *Arendt and Heidegger: the Fate of the Political*, Princeton: Princeton University Press, 1996.

______, *Politics, Philosophy, Terror: Essays on the Thought of Hannah Arendt*, Princeton: Princeton University Press, 1999.

______, "How 'Nietzschean' Was Arendt?," *Nietzsche, Power and Politics: Rethinking Nietzsche's Legacy for Political Thought*, Berlin, New York: De Gruyter, 2008, pp. 395-410.

05

파르메니데스의 「자연에 관하여」와 갈등의 문제: 세 길 해석과 무모순율을 중심으로

김민주(경북대학교 철학과 석사과정)

1. 들어가는 말

파르메니데스(Παρμενίδης)의 단편 「자연에 관하여(Περί Φύσεως)」는 흔히 존재론에 관한 것으로 해석된다.[1] 하지만 파르메니데스 단편에는 존재론 외에도 여러 가지 가능성이 드러나 있다. 특히 존재론이 성립

---

* 이 글은 2025년 2월 『인문학연구』 69권에 등재된 논문을 수정하고 보완한 것이다. 김민주, 「파르메니데스 단편의 세 길 해석에 관하여: 모순율과 갈등을 중심으로」(『인문학연구』 69, 조선대학교 인문학연구원, 2025), 323-352쪽.

[1] 탈레스를 비롯한 밀레토스학파의 철학자들과 달리 피타고라스학파는 질료 대신 형상을 중점적으로 바라보았으며, 이러한 시도는 대립하는 것들 사이의 긴장을 중점으로 둔 헤라클레이토스에게서도 나타난다. 파르메니데스는 질료 대신 형상을 중점적으로 다루면서도 존재론의 시작을 알린다. 이러한 파르메니데스를 거쳐 사물의 구조 법칙이라는, 질료가 아닌 형상을 중요히 여기는 것은 후대의 엠페도클레스에게서도 사랑과 불화라는 두 가지 원인을 제시하는 것으로 나타난다. W. K. C. 거스리(박종현 옮김), 『희랍 철학 입문』(파주: 서광사, 2000), 65-77쪽.

하기 위해서는 선행하는 사유가 있어야 하기에 그의 단편에 단순히 존재론적 논의만 포함되어 있다고 볼 수는 없다.[2] 그 선행하는 사유란 곧 논리적인 법칙에 관한 것이며, 이를 통해 파르메니데스의 논의를 논리적 논의에까지 확장할 수 있다. 하지만 이러한 확장 가능성에도 불구하고 그의 저작 본래의 난해함과 불완전한 전승 상태로 인해 학자들 사이에서는 여러 가지 해석이 갈려 그 가능성을 실현할 수 있을지는 미지수이다. 그 이유로 파르메니데스의 단편은 길에 대한 비유를 통해 내용이 전개되는데, 여기서 길의 전체 개수를 3개로 본다면 단편의 이분법 구조가 지켜지지 않는다는 두 길 해석을 지지하는 학자들의 비판 때문이다. 하지만 세 길 해석을 따르더라도 이분법 구조는 망가지지 않는다. 오히려 파르메니데스 단편의 이분법 구조를 명확히 하고, 운동을 전면 부정한다는 기존 해석의 난해함을 해소할 수 있다.

타란(Leonardo Tarán)이 제시한 두 길 해석은 무렐라토스(Alexander Phoebus Dionysiou Mourelatos)의 해석을 통해 네하마스(Alexander Nehamas)와 커드(Patricia Curd)에게로 새롭게 계승된다. 타란은 B6.3의 공백에 들어갈 단어를 'εἴργω(제지하다)'라고 추정하는 딜스(Hermann Diels)를 그대로 받아들인 것과 달리,[3] 네하마스는 딜스의 추정을 거부하고 새로운 추정을 제안한다. 이와 같은 네하마스의 해석을 커드가 지지하며, 두 길 해석의 전통이 이어진다. 한편, 두 길 해석에 대항하여 갤럽(David Gallop),[4] 라이트(M. R. Wright), 팔머(John Palmer)는 세 길 해석을 제시한다.

---

2 김귀룡, 「파르메니데스 단편에 등장하는 네 가지 사유」(『동서철학연구』 97, 한국동서철학회, 2020), 161쪽.

3 Leonardo Tarán, *Parmenides: A Text with Translation, Commentary, and Critical Essays* (Princeton: Princeton University Press, 1965), pp. 59-61.

4 David Gallop, *Parmenides of Elea, Fragments: A Text and Translation with an Introduction*

라이트는 타란과 마찬가지로 딜스의 공백에 대한 추정을 그대로 받아들인다. 하지만 타란이 3행에서 언급한 길은 단편에서 가장 첫 번째로 소개된 길이라 해석한 것과 대조적으로, 라이트는 단지 제지되는(εἴργω) 길 중 첫 번째 길이라 해석하고 있다.[5] 이렇듯 라이트는 타란과 다른 해석을 제시하여 세 길 해석의 여지를 마련한다. 이후 팔머는 네하마스의 두 길 해석에 대해 직접적으로 반박하며 세 길 해석을 제시하고 있다.

있음이 생성하지도, 소멸하지도 않는다는 것은 파르메니데스를 이해하는 데 큰 난해함을 만든다. 기존의 두 길 해석은 이러한 난해함을 강화하고 있다. 하지만 세 길 해석을 따른다면 이와 같은 난해함을 해소할 수 있다. 또한, 파르메니데스의 단편은 통상 서시 편, 진리 편, 의견(δόξα) 편의 세 부분으로 나뉘는데, 앞의 두 부분은 거의 온전히 남아 있지만 의견 편은 많은 부분이 소실되어 아주 적은 부분만이 전해지고 있다.[6] 그렇기에 지난 시기의 학자들은 진리 편의 이야기에 초점을 맞추었고 거기서 의의를 찾았다. 하지만 세 길 해석에 따른다면 비교적 모호했던 세 번째 길, 즉 의견의 길 지위를 확실히 하고 이전 학자들이 소홀히 했던 의견 편의 의의를 발견할 수 있다.

본문에서는 두 길 해석과 세 길 해석 중 세 길 해석이 왜 더 적절한지 이전 학자들의 논의를 바탕으로 살펴볼 것이다. 이를 위해 무렐라토스의 해석을 계승한 네하마스와 커드의 두 길 해석을 비판한다.

(Toronto: University of Toronto Press, 1984), p. 12.

5 M. R. Wright, *The Presocratics: The Main Fragments in Greek with Introduction, Commentary & Appendix Containing Text & Translation of Aristotle on the Presocratics* (London: Bristol Classical Press, 1985), p. 81.

6 강철웅, 『설득과 비판(초기 희랍의 철학 담론 전통)』(서울: 후마니타스, 2016), 174쪽.

그러한 두 길 해석에 대한 대안으로 팔머의 세 길 해석을 제시하고 그의 해석을 보충한다. 더 나아가, 세 길 해석을 선택했을 때도 여전히 이분법 구조가 유지됨을 보인다. 이분법 구조 논의로부터 무모순율이 파르메니데스 단편의 배후에 존재함을 끌어내고 이로부터 논리적 논의로의 확장 가능성을 확인한다. 그리고 기존과는 다른 이분법 해석을 통해 의견의 길을 다른 길들과 분리하여 해석상의 난해함을 해소한다. 마지막으로, 파르메니데스의 의견 편 논의의 새로운 해석과 의의, 일상 세계를 살아가는 인간이 겪는 갈등과 그 해결책을 제시한다.

2. 단편에서 드러난 길에 관한 해석

육각운(hexameter) 서사시 형식의 150여 시행으로 이루어진 파르메니데스의 단편 「자연에 관하여」는 일인칭으로 쓰인 여행기이다. 화자는 파르메니데스 자신으로, 자신을 주인공으로 삼아 이야기를 전개한다. 파르메니데스는 암말들이 이끄는 마차를 타고 태양의 딸들의 인도를 받아서 여신의 거처로 향한다. 정의의 여신이 지키는 밤과 낮의 길이 갈리는 문을 지나 여신의 거처에 이른다. 여신에게 향하는 여정은 28행까지이고, 이후로는 여신이 파르메니데스에게 전하는 가르침이 이어진다. 여신의 이야기를 파르메니데스가 듣는 형식으로 진행되기에 파르메니데스는 여신의 이야기를 듣는 자이자 동시에 전하는 자이

다.[7]

파르메니데스 단편은 서시 편과 진리 편, 그리고 의견 편으로 구분할 수 있다. 서시 부분은 단편 1, 진리 부분은 단편 2에서 단편 8의 중간까지, 의견 부분은 단편 8의 중간 이후부터 나머지 부분이다. 파르메니데스는 단편 전반에 걸쳐 길에 대한 비유를 통해 논의를 진행한다. 이 길의 개수를 몇 개로 봐야 하는지에 대해 두 길 해석과 세 길 해석으로 갈린다. 두 길 해석은 진리의 길과 전면 부정의 길로 구분하고, 세 길 해석은 진리의 길과 전면 부정의 길, 그리고 의견의 길로 구분한다.

세 길 해석을 따르자면, 첫 번째 길인 진리의 길은 있지 않을 수 없는 길, '있다(ἔστιν)'는 길이고 두 번째 길인 전면 부정의 길은 있지 않을 수밖에 없는, '있지 않다(οὐκ ἔστιν)'는 길이다. 이 두 가지 길은 사유(νοεῖν)의 길로, 있음과 있지 않음이 명확하게 구분되는 길이다. 다음으로 의견의 길은 있지 않을 수 없는 것도 아니고, 있지 않을 수밖에 없는 것도 아닌, 있음과 있지 않음이 혼재된 세 번째 길이다.[8]

다음은 파르메니데스 단편 B2의 전체 내용이다.

⟨B2⟩

1 자, 이제 내가 말할 터이니, 그대는 이야기를 듣고 명심하라.

2 탐구의 어떤 길들만이 사유를 위해 있는지.

3 그중 하나는 있다라는, 그리고 있지 않을 수 없다라는 길로서,

---

7   김남두, 「파르메니데스의 단편에서 탐구의 길과 존재의 규범적 성격」(『서양고전학연구』 17, 한국서양고전학회, 2001), 1쪽.

8   각 길의 명칭은 강철웅, 「파르메니데스에서 진리와 독사(Doxa): 세 텍스트 부분의 상호 연관에 주목한 파르메니데스 단편 해석」(서울대학교 박사학위논문, 2003), 88쪽에서 제시된 것을 따른다.

4 페이토(설득)의 길이며(왜냐하면 진리를 따르기 때문에),

5 다른 하나는 있지 않다라는, 그리고 있지 않을 수밖에 없다는 길
  로서,

6 그 길은 전혀 배움이 없는 길이라고 나는 그대에게 지적하는 바
  이다.

7 왜냐하면 바로 이 있지 않은 것을 그대는 알게 될 수도 없을 것
  이고(왜냐하면 실행 가능한 일이 아니니까)

8 지적할 수도 없을 것이기에[9]

위 인용문에서 파르메니데스는 사유를 위한 길 두 가지를 제시한다. 하나는 3행에서 소개된 진리의 길로, 우리가 가야 하는 길이고, 다른 하나는 5행에서 소개된 지적할 수도 없는, 전혀 배움이 없는 전면 부정의 길이다. 앞서 말한 있음과 있지 않음이 혼재된 길은 단편 B8의 50~61행에서 확인할 수 있다.

⟨B8⟩

50 여기서 나는 그대를 위한 확신할 만한 논변과 사유를 멈춘다.

51 진리에 관해서, 그리고 이제부터는 가사적인 의견들을

52 배우라, 내 이야기들의 기만적인 질서를 들으면서.

53 왜냐하면 그들은 이름 붙이기 위해 두 형태를 마음에 놓았는데,

---

9 앞의 숫자는 행 표시이며, 가독성을 위해 표기했다. 탈레스 외(김인곤 외 옮김), 『소크라테스 이전 철학자들의 단편 선집』(파주: 아카넷, 2005), 275-276쪽; DK28B2, 이후 본문 속 「자연에 관하여」 인용 표시는 헤르만 딜스(Hermann Diels)가 편집한 소크라테스 이전 철학자들의 단편 선집의 면수로만 표기한다. 또한 한국어 번역본 쪽수도 함께 기입한다(예: 275쪽; DK28B2).

54 그것들 가운데 어느 하나도 그래서는 안 된다. 바로 그 점에서
    그들은 헤맸던 것이다.

55 그리고 그들은 형체에 있어 정반대인 것들을 구분했고, 그것들
    서로 간에

56 구분되게 표지들을 놓았다. 즉 한편에는 에테르에 속하는 타오
    르는 불을,

57 부드럽고 아주 가벼우며, 모든 방면에서 자신과 동일하되,

58 다른 하나와 동일한 것이 아닌 불을 놓았다. 그런가 하면 그들
    은 저것도, 즉 그 자체만으로

59 정반대인 어두운 밤도, 조밀하고 무거운 형체인 밤도 놓았다.

60 이 배열 전체를 그럴듯한 것으로서 나는 그대에게 설파한다.

61 도대체 가사자들의 그 어떤 견해도 그대를 따라잡지 못할 정도
    로.[10]

B8의 후반부에서 제시된 의견의 길 역시 전면 부정의 길과 마찬가지로 인간이 따라야 할 길이 아니다. 따라야 할 길은 오직 진리의 길이다. 전면 부정의 길은 "배움이 전혀 없는 길"[11]이고, 의견의 길 속에는 "참된 확신이 없기"[12] 때문이다. 여기까지가 아래의 논의에서 다룰 길에 대한 해설이며, 이를 바탕으로 두 길 해석과 세 길 해석에 대한 논의를 진행할 것이다.

---

10   286-288쪽; DK28B8.50-61.

11   275쪽; DK28B2.6.

12   274쪽; DK28B1.30.

3. 두 길 해석을 따르는 경우

무렐라토스는 전승 과정에서 훼손되어 발생한 B6.3의 공백에 대한 딜스의 추정을 받아들이며 B6.1~4와 B7.1~3에 대해 아래와 같은 분석을 제시한다.

〈B6〉

1 말해지고 사유되기 위한 것은 있어야만 한다. 왜냐하면 그것은
　있을 수 있지만,

　Χρὴ τὸ λέγειν τε νοεῖν τ᾽ ἐὸν ἔμμεναι· ἔστι γὰρ εἶναι,

2 아무것도 아닌 것은 그렇지 않으니까. 이것들을 곰곰이 생각해
　보라고 나는 그대에게 명한다.

　μηδὲν δ᾽ οὐκ ἔστιν· τά σ᾽ ἐγὼ φράζεσθαι ἄνωγα.

3 왜냐하면 그대를 탐구의 이 길로부터 우선 내가 〈제지하는데〉,[13]

　Πρώτης γάρ σ᾽ ἀφ᾽ ὁδοῦ ταύτης διζήσιος 〈εἴργω〉,

4 그러나 그다음으로는 가사자들이 아무것도 알지 못하면서

　αὐτὰρ ἔπειτ᾽ ἀπὸ τῆς, ἣν δὴ βροτοὶ εἰδότες οὐδέν[14]

〈B7〉

1 그 이유는 이렇다. 이것, 즉 있지 않은 것들이 있다는 것이 결코
　강제되지 않도록 하라.

---

[13]　이 εἴργω라는 단어는 딜스가 보충한 것이다. 탈레스 외(김인곤 외 옮김), 『소크라테스 이전 철학자들의 단편 선집』(파주: 아카넷, 2005), 278쪽, 각주 33 참고.

[14]　277-278쪽; DK28B6.1-4.

Οὐ γὰρ μήποτε τοῦτο δαμῇ εἶναι μὴ ἐόντα·

2 오히려 그대는 탐구의 이 길로부터 사유를 차단하라.

ἀλλὰ σὺ τῆσδ᾽ ἀφ᾽ ὁδοῦ διζήσιος εἶργε νόημα·

3 그리고 습관이 그대를 많은 경험을 담은 이 길로 가도록

μηδέ σ᾽ ἔθος πολύπειρον ὁδὸν κατὰ τήνδε βιάσθω,[15]

무렐라토스는 B6.1~4와 B7.1~3 간의 평행성을 언급하며 제지되는 두 길, 즉 전면 부정의 길과 의견의 길이 B6에서는 '이(ταύτης)' 길-'이(τῆς)' 길로, B7에서는 '저(τῆσδε)' 길-'저(τήνδε)' 길로 표현되고 있다는 것에 주목한다.[16] ταύτης와 τῆσδε가 지시하고자 하는 길은 전면 부정의 길이고, τῆς와 τήνδε가 지시하고자 하는 길은 의견의 길이다. 이렇게 두 길을 지시할 때 구분되지 않는 지시사[17]를 사용한 것은 두 길이 전적으로 구분되지는 않는다는 암시이다. 무렐라토스의 이런 언급이 이후 네하마스에게 이어져 그의 두 길 해석에 영향을 미쳤다.[18]

네하마스는 의견의 길이 구분되지 않는 것을 넘어 전면 부정의 길로 수렴한다고 해석한다. 네하마스는 딜스가 B6.3의 공백에 εἴργω(제지하다)를 채운 것을 수용하지 않는 대신 ἄρχειν(시작하다)를 공백에 채운

---

15 279쪽; DK28B7.1-3.

16 Alexander P. D. Mourelatos, *The Route of Parmenides: A Study of Word, Image, and Argument in the Fragments* (New Haven and London: Yale University Press, 1970), pp. 77-78, Footnote 7.

17 여기서 사용된 네 가지 희랍어 단어는 다음과 같다. 여성형 지시대명사 αὕτη의 속격인 ταύτης와 여성형 정관사 ἡ의 속격 τῆς, '이것'과 '이'의 차이이다. τῆσδε와 τήνδε는 지시대명사 ἥδε의 속격과 대격이다. 격의 차이일 뿐 의미의 차이는 없다.

18 강철웅, 「파르메니데스에서 진리와 독사(Doxa): 세 텍스트 부분의 상호 연관에 주목한 파르메니데스 단편 해석」, 81쪽.

다. ἄρχειν을 공백에 채움으로써 해당 문장을 첫 번째 길로부터 논의를 시작하겠다는 예고의 의미로 바꾼다. 다시 말해, 네하마스는 B6의 3행에서 언급되는 길이 첫째 길, 즉 진리의 길이라고 간주한다. 이 해석을 따를 경우, 4행 이하에서 언급되는 의견의 길과 달리 3행의 길은 저지되는 길이 아니다. 그러니 딜스의 추정에 따르면 3행에서 이미 하나의 길을 제지하며, 다음에 소개한 의견의 길 또한 제지되어 총 두 가지 길이 제지된다. 이와는 대조적으로 네하마스의 추정은 3행의 길을 제지되는 길이 아니라 논의가 시작되는 길로 해석해 제지되는 길이 다음에 소개되는 길인 의견의 길 하나뿐인 것으로 만든다.

커드는 이러한 네하마스의 추정을 지지한다. 커드는 파르메니데스가 좋은 스승으로서 자신의 논의를 시작하기 전에 이전 논의와 이후 논의를 정리해준다고 주장한다. 그렇기에 네하마스의 추정인 ἄρχειν라는 동사는 자신의 논의를 시작한다고 알리는 일종의 표지이다. 또한, 커드에 따르면 B6.2에서 확신할 만한 논변과 사유에 대한 논의를 시작하고, B8.50에서 그것을 끝낸 뒤에 가사자(mortals)의 의견(βροτεία δόξα)에 관한 논의를 시작하는데, 이것은 시작과 끝의 완결된 형식을 이루고 있다.[19]

이러한 추정을 바탕으로, 네하마스는 둘째 길, 즉 전면 부정의 길과 의견의 길을 명확히 구분하지 않는다. 명확히 구분하지 않을 뿐만 아니라, 의견의 길이 전면 부정의 길로 수렴하여 둘이 결국 하나의 길임을 주장한다. 네하마스는 파르메니데스가 변화를 거부한다는 점을 근거로 삼아 변화가 존재하는 의견의 길은 진리가 존재하지 않는 길이라 주장한다. 나무가 불에 타 재가 된다면 나무는 재로 변화한 것이다.

---

19   Patricia Curd, *The Legacy of Parmenides: Eleatic Monism and Later Presocratic Thought* (Princeton: Princeton University Press, 1998), p. 58.

그러한 변화가 존재한다면 나무는 어느 때나, 어느 관점에서나, 언제나 나무인 것이 아니다.[20] 다시 말해, 변화가 존재하는 것은 영원한 진리가 될 수 없다. 변화가 존재하는 길에는 진리가 존재하지 않으며, 결국 전면 부정의 길로 수렴한다.

네하마스는 ἄρχειν으로 공백을 채운 두 길 해석을 통해 비로소 파르메니데스 단편의 구조가 이분법적으로 명확해졌다고 판단한다. 여신은 설득력 있는 "진리의 흔들리지 않는 심장과 참된 확신이 없는 가사자들의 의견을 모두 배우라"[21]고 지시하는데, 이 두 가지가 진리의 길과 전면 부정의 길로 수렴하는 의견의 길을 말한다.[22] 이것이 네하마스가 바라보는 파르메니데스 단편의 구조이다. 하지만 네하마스의 해석은 이분법 구조에만 지나치게 집중하여 파르메니데스 단편의 많은 부분을 놓치고 있다. 네하마스의 두 길 해석을 받아들일 경우, 가사자의 길과 전면 부정의 길을 구분할 수 없게 되어 파르메니데스가 운동과 변화 자체를 전면적으로 부정한다는 난해함을 안게 만든다.

또한 네하마스의 ἄρχειν 보충은 딜스의 εἴργω 보충에 비해 두 구절 간의 평행성을 잘 나타내지 못한다. 딜스의 추정은 저지하다-차단하다(εἴργω-εἴργε)로 두 구절을 평행하게 나타내고 있지만, 네하마스의 추정은 시작하다-차단하다(ἄρχειν-εἴργε)로 바뀌어 두 구절, 즉 B6.3~4와 B7.2~3의 다른 부분이 모두 내용 면에서 유사한 것에 반해 ἄρχειν의 경우만 유사성을 가지지 못한다. 네하마스가 무렐라토스의 평행성 언급을 근

---

20   Alexander Nehamas, "On Parmenides' Three Ways of Inquiry" (*Deukalion* 33/34, 1981), p. 104.

21   274쪽; DK28B1.28.

22   Alexander Nehamas, "On Parmenides' Three Ways of Inquiry," p. 105.

거로 논의를 전개했음에도 네하마스의 추정은 무렐라토스가 언급한 평행성을 위배하기에 자신의 논의를 스스로 약화시킨다.

네하마스의 추정에 대한 커드의 지지 또한 충분히 약화될 수 있는 것으로, 커드의 주장에 따른다면 파르메니데스는 사유의 길에 대한 예고를 중복해서 한 셈이 된다. 사유의 길에 대한 논의를 시작하겠다는 예고는 이미 B2.2에서 탐구의 어떤 길들만이 사유를 위해 있는지 언급함으로써 이루어지고 있으며 이후에도 사유의 길에 대한 논의가 계속 이어지고 있는데, B6.2에서 다시 사유의 길에 관한 예고를 한다는 것은 중복되어 불필요하다. 또한, 이후 논의에 대한 예고라는 커드의 주장을 받아들이기 위해서는 B6을 B8 바로 앞으로 옮겨 딜스의 단편 배열을 수정해야 한다. 커드는 B8에서 첫째 길, 즉 진리에 관한 논의가 본격적으로 시작된다고 보기 때문이다. 하지만 커드 자신은 그것을 허용하지 않는다.

시작과 끝에 관한 커드의 주장 또한 의미상의 연결이 미약하여 네하마스의 추정을 제대로 지지하지 못한다. B8.50의 σοι παύω(그대를 위해 멈춘다)는 네하마스가 추정한 σοι ἄρχω(그대를 위해 시작한다)와 잘 상응하지만, B8.52의 ἀπὸ τοῦδε(이제부터, 혹은 여기서부터)는 B6.4의 ἀπὸ τῆς(이 길로부터)와 의미상 연관을 찾기 어렵다. 게다가 네하마스와 커드의 해석이 일관되려면 B6.4의 ἀπὸ τῆς 뒤에도 ἄρχειν을 보충해서 읽어야 할 텐데, 그렇게 되면 의견 편 이후에도 다른 논의가 이어져야 한다. 하지만 의견 편 이외의 다른 논의가 있다고 주장하기에는 근거가 부족하다.[23]

---

[23] 강철웅, 「파르메니데스에서 진리와 독사(Doxa): 세 텍스트 부분의 상호 연관에 주목한 파르메니데스 단편 해석」, 80쪽.

4. 세 길 해석을 따르는 경우

위의 다른 해석자와 달리, 팔머는 파르메니데스가 자신의 단편에서 총 세 가지 길을 소개하고 있다고 주장한다. 팔머에 따르면 파르메니데스는 B2에서 두 가지 탐구의 길을, 그리고 B6에서 앞의 두 길과는 다른 새로운 탐구의 길을 소개하고 B7에서 새로운 탐구의 길에 대해 경고한다. 이 설명에 따른다면 이미 두 길을 소개하고 또 다른 길을 소개하고 있는데, 이는 일관적이지 못하다. 소개할 것이라면 B2에서 이미 모든 길을 소개할 수 있었기 때문이다. 이러한 일관성의 상실을 해결하기 위해 제안된 콘퍼드(Francis Macdonald Cornford)와 네하마스의 해결책에 대해 팔머는 다음과 같은 비판을 제시하여 세 길 해석의 일관성 문제를 해결하려 한다.

우선 콘퍼드는 문서의 보존 상태를 문제 삼아 여신은 애초에 세 가지 길을 소개하려고 했으므로 일관성은 유지된다고 말한다.[24] 파르메니데스의 단편은 온전히 전승되지 않았기 때문에 소실된 부분에 세 번째 길에 대한 언급이 있었을 가능성이 있다. 하지만 팔머는 새로운 문서가 발견되지 않는 이상 콘퍼드의 이런 주장은 설득력이 없으며, 다른 방법이 없을 때 최후의 수단으로만 사용해야 한다고 반박한다. 또한, 콘퍼드의 주장은 내용상의 문제를 가진다. 희랍어 "ἠ μὲν… ἠ δὲ …(…인 한편 …이다)"의 의미상 "ἠ μὲν …"이 사용된 절과 상반된 내용이 "ἠ δὲ…" 절에 서술된다. 그리고 파르메니데스의 단편 B2에서는 정확히 이 사용법에 따라 "ἠ μὲν…" 절에서 "있다, 그리고 있지 않을 수

24　F. M. Cornford, "Parmenides' Two Ways" (*Classical Quarterly*, 27.2, 1933), p. 99.

없다는 길"(B2.3)을 소개하고 "ἦ δὲ…" 절에서 "있지 않다, 그리고 있지 않을 수밖에 없다는 길"(B2.5)을 소개한다. 이 둘은 좋은 균형을 이루고 있고, 일반적인 사용법과도 일치한다. 또한, B8.15~16에서 사용된 "τὴν μὲν… τὴν δὲ…" 절에서도 전면 부정의 길과 진리의 길 두 가지 외의 길에 관해서는 서술하고 있지 않다.[25] 따라서 콘퍼드의 제안은 거부하는 것이 적절하다.

콘퍼드의 제안과는 다르게, 세 번째 길의 존재 자체를 부정하여 파르메니데스 단편의 일관성 문제를 해결하는 방법이 있다. 이 방법을 따를 경우, 여신은 애초에 세 번째 길을 소개하지 않았으며 B6과 B7에서 언급된 길은 두 번째 길, 전면 부정의 길과 동일하다.[26] 이러한 두 길 해결책을 따르는 사람은 대표적으로 위에서 언급한 네하마스가 있다. 네하마스는 세 길 해석을 방해하는 딜스의 보충을 따르지 않고 ἄρχειν을 보충하여 두 길 해석을 전개한다. 네하마스는 B6에서 어떤 길도 저지하지 않고 단지 길을 소개하고 있을 뿐이며, 그 소개되는 길은 이미 B2.5에서 소개된 길과 동일한 길이라고 주장한다.[27] 네하마스의 보충이 두 길 해석을 어떻게 지지하는지는 3절에서 설명했으므로 여기서는 팔머가 네하마스의 두 길 해석을 왜 거부하는지만 다루도록 하겠다.

네하마스와 달리, 팔머는 파르메니데스가 자신의 단편에서 총 세 가지 길을 소개하고 있다고 주장한다. 팔머는 B6에서 소개된 길과 B2에서 소개된 길이 사실 하나라는 네하마스의 해석이 가진 문제점을

---

[25] 한 길은 사유될 수 없는 이름 없는 길로 내버려두고 — 왜냐하면 그것은 참된 길이 아니므로 — 다른 한 길은 있고 진짜이도록 허용한다는 판가름이 내려져 있다(τὴν μὲν ἐᾶν ἀνόητον ἀνώνυμον - οὐ γὰρ ἀληθής ἔστιν ὁδός - τὴν δ᾽ ὥστε πέλειν καὶ ἐτήτυμον εἶναι).

[26] John Palmer, *Parmenides and Presocratic Philosophy* (Oxford: Oxford Press, 2009), p. 64.

[27] *Ibid.*, p. 67.

지적한다.[28] B6에서 소개된 길은 "있음과 있지 않음이 같다고 여겨지는"[29] 길이고, B2에서 소개된 길은 "전혀 배움이 없는 길이자 지적할 수도 없는"[30] 전면 부정의 길이다. 다시 말해, 네하마스가 구분하지 않은, 즉 하나의 길이라 주장한 두 개의 길은 사실 같지 않으며 구분된다. 팔머는 이 구분을 강화하기 위해 B2에서 제시된 길만이 사유를 위한 길이며, 세 번째 길은 사유를 위한 길이 아니라고 주장한다. B2에서 여신은 "어떤 길들만이 사유를 위해 있는지"[31]라고 말하며 진리의 길과 전면 부정의 길의 두 가지 길을 소개한다. 그리고 B7.2에서는 "사유를 차단하라"[32]라고 지시한 뒤에 세 번째 길에 관해 소개한다. 세 번째 길에서 가사자들은 판가름하지 못하는 무리이기에 제대로 된 사유를 하지 못한다. 사유하더라도 잘못된 판가름으로 헤매게 된다. 그렇기에 세 번째 길에서 사유는 차단된다.

이 구분을 강화하기 위해 팔머가 제시한 또 다른 방법은 다음과 같다. B2.6에서 두 번째 길을 'ἀταρπόν(돌아갈 수 없다)'[33]로 표현한 것과 반대로, B6.9에서는 세 번째 길에 대해 "그리고 그들에게는 모든 것들의 길이 되돌아가는 길이다"[34]라고 말한다. 여기서 'παλίντροπός(되돌아가다)'라는 표현은 B2.6과 대조적이다. 팔머는 이러한 대조를 통해 여신은 두 번째 길과 세 번째 길 모두 거부하긴 하지만, 각자 이유가 다

---

28   *Ibid.*, p. 68.

29   279쪽; DK28B6.8.

30   275-276쪽; DK28B2.6-8.

31   275쪽; DK28B2.2.

32   280쪽; DK28B7.2.

33   275쪽; DK28B2.6.

34   278쪽; DK28B6.9.

르다고 주장한다. 두 번째 길에서의 사유 대상은 둥근 사각형과 같이 영원히 찾을 수 없는 것이다.[35] 이는 여신이 두 번째 길을 소개할 때 알게 될 수도 없고, 실행할 수 있는 일도 아니고 지적할 수도 없다고[36] 말한 것에서 확인할 수 있다. 다시 말해, 사유 대상이 없어 애초에 사유할 수조차 없기에 헤맬 일도 없고, 돌아갈 길도 없다.[37] 하지만 세 번째 길에서의 사유 대상은 전혀 존재하지 않는 것이 아니라 존재하지만 변화하는 것이다.[38] 사유 대상이 끊임없이 생성과 소멸을 반복하며 변화하기에 언제나 참인 것에 관해서는 알 수 없다. 그러므로 세 번째 길에서는 모든 길이 되돌아가는 길이며, 길을 헤매게 된다.

가사자들이 일반적으로 선택하는 의견의 길, 즉 세 번째 길에서는 어느 한 시점에 존재하는 것에 대해서만 다룬다. 두 번째 길의 사유 대상을 영원히 찾을 수 없는 것과는 구분된다. 파르메니데스에 따르면, 참된 앎은 변화하는 것에 대해서는 성립할 수 없다.[39] 의견의 길에서는 사유 대상이 시간에 따라 변화하며, 영원히 존재하거나 존재하지 않는 것이 아니라 조건부로 존재하기 때문에 진정한 앎이라 할 수 없다. 이렇듯 팔머는 두 번째 길과 세 번째 길의 인식론적 차이를 문제 삼아 두 길을 같은 길로 볼 수 없으며, 구분해야 한다고 주장한다.

---

35 John Palmer, *Parmenides and Presocratic Philosophy*, p. 101.

36 276쪽; DK28B2.7-8.

37 애초에 사유할 수조차 없지만, 사유의 길인 이유는 언제나 거짓인 명제 "사각형 내각의 합은 180도이다" 역시 언제나 참인 명제 "사각형 내각의 합은 360도이다"와 같이 해당 명제의 진릿값이 변화하지 않기 때문이다. 사유의 길에서는 있음과 있지 않음을 분리한 파르메니데스의 단편 내용을 고려할 때, 전면 부정의 길은 사유의 길에 속할 수 있다.

38 John Palmer, *Parmenides and Presocratic Philosophy*, p. 117. 달의 위상 변화를 예시로 사용한다.

39 *Ibid.*, p. 118.

팔머의 구분을 보충하자면, 파르메니데스는 의견의 길을 전면 부정의 길과 달리 배울 것이 있는 길로 보았다. B1.28에서 말하는 파르메니데스가 배워야 하는 모든 것은 바로 아래 행에서 언급되는 설득력 있는 진리의 흔들리지 않는 심장과 참된 확신이 없는 가사자들의 의견을 말한다. 전면 부정은 언명할 수조차 없기에 배울 것이 존재하지 않는다. 그렇기에 여신은 B1.28 아래에서 두 가지 길, "진리의 흔들리지 않는 심장과 가사자들의 의견들"[40]만 말한다. 또한, B2.6에서 "배움이 전혀 없는 길"[41]이라고 명확히 언급하고 있다. 파르메니데스 단편의 내용을 고려할 때 세 길 해석이 더 적합하기도 하지만, 세 길 해석이 주는 이점이 있다. 아래에서는 이를 설명하고자 한다.

세 길 해석을 받아들인다면 파르메니데스 단편을 해석할 때 생기는 난해함을 해결할 수 있다. 우선 운동의 전면 부정이라는 난해함을 가서는 안 되는 길을 선택하여 발생하는 오류로 해석할 수 있게 된다. 있음과 있지 않음이 구분된 사유의 길과 달리, 있음과 있지 않음이 구분되어 있지 않은 의견의 길은 운동이 존재할 수 있다.[42] 파르메니데스는 해당 길을 거부하므로 운동 또한 거부하게 된다. 그러나 의견의 길은 전면 부정의 길과 달리 아예 인식할 수조차 없는 길은 아니다. 다만 파르메니데스는 의견의 길을 통해서는 진정한 앎을 얻을 수 없다고 여겼다. 두 길 해석을 받아들일 경우, 운동 또한 전면적으로 부정하게 되어 운동 자체를 인식할 수도, 언명할 수도 없게 되지만 세 길 해석에

---

40   274쪽; DK28B1.28.

41   275쪽; DK28B2.6.

42   양태범, 「파르메니데스에서 '있다'와 '있지 않다'의 문제: 고대 희랍철학의 존재-신-논리적 구조와 관계해서」(『헤겔연구』 21, 한국헤겔학회, 2007), 167쪽.

따른다면 운동이 존재한다고 인정해도 그것으로부터는 진정한 앎을 얻을 수 없다는 결론으로 이어지기 때문에 앞서 제시된 난해함을 해소할 수 있게 된다.

세 길 해석을 따르더라도 이분법적인 구조는 그대로 유지되며, 파르메니데스 단편이 무모순율을 따르고 있다는 것은 변하지 않는다. 파르메니데스의 단편에서 드러나는 길은 총 세 가지로, 진리의 길과 전면 부정의 길, 그리고 마지막으로 의견의 길이다. 여기서 진리의 길과 전면 부정의 길은 사유의 길에 포함되고, 의견의 길은 사유의 길에 포함되지 않는다. 또한, 의견의 길은 앞의 두 길과는 다른 지위를 가진다. 아래는 세 가지 길의 분류와 그 기준에 관해 나타낸 표이다.[43]

길의 종류	사유의 길	배움의 길
진리의 길	○	○
전면 부정의 길	○	×
의견의 길	×	○

앞선 팔머의 주장에서 확인할 수 있듯이, 여신은 의견의 길을 사유의 길이라고 부르지 않는다. 여기서 이분법적인 구조가 적용되는 것은 사유의 길뿐이다. 애초에 의견의 길은 사유의 길에 속하지 않는다. 게다가 있음과 있지 않음이 명백하게 구분된 두 길과 달리, 의견의 길은 있음과 없음이 혼재된 길로 이분법이 적용되지 않는 길이다. 이렇게 세 길 해석을 따르더라도 세 길 중 두 길을 따로 분리하여 다룬다

---

[43] 강철웅, 「파르메니데스에서 진리와 독사(Doxa): 세 텍스트 부분의 상호 연관에 주목한 파르메니데스 단편 해석」, 88쪽의 정리를 참고하여 표를 작성했다.

면 파르메니데스의 단편에 대한 전통적인 해석인 이분법적 해석을 유지할 수 있다. 이러한 난해함의 해소를 근거로 파르메니데스 단편에서 언급되는 길은 총 세 가지라 보는 것이 적절하며, 세 길 해석을 따르는 것이 더 최선이다.

5. 사유의 길에서의 무모순율과 의견(δόξα)의 길에서의 갈등

앞선 논의에 따르면, 파르메니데스 단편에서는 총 세 길이 드러나고 있으며 그중 앞선 두 개의 길이 사유의 길에 해당한다. 사유의 길 논의의 배후에는 있음이 있지 않다는 것이 모순이라는 전제가 작용한다.[44] 이 전제는 있음과 동시에 있지 않다는 것이 불가능하며, 있음과 있지 않음의 관계가 모순적이라는 인간 사유의 근본 규칙이다.

파르메니데스는 자신의 단편 B8 1~11행에서 다음과 같이 말한다.

〈B8〉

1 … 길에 관한 이야기가 아직 하나 더

2 남아 있다. 있다라는 이 길에 아주 많은 표지들이

3 있다. 있는 것은 생성되지 않고 소멸되지 않으며,

4 온전한 한 종류의 것이고 흔들림 없으며

완결된 것이라는.

---

[44]　김남두, 「파르메니데스의 단편에서 탐구의 길과 존재의 규범적 성격」, 16쪽, 각주 19.

5 그것은 언젠가 있었던 것도 아니고, 있게 될 것도 아니다. 왜냐

하면 지금 전부 함께

6 하나로 연속적인 것으로 있기에. 그것의 어떤 생겨남을 도대체

그대가 찾아낼 것인가?

7 어떻게, 무엇으로부터 그것이 자라난 것인가? 나는 그대가 있

지 않은 것으로부터라고

8 말하는 것도 사유하는 것도 허용하지 않을 것이다. 왜냐하면

있지 않다라는 것은

9 말할 수도 없고 사유할 수도 없기 때문이다. 그리고 어떤 필요가

10 먼저보다는 오히려 나중에 그것이 아무것도 아닌 것에서 시작

해서 자라나도록 강제했겠는가?

11 따라서 전적으로 있거나 아니면 전적으로 없거나 해야 한다.[45]

해당 단편의 내용에서 확인할 수 있듯이, 파르메니데스는 있음을 생성하지도, 소멸하지도 않는 온전한 한 종류의 것, 흔들림 없는 것으로 보고 있다. 이는 있음이 변화하거나 운동한다는 것에 관한 거부이다. 또한, 있지 않음에 관해서는 말하는 것도, 사유하는 것도 허용하지 않는다. 이러한 내용으로부터 있는 것은 전적으로 있어야 하고, 없는 것은 전적으로 없어야 한다는 파르메니데스의 주장을 확인할 수 있다.

파르메니데스가 생성과 소멸, 운동과 변화를 거부할 수 있었던 이유는 있음과 있지 않음을 완전히 분리된 것으로 보았기 때문이다. 있지 않음에서 있음이 생겨나는 것이나, 있음에서 있지 않음의 상태로

45　280-281쪽; DK28B8.1-11.

이행하는 것은 모두 있음과 있지 않음이 혼재하기에 가능하다. 그리고 운동과 변화 또한 원래의 상태에서 다른 상태로 이행하는 것이기에 원래의 상태에서 존재하기를 그만두고 다른 상태로 존재하기 시작하는 것이다. 이 또한 있음과 있지 않음이 섞여 있기에 가능하다. 파르메니데스는 있음과 있지 않음의 철저한 구분에 따라 생성과 소멸, 운동과 변화를 거부하여 있음은 영원불멸할 수밖에 없음을 보인다.

이러한 사유의 길 논의는 무시간적인 것이다. 사유의 길 논의는 무시간적이기에 운동과 변화를 거부하는 것이 가능했고, 그에 따라 있음과 있지 않음을 완전히 분리할 수 있었다. 따라서 사유의 길에서 변화와 운동은 허용되지 않으며, 생성과 소멸은 불가능하다. 파르메니데스의 논의는 무시간적이라는 점에서 이전 철학자들과 구분된다. 밀레토스학파의 탈레스는 만물의 근원이 물이라 주장하는데, 이를 무시간적인 관점에서 바라본다면 논리적 설명이 불가능하다. 탈레스는 물을 만물의 근원으로 간주하여 불이 물로 되었다는 모순을 저지른다.[46] 아낙시메네스 역시 이를 지적하지만, 논리적인 구조를 지적하기보다 물이 가진 본연의 속성과 관련해 비판하고 있다. 그렇기에 아낙시메네스는 물과 다른 성질을 가진 공기가 만물의 근원이라고 주장하여 역시 공기로부터 공기가 아닌 것이 구성된다는 탈레스 같은 모순을 저지르고 있다.

파르메니데스는 이러한 이전 철학자들 주장의 논리적 난해함을 생성과 소멸, 운동과 변화를 거부함으로써 비판한다. 그는 이러한 거부를 통해 물이 물이 아닌 것을 구성한다는 모순을 제거한다.[47] 이렇게

---

46   W. K. C. 거스리(박종현 옮김), 『희랍 철학 입문』, 168-169쪽.

47   있음과 있지 않음의 분리로 변화가 거부되기에 물로부터 변화하여 다른 것이 될 가능성 또한 거부된다. 이러한 논의에서 시간의 흐름은 배제된다. 그렇기에 무시간적이다.

모순을 제거하는 것이 가능한 이유는 그의 진리 편 논의가 질료에 관한 것이라기보다 논리에 관한 것[48]이기 때문이다. 질료적 차원에서 만물의 근원에 대한 논의를 전개한 밀레토스학파의 철학자들과 달리 파르메니데스는 논리적 차원에서 논의를 전개했다. 이러한 논의의 토대에 작용하는 규칙이 '있는 것이 있지 않다는 것을 허용하지 않겠다'는 무모순율이다. 무모순율의 정식화는 후대에 이루어지지만, 이 원칙을 논의에 사용하고 이를 어기는 논의를 배제하는 일은 이미 파르메니데스에서 이루어졌다.[49]

세 길 해석을 따른다면, 세 길 중 두 길, 진리의 길과 전면 부정의 길이 이 무모순율에 관련된다. 반면 의견의 길은 있으면서도 있지 않다는 논리적 모순을 저지르는, 즉 무모순율을 어기는 길이다. 의견의 길은 있음과 없음이 혼재되어 있기에 변화가 가능하며, 따라서 무시간적인 길이 아니다. 그렇기에 무시간적인 사유의 길만이 무모순율을 따른다. 두 길 해석을 따를 경우, 있음과 있지 않음으로 구분되는 것은 동일하나 있지 않음의 길에 의견의 길, 즉 있음과 있지 않음이 혼재된 길이 포함되기에 오히려 단편의 구조가 이분법적이지 못하게 되고, 무모순율을 제대로 반영하지 못하게 된다. 따라서 두 길 해석은 겉으로는 이분법의 구조를 지키는 것처럼 보이지만, 실제로는 두 길 중 하나에서 있음과 있지 않음이 혼재하여 "있음-있는 것도 아니고 있지 않은 것도 아님"이라는 모호한 관계를 형성한다. 그러니 세 길 해석을 따르는 것이 오히려 이분법 구조라는 전통적인 해석을 충실히 반영하며 무

---

[48] 군나르 시크베르, 닐스 길리에(윤형식 옮김), 『서양철학사』(서울: 이학사, 2016), 35-36쪽 참조.

[49] 김남두, 「파르메니데스의 단편에서 탐구의 길과 존재의 규범적 성격」, 16-17쪽.

모순율이 단편의 토대 규칙으로 작용함도 분명히 할 수 있다.

　세 길 해석을 통해 파르메니데스의 단편이 전통적인 해석인 이분법적 구조를 따르면서도 무모순율을 전제하고 있음을 확인했다. 이것이 앞선 논의의 주요한 내용이었고, 사유의 길, 즉 진리의 길과 전면 부정의 길에 대한 것이었다. 아래에서는 남은 하나의 길인 의견의 길에 대한 논의를 진행할 것이다. 파르메니데스는 진리의 길만을 따라야 할 길로 제시하기는 했으나, 의견의 길에도 배울 것이 있다고 인정한다.[50] 사유의 길에서 제시한 두 길과 달리 의견의 길은 있음과 있지 않음이 혼재해 있는 길이다. 의견의 길은 가사자들의 길이라고 여겨지며, 변화와 생성, 운동이 가능하다. 그렇기에 의견의 길에서는 갈등이 존재한다. 진리의 길과 전면 부정의 길이 무시간적이고 정적인 세계를 나타낸 것과는 대조적이다.

　다음은 파르메니데스 단편 B6 4~8행, B8 51~61행의 인용문이다.

〈B6〉

4 그러나 그다음으로는 가사자들이 아무것도 알지 못하면서

5 머리가 둘인 채로 헤매는 (왜냐하면 그들의

6 가슴 속에서 무기력함이 헤매는 누스를 지배하고 있기에) 그 길
　로부터 그대를 제지하기에 그들은

7 귀먹고 동시에 눈먼 채로, 어안이 벙벙한 채로, 판가름 못 하는
　무리로서 이끌려 다니고 있는데,

8 그들에게는 있음과 있지 않음이 같은 것으로, 또 같지 않은 것으

50　앞의 표 참고.

로 통용되어왔다.[51]

(중략)

〈B8〉

51 진리에 관해서, 그리고 이제부터는 가사적인 의견들을

52 배우라. 내 이야기들의 기만적인 질서를 들으면서.

53 왜냐하면 그들은 이름 붙이기 위해 두 형태를 마음에 놓았는데,

54 그것들 가운데 어느 하나도 그래서는 안 된다. 바로 그 점에서
    그들은 헤맸던 것이다.

55 그리고 그들은 형체에 있어 정반대인 것들을 구분했고, 그것들
    서로 간에

56 구분되게 표지들을 놓았다. 즉 한편에는 에테르에 속하는 타오
    르는 불을,

57 부드럽고 아주 가벼우며, 모든 방면에서 자신과 동일하되,

58 다른 하나와 동일한 것이 아닌 불을 놓았다. 그런가 하면 그들
    은 저것도, 즉 그 자체만으로

59 정반대인 어두운 밤도, 조밀하고 무거운 형체인 밤도 놓았다.

60 이 배열 전체를 그럴듯한 것으로서 나는 그대에게 설파한다.

61 도대체 가사자들의 그 어떤 견해도 그대를 따라잡지 못할 정도
    로.[52]

---

51   278-279쪽; DK28B6.4-8.

52   286-288쪽; DK28B8.51-61.

위 단편의 내용을 해석한다면 다음과 같다. 머리가 둘인 가사자들이 헤매는 길은 의견의 길로, 이 길은 있음과 있지 않음이 혼재하는 길이다. 또한, 의견의 길은 참된 확신이 없는[53] 길이다. B8.51 이하의 논의에서 타오르는 불과 어두운 밤의 구분[54]이 나타난다. 하지만 이 구분은 사유의 길에서 말한 있음과 있지 않음 사이의 구분, 즉 있지 않다가 완전히 배제되는 구분이 아니라 불과 밤 사이의 사이비 판가름, 즉 서로를 완전히 배제하지 못하고 오히려 각각의 자기정체성이 상대방에 의해 규정되는 구분이다.[55] 있음과 있지 않음 사이의 구분이 논리적 구분이었다면, 불과 밤 사이의 구분은 물리적[56]이고 경험적인 구분이다. 의견의 길에서 이루어진 구분은 서로 섞이는 것이며, 구분된 물질 사이의 혼합 비율을 통해 육체가 만들어진다.[57]

하지만 가야 할 길은 오직 진리의 길뿐이다. 의견의 길은 감각 경험을 통해 배움을 얻을 수는 있으나 참된 확신은 존재하지 않는다. 이러한 길에서 가사자들은 혼란을 겪게 된다. 위에 인용된 단편에서는 가사자들이 의견의 길에서 헤매는 모습을 묘사하고 있다. 어떤 것이 전적으로 있거나 전적으로 없거나 하지 않기 때문에 가사자들은 올바른 판가름을 내리지 못하고 서로 다른 의견을 주장하게 된다. 그러한 서로 다른 의견으로부터 갈등이 생겨난다. 사유의 길은 전적으로 있거

---

53   274쪽; DK28B1.30.

54   이후 단편에서 빛과 밤(DK28B9), 태양과 달(DK28B10)의 구분으로도 나타난다.

55   강철웅, 「파르메니데스에서 진리와 독사(Doxa): 세 텍스트 부분의 상호 연관에 주목한 파르메니데스 단편 해석」, 148쪽.

56   강철웅. 「파르메니데스에서 신화와 철학」(『서양고전학연구』 24, 한국서양고전학회, 2005), 224쪽.

57   291쪽; DK28B16.1, 293쪽; DK28B18.5.

나 전적으로 없기에 판가름을 내리는 것이 간단하지만, 의견의 길에서는 어떤 비율로 혼합되어 있는지 정도의 차이만 존재하기에 탐구의 길에서 가능한 수준의 판가름은 불가능하다. 이렇듯 부적절한 판가름으로 인해 가사자들은 혼란을 겪고, 이로부터 갈등이 야기된다.

　　의견의 길에서 혼란을 겪는 가사자들에게 제시되는 해결책이 진리의 길이다. 가사자, 즉 인간이 일반적으로 선택하게 되는 일상적이고 경험적인 세계인 의견의 길은 있음과 있지 않음이 혼재하기에 갈등과 혼란이 끊이지 않는 세계이다. 파르메니데스는 의견의 길을 완전히 부정하지 않았으며, 오히려 의견의 길에서의 갈등을 인정하고 인간이 추구해야 할 진정한 앎으로서 진리의 길을 제시하고 있다. 이렇듯 파르메니데스는 무모순율 같은 논리적 규칙을 강요한다. 이는 갈등과 혼란의 세계에 무시간적이고 정적인 세계의 규칙을 이상으로 두어 인간이 나아가야 할 방향을 제시하는 것이다. 이렇듯, 세 길 해석을 통해 갈등과 그 해결책이라는 새로운 관점으로 파르메니데스를 해석할 수 있게 된다.

6. 맺는말

　　B1에서 여신이 파르메니데스가 배워야 할 것으로 제시한 "진리의 흔들리지 않는 심장"과 "가사자들의 의견들",[58] 그리고 B2에서 제시

58　　274쪽; DK28B1.29-30.

된 사유를 위한 길이 "있지 않을 수 없는 길"과 "있지 않을 수밖에 없는 길"[59] 두 가지인 것만을 고려하면 단편에서 소개하고 있는 길은 모두 두 가지라고 착각할 수 있다. 하지만 의견의 길과 있지 않을 수밖에 없는 길은 서로 다른 속성을 가진다. 가사자들의 의견, 즉 의견의 길은 배움이 있는 길이지만 있지 않을 수밖에 없는 길, 즉 전면 부정의 길은 전혀 배움이 없는 길이다. 또한, 전면 부정의 길은 사유를 위한 길로 소개되고 있는 반면에 의견의 길은 그렇지 않다. 그렇기에 의견의 길과 전면 부정의 길은 구분해서 보아야 한다. 그렇다면 길의 전체 개수는 진리의 길을 포함하여 총 세 가지다.

있음과 있지 않음에 대한 이분법 구조는 파르메니데스 단편에서 길의 전체 개수가 두 가지라고 더욱 오해하게 만든다. 하지만 이는 단편을 지나치게 단순하게 해석한 것으로, 위의 문단에서 확인할 수 있듯이 단편의 내용을 충분히 숙고한다면 길의 전체 개수는 세 가지로 보는 관점이 더 적절하다. 그리고 이분법 구조를 위해 꼭 두 길 해석을 고집할 이유는 없다. 있음과 있지 않음의 이분법 구조는 세 길 해석을 따르더라도 그대로 유지된다. 사유의 길이라는 범주로 진리의 길과 전면 부정의 길을 따로 다룬다면 그 구조를 유지하는 것이 가능하다. 있음과 있지 않음의 이분법 구조는 이 사유의 길이라는 범주에서 드러난다. 이 같은 세 길 해석을 통해 운동을 전면 부정한다는 파르메니데스 단편의 난해함을 해소할 수 있다.

세 길 해석은 파르메니데스 단편의 난해함을 해소할 뿐만 아니라 논리적 논의로의 확장도 가능하게 한다. 두 길 해석은 의견의 길이

---

[59]   275쪽; DK28B2.3-5.

전면 부정의 길로 수렴한다고 보았기 때문에 있음과 있지 않음 사이의 모순적 관계를 뚜렷하게 나타내지 못한다. 의견의 길은 있음과 있지 않음이 섞여 있는 길이기 때문에 '있음이 있지 않다'라는 것이 가능하기 때문이다. 하지만 사유의 길에서는 있음과 있지 않음이 명확하게 구분되어 '있음이 있지 않다'라는 것은 불가능하다. 다시 말해, 길의 전체 개수를 총 세 가지로 간주하고, 세 가지 길을 다시 사유의 길이라는 범주로 구분한다면 파르메니데스 단편에서 무모순율에 관한 사유를 포함하고 있음을 더 명확하게 드러낼 수 있다. 이를 통해 파르메니데스 단편을 무모순율이라는 논리적 논의에까지 확장하고, 더 나아가 배중률에 관해서도 다룰 수 있게 된다.

그리고 파르메니데스 단편을 세 길 해석을 통해 실천적 논의에까지 확장할 수 있을 것으로 예상된다. 우선 의견의 길이 전면 부정의 길로 수렴하지 않고 독자적인 지위를 가진다고 인정한다면, 파르메니데스가 운동을 전면 부정했다는 난해함을 해결할 수 있다. 파르메니데스는 운동이 전혀 존재하지 않는다며 전면적으로 부정한 것이 아니라 운동은 존재하지만, 운동하는 것을 통해서는 생성하지도 않고 소멸하지도 않는 진정한 앎(ἀλήθεια)에 관해서는 알 수 없다고 주장한 것이다. 이러한 해석은 파르메니데스 단편이 실천적 논의도 포함할 가능성을 제거하지 않는다. 의견의 길을 통해서는 앞서 말한 사유의 길에서의 있음과 있지 않음 같은 수준의 판가름을 하지 못한다. 그렇기에 가사자들은 올바른 판가름을 내리지 못하고 헤매게 된다. 이 과정에서 가사자들은 자신들이 내린 서로 다른 판가름으로 인해 서로 다른 의견을 가지게 되고, 그 속에서 혼란과 갈등이 발생한다.

이처럼 혼란과 갈등이 발생하는 의견의 길에 대해 파르메니데스는 진리의 길을 강요하며 갈등을 해결하려 한다. 전면 부정의 길은 있음과 있지 않음이 명확하게 구분된 사유의 길에 속하긴 하지만, 있지 않을 수밖에 없는 길이기에 따를 수 없는 길이다. 대신 무모순율 같은 논리적 법칙에 따라 있음과 있지 않음의 명확한 판가름을 내린다면 우리가 따라야 할 길은 있지 않을 수 없다는, 진리의 길임을 알 수 있다. 파르메니데스 단편이 존재론에 관한 것은 맞지만, 단지 그 사실만으로 그의 단편에 드러나는 실천적 논의를 무시할 수는 없다. 파르메니데스는 의견의 길 논의를 통해 인간이 일상적으로 처해 있는 갈등 상황을 나타내고 있다. 파르메니데스는 우리의 잘못된 판가름을 갈등 상황의 원인으로 보기 때문에 이는 가사자들, 즉 인간이 살아가는 시대라면 언제든 적용될 수 있다. 잘못된 판가름은 앞선 불과 밤 사이의 구분과 같이 논리적이지 않은 모든 구분과 판단에서 발생한다. 그러니 의견의 길 논의는 실천적 차원에서의 갈등 상황에도 적용할 수 있으며, 그의 단편을 실천적인 영역에서 재해석할 수 있도록 한다.

참고문헌

강철웅,『설득과 비판(초기 희랍의 철학 담론 전통)』, 후마니타스, 2016.

______,「파르메니데스에서 진리와 독사(Doxa): 세 텍스트 부분의 상호 연관에 주목한 파르메니데스 단편 해석」, 서울대학교 박사학위논문, 2003.

______,「파르메니데스에서 신화와 철학」,『서양고전학연구』24, 한국서양고전학회, 2005, 211-243쪽.

군나르 시크베르, 닐스 길리에(윤형식 옮김),『서양철학사』, 서울: 이학사, 2016.

김귀룡,「파르메니데스 단편에 등장하는 네 가지 사유」,『동서철학연구』97, 한국동서철학회, 2020, 143-166쪽.

김남두,「파르메니데스의 단편에서 탐구의 길과 존재의 규범적 성격」,『서양고전학연구』17, 한국서양고전학회, 2001, 1-26쪽.

양태범,「파르메니데스에서 '있다'와 '있지 않다'의 문제: 고대 희랍철학의 존재-신-논리적 구조와 관계해서」,『헤겔연구』21, 한국헤겔학회, 2007, 158-228쪽.

탈레스 외(김인곤 외 옮김),『소크라테스 이전 철학자들의 단편 선집』, 파주: 아카넷, 2005.

W. K. C. 거스리(박종현 옮김),『희랍 철학 입문』, 파주: 서광사, 2000.

Cornford, F. M. "Parmenides' Two Ways," *Classical Quarterly*, 27, 1933.

Curd, Patricia, *The Legacy of Parmenides: Eleatic Monism and Later Presocratic Thought*, Princeton: Princeton University Press, 1998.

Diels, Hermann [=DK] (rev. by Walter Kranz), *Die Fragmente der Vorsokratiker*, Vols. I, II, III, 6th ed., Berlin: Weidmann, 1952.

Gallop, David, *Parmenides of Elea, Fragments: A Text and Translation with an Introduction*, Toronto: University of Toronto Press, 1984.

Mourelatos, Alexander P. D., *The Route of Parmenides: A Study of Word, Image, and Argument in the Fragments*, New Haven and London: Yale University Press, 1970.

Nehamas, Alexander, "On Parmenides' Three Ways of Inquiry," *Deukalion* 33/34, 1981, pp. 97-111.

Palmer, John, *Parmenides and Presocratic Philosophy*, Oxford: Oxford Press, 2009.

Tarán, Leonardo, *Parmenides: A Text with Translation, Commentary, and Critical Essays*, Princeton: Princeton University Press, 1965.

Wright, M. R., *The Presocratics: The Main Fragments in Greek with Introduction, Commentary & Appendix Containing Text & Translation of Aristotle on the Presocratics*, London: Bristol Classical Press, 1985.

II

소통의 가능성: 윤리, 언어, 예술

06

'나는 너를 용서한다':
선언으로서의 용서

최우창(경북대학교 철학과 박사수료)

1. 들어가는 말

마드리드에는 파코라는 이름을 가진 소년들이 아주 많다. 파코란 프란시스코를 줄여서 부르는 애칭이다. 마드리드의 우스갯소리 중에 이런 말이 있다. 마드리드로 찾아온 어느 아버지가 《엘 리베랄》 신문의 광고란에 "파코, 화요일 정오에 몬타나 호텔로 나를 찾아오너라. 모든 것을 용서한다. 아버지가"라는 광고를 낸 적이 있다. 그랬더니 무려 800명이나 되는 젊은이들이 이 광고를 보고 몰려와 경찰 한 중대가 출동하여 그들을 해산시켜야 했다는 것이다.[1]

---

* 이 글은 2024년 『철학논집』에 실린 다음 논문을 수정 보완한 것임을 밝혀둔다. 최우창, 「'나는 너를 용서한다': 선언으로서의 용서」(『철학논집』 78, 서강대학교 철학연구소, 2024), 171-195쪽.

[1] 어니스트 헤밍웨이(김욱동 옮김), 『헤밍웨이 단편선 2』(서울: 민음사, 2013), 111쪽.

어니스트 헤밍웨이(Ernest Hemingway)의 단편소설 「세계의 수도」 첫머리에 소개된 이 이야기는 우리 각자에게 용서받고 싶은 무언가가 있다는 것을 드러내 보여주는 것 같다. 완전하지 못한 우리는 누군가에게 잘못을 저지르기 마련이고, 때때로 그 잘못은 용서를 구해야 할 만큼 심각한 것이기도 하다. 반대로 우리는 우리 자신에게 잘못을 저지른 누군가를 용서할 것인지 결정하는 상황을 맞닥뜨리기도 한다. 용서는 우리가 가해자일 때는 갈급한 것이고, 피해자일 때는 너무나도 어려운 것이 된다.

종종 이런 상황에 처하기 때문에 우리는 용서에 관해서 '왜 나는 그에게 용서를 구해야 하는가?', '왜 나는 그를 용서해야 하는가?', '용서라는 것이 애초에 윤리적으로 가당한 행위인가?' 같은 아주 일상적이지만은 않은 어려운 질문을 하게 된다. '용서란 무엇인가?' 같은 철학적 질문은 이런 어려운 질문들에 답하기 위해 선결적으로 다뤄져야 할 질문이다. 따라서 용서의 본성에 관한 철학적 질문은 우리 삶과 동떨어진 질문이 아니라 오히려 삶에서 중요한 문제를 결정하기 위해 반드시 해야 할 질문이라 할 수 있다.

기독교적 전통에서 용서는 핵심적인 윤리적 문제였음에도 전통적인 윤리학 주제들과 견주어볼 때 용서에 대한 철학적인 논의가 상세하게 이루어진 것은 비교적 최근이라 할 수 있다. 그리고 지금까지도 많은 철학자들은 용서를 도덕적 이유에 근거한 분노의 제거(forswearing resentment on moral reason)라는 견해를 대체로 받아들이고 있다.[2] 그리고

2　이 견해는 제프리 머피(Jeffrie Murphy)가 다음과 같이 표현한 바 있다. "용서는 단순히 분노를 극복하는 것이 아니다. 용서는 도덕적 이유에 근거해 분노를 제거하는 것이다." J. Murphy, "Forgiveness and Resentment," *Forgiveness and Mercy* (Cambridge: Cambridge

분노의 제거 방식과 적절한 도덕적 이유에 관해서 여러 이론이 제시된 바 있다. 이 글의 목적은 이런 전통적인 견해에 속하는 입장 중 하나를 비판하고 대안적인 견해를 제시하는 것이다.[3]

논의는 다음과 같이 전개된다. 2절에서는 용서에 관한 전통적인 견해와 이를 바탕으로 용서가 일어나는 방식을 합리적으로 재구성한 파멜라 히에로니미(Pamela Hieronymi)의 견해와 그 장점을 살펴볼 것이다. 3절에서는 히에로니미의 견해가 갖는 두 가지 난점을 제시한다. 하나는 히에로니미가 제시하는 설명이 용서와 관련된(정확히는 용서 발화와 관련된) 화용론적 현상을 잘 설명하지 못한다는 것이고, 다른 하나는 용서의 다양한 측면을 포섭하기 어렵다는 점이다. 이어지는 4절에서는 3절에서의 논의를 바탕으로 용서를 가해자-피해자 관계를 청산하는 것으로 보는 견해를 제시하고, 이 견해가 용서에 대한 기존의 견해보다 더 설득력 있다는 점을 보일 것이다.

University Press, 1988), p. 24.

3 용서는 개별 인간 행위자 사이, 집단 사이, 신과 인간 사이 모두에서 일어날 수 있다는 것을 인정한다. 그러나 필자는 이 글의 논의 범위를 개별 인간 행위자 사이의 용서에 한정할 것이다.

2. 분노의 제거로서의 용서

1) 전통적 견해

용서에 대한 한 가지 전통적인 견해는 용서를 "부당한 행위로 인해 발생한 분노를 합당한 이유에 근거해서 제거하는 것"으로 이해하는 것이다.[4] 용서에 대한 이러한 전통적인 견해를 형성하는 데 기여한 제프리 머피(Jeffrie Murphy)에 따르면 분노는 부당한 행위, 즉 권리에 대한 직접적 침해 행위 등에 대한 반응적 감정이라고 여겨진다.[5] 그리고 용서는 어떤 이유에 따라 하는 행위라 여겨지고, 합당한 이유가 없는 용서는 부적절한 것이 될 수 있다고 여겨진다.[6] 이와 같이 전통적인 견해를 이해하기 위한 핵심 요소는 '분노의 제거'와 '합당한 이유'라 할 수 있다.

누군가가 나의 권리를 직접적으로 침해했을 때, 혹은 더 넓은 의미에서 나 자신을 동등한 도덕적 행위자로서 간주하지 않는 악의(惡

---

4   A. Kolnai, "Forgiveness" (*Proceedings of the Aristotle Society*, Vol. 74, Issue 1, Oxford University Press, 1974), pp. 91-106; J. Murphy, "Forgiveness and Resentment," pp. 14-34; D. Novitz, "Forgiveness and Self-Respect" (*Philosophy and Phenomenological Research*, Vol. 58, No. 2, Wiley-Blackwell, 1998), pp. 299-315; P. Hieronymi, "Articulating an Uncompromising Forgiveness" (*Philosophy and Phenomenological Research*, Vol. 62, No. 3, Wiley-Blackwell, 2001), pp. 529-555; Ch. Griswold, *Forgiveness: A Philosophical Exploration* (New York: Cambridge University Press, 2007) 2장 등. 머피는 이러한 견해의 시초를 조셉 버틀러(Joseph Butler)에게서 찾는다. 그러나 버틀러가 실제로 이런 견해를 취했는지에 대해 비판하는 견해도 있다. E. Garcia, "Bishop Butler on Forgiveness and Resentment" (*Philosopher's Imprint*, Vol. 11, No. 10, University of Michigan, 2011), pp. 1-19 참조.

5   J. Murphy, "Forgiveness and Resentment," p. 16 참조. '권리의 침해'라는 표현을 피하고자 한다면 '받아 마땅하지 않은 피해의 발생'으로 이해해도 큰 무리는 없을 것이다.

6   J. Murphy, "Forgiveness and Resentment," pp. 23-24 참조.

意)를 행위를 통해 드러내 보일 때 우리는 분노한다. 분노의 이러한 측면은 피터 스트로슨(Peter Strawson)의 논문 「자유와 분노(Freedom and Resentment)」에서도 시사된다. 스트로슨은 "우리는 우리와 관계 맺고 있는 사람들이 우리를 향해 취하거나 보이는 태도나 의도의 중요성, 그리고 [그에 대해 갖는] 우리의 반응적 태도(reactive attitudes)들에 대해 생각해보아야 한다"라고 말하며, 이러한 반응적 태도는 타인의 태도나 행위에서 드러나는 선의, 악의, 혹은 무관심에 대한 본질적이고 자연스러운 인간적인 반응이라고 지적한다.[7] 분노는 이러한 반응적 태도의 한 예이다. 나아가 그는 우리가 다른 인간이 우리에게 취하는 태도나 의도를 중요시한다는 것과 그러한 태도나 의도에 대한 우리의 개인적 감정이나 반응은 대부분의 경우 그에 대해 우리가 갖고 있는 믿음에 의존하거나 그러한 믿음을 포함한다는 것이 상식으로 받아들일 만하다고 말한다.[8]

분노에 대한 머피와 스트로슨의 제안이 받아들일 만하다고 한다면 분노는 다음과 같이 이해될 수 있다. 즉, 분노는 타인의 행위가 동등한 도덕적 행위자로서 자신의 가치(인격)를 훼손하거나 침해하려는 의도에서 기인한 것이라는 믿음에 근거해 생기는 반응적 태도이다.[9] 이러한 견해는 분노가 판단민감적(judgement-sensitive) 태도라는 것을 전제한다. 판단민감적 태도란 충분한 이유가 있을 때 갖게 되고, 적절한 이

---

7 P. F. Strawson, "Freedom and Resentment," *Freedom and Resentment and Other Essays* (Oxon: Routledge, 2008), p. 6 및 p. 10.

8 P. F. Strawson, "Freedom and Resentment," p. 5.

9 머피는 "분노라는 정념에 의해 보호되는 일차적인 가치는 자기존중(self-respect)"이라고 말한다. J. Murphy, "Forgiveness and Resentment," p. 16.

유에 의해 지지되지 않는다고 판단할 때 소멸하는 태도이다.[10] 만일 분노를 이런 식으로 이해할 수 있다면 분노의 제거에서 핵심적인 역할을 하는 것은 그러한 분노가 근거해 있는 믿음이 수정되는 게 될 것이다. 아래에서 살펴볼 히에로니미의 견해는 바로 이런 방식의 분노 제거를 합리적으로 재구성한 것이라 할 수 있다.

앞서 언급했듯이 단순히 분노를 제거하는 것은 용서가 아니다. 어떤 경우에는 부당한 취급을 받았다는 사실을 단순히 잊어버릴 수도 있다. 부당한 일이 있었다는 것을 잊어버리면 그 일로 인한 분노도 사라질 것이다. 그러나 이를 용서라고 하지는 않는다. 또한 모종의 타산적인(prudential) 이유로 타인의 잘못을 문제 삼지 않고, 그렇게 문제 삼지 않음으로써 얻게 될 이익이나 결과로 관심을 돌림으로써 분노를 누그러뜨리는 것도 가능할 것이다. 그러나 이 또한 진정한 의미에서 용서라고 하지는 않는다. 분노가 자기존중이라는 가치와 관련되는 것인 한, 피해를 당한 사람이 아무런 이유 없이 분노를 삭인다면 용서가 아니라 잘못을 묵과하는 것이고 적어도 그 자신에게 있어서 중요한 가치를 도외시하는 셈이 될 것이다. 따라서 진정한 의미의 용서는 모종의 합당한 이유를 요구하는데, 머피와 그를 지지하는 견해에 따르면 그 이유는 다름 아닌 도덕적 이유여야 한다.

나아가 머피는 용서를 도덕적 이유에 근거한 분노의 제거로 정의하면서 "'용서란 무엇인가'라는 질문은 '용서는 어떻게 정당화되는

---

10 판단민감적 태도에 대한 설명은 T. M. Scanlon, *What We Owe to Each Other* (Cambridge: Harvard University Press, 2007), p. 20 참조. 아래에서 다시 살펴보겠지만, 히에로니미도 분노의 판단민감성을 자신의 설명에서 중요한 요소로 간주한다. P. Hieronymi, "Articulating an Uncompromising Forgiveness," p. 535 참조.

가?'라는 질문과 분명하게 구별될 수 없다"라고 말했다.[11] 그러나 이 주장은 수긍하기 어렵다. 만일 두 질문이 분리될 수 없다면 용서는 언제나 정당화되어야 하고, 용서처럼 보이는 어떤 행위가 정당화되지 않는다면 애초에 용서가 아닌 게 될 것이다. 그러나 설령 결과적으로 진정한 용서는 언제나 정당화되어야 한다는 것을 받아들이게 된다 하더라도 불합리하거나 부정의해 보이는 용서가 일어나는 상황을 생각해볼 수 있는 한 정의(定義) 단계에서 정당화되지 않는 용서의 가능성을 차단하는 것은 부적절해 보인다.

머피의 이러한 주장에 대해 리오 자이버트(Leo Zaibert)는 하얀 거짓말(white lies)의 유비를 들어 머피가 혼동한 부분을 지적한다. 그에 따르면 "하얀 거짓말은 친절함, 이타심 등의 도덕적 이유에서 하는 거짓말"이지만, "그렇다고 해서 이런 이유가 하얀 거짓말을 정당화해주는 것은 전혀 아니다."[12] 즉 자이버트에 따르면 머피는 용서의 동기적 이유(motivational reason)와 정당화하는 이유(justificatory reason)를 혼동한 것이다. 자이버트의 이러한 지적이 궁극적으로 머피를 자비롭게 해석한 것인가에 관해서는 다툼의 여지가 있겠으나, 적어도 초견적으로는 동기적 이유와 정당화하는 이유에 대한 구분은 일리가 있다고 여겨진다. 나아가 행위의 동기와 행위 자체 또한 개념적으로 구별될 수 있다고 여겨진다. 정당화하는 이유와 동기적 이유, 그리고 행위의 동기와 행위 자체를 개념적으로 구분할 수 있다면 세 가지 물음, 즉 '용서는 어떻게 정당화되는가?', '용서는 어떤 동기로부터 수행되는가?', '용서하고

---

11   J. Murphy, "Forgiveness and Resentment," p. 23.

12   L. Zaibert, "The Paradox of Forgiveness" (*Journal of Moral Philosophy*, Vol. 6, No. 3, Brill, 2009), p. 371.

자 할 때 우리가 하는 것은 무엇인가?'는 서로 독립적인 질문이 될 것이다. 이 글에서는 마지막 질문인 '용서하고자 할 때 우리가 하는 것은 무엇인가?'라는 질문에 대해 답하고자 히에로니미가 제시한 한 가지 영향력 있는 견해를 살펴보고 이를 비판적으로 검토해보고자 한다.

2) 히에로니미의 설명: 판단수정으로서의 용서

앞서 용서에 대한 머피의 정의와 세 가지 구별되는 질문들을 염두에 둘 때, 용서하고자 하는 사람에게 도덕적 동기가 주어져 있다고 한다면 용서의 본질적인 요소는 분노의 제거라 할 수 있다. 용서에 대해 적절한 철학적 설명을 제시하고자 한다면 분노의 제거라는 이 과정을 합리적으로 재구성할 수 있어야 할 것이다.[13] 히에로니미는 "진정한 용서는 반드시 판단 수정 혹은 관점 전환을 포함해야" 하므로 "진정한 용서에 관한 설명은 반드시 판단 수정 혹은 관점의 전환을 명시화 (articulate)해야" 한다고 말한다.[14] 히에로니미는 용서에 관한 철학적 설명이 갖추어야 할 두 가지 조건 중 하나로 이와 같은 명시화 조건을 제시한다.

다른 한 가지 조건은 설명의 대상이 되는 용서가 비타협적

---

[13] 물론 여기에는 용서가 합리적으로 재구성할 수 있는, 의지에 따른 행위라는 것이 전제되어 있다. 따라서 관점에 따라서는 용서하기 위한 준비과정이 아닌 용서 자체는 우리의 의지적 행위가 아니기 때문에 그러한 재구성을 할 수 없다고 주장할 수도 있다. 이와 같은 견해는 데이빗 노비츠(David Novitz)가 제시한 바 있으며(D. Novitz, "Forgiveness and Self-Respect"), 히에로니미의 논증은 노비츠의 설명이 갖고 있는 난점을 비판하면서 제시되나, 이 글에서는 이 논쟁을 다루지는 않을 것이다. 이 논점에 관해서는 이선형, 「용서함과 용서됨」(『철학』138, 한국철학회, 2019) 참조.

[14] P. Hieronymi, "Articulating an Uncompromising Forgiveness," p. 530.

(uncompromising)인 용서여야 한다는 조건이다. 히에로니미는 "진정한 용서에 대한 어떤 설명이라도 반드시 다음 (서로 유관한) 세 가지 판단을 유지한 채로 판단의 수정이나 관점의 전환을 명시화해야 한다"고 말하며,[15] 용서가 이루어질 때 수정되지 말아야 하는 세 가지 판단 내용을 다음과 같이 제시한다.

[**잘못**] 문제가 되는 행위는 잘못된 것이다.

[**책임**] 잘못을 저지른 사람은 그런 행위를 하지 않을 것이라 기대할 수 있는 자로서 자신의 행위에 책임을 질 수 있는 자이다.

[**부당**] 피해를 받은 행위자 자신은 그런 행위를 받아 마땅한 사람이 아니다.

히에로니미는 이러한 판단이 정당화된 판단이라면 이때 우리는 화를 내거나 분노하고 또 그래야 한다고 말한다. 그에 따르면 "화를 내거나 분노한다는 것은 이런 판단을 포함하는 동시에 단순히 이 판단의 내용이 참이라는 것을 인정하는 것을 넘어서는 방식으로 그것을 깊이 받아들이는(commit) 것"이고, "피해자는 분노함으로써 [자신의 도덕적 영역에 대한] 침범 행위에 대해 항의(protest)하는 것이다. 그리고 동시에 그러한 침범 행위가 잘못이라는 것, 피해자 자신과 가해자가 도덕적 의의[를 갖는 행위자라는 것]을 인정하는 것이다."[16] 그렇다면 용서에 대한 좋은 철학적 설명을 제시한다는 것은 어떻게 위와 같은 세 가지 판단

---

15   ibid., p. 530.

16   ibid., p. 530.

을 수정하지 않으면서 분노를 제거할 수 있는지를 명시화하는 것이 된다.

그런데 여기에는 두 가지 철학적 문제가 연루되어 있다. 첫 번째 문제는 위 상황에서 피해자는 가해자에 대해 분노할 충분한 이유를 갖는 것으로 보이는데, 그럼에도 이런 이유를 압도하는(override) 분노를 제거할 적절한 용서의 이유가 있는가 하는 문제이다. 이는 용서의 역설(the paradox of forgiveness)이라는 문제로 알려져 있다. 이와 관련된 흥미로운 논의들이 있으나,[17] 이 글에서는 이 문제를 직접 다루지는 않을 것이다. 두 번째 문제는 언뜻 보기에 비타협성 조건을 만족시키는 용서는 불가능해 보인다는 점이다. 왜냐하면 히에로니미가 말하듯이 피해자의 분노는 "용서하는 경우에도 반드시 유지되어야 하는 세 가지 판단과 동일한 판단에 기초하는 것처럼"[18] 보이기 때문이다. 히에로니미는 자신이 답하고자 하는 문제의 범위를 상대방이 사과하는 경우로 한정하고, 가해자가 사과하는 경우 어떻게 분노의 제거가 합리적으로 이루어질 수 있는가에 대해 답하고자 한다.

히에로니미에 따르면 분노는 일종의 항의(protest)로, "현재의 위협으로서 지속하는 과거 행위에 대한" 항의이다.[19] 그런데 이러한 주장에

---

17 앞서 제시한 세 개의 독립적 문제에 비춰보자면 용서의 역설 문제는 "용서는 어떻게 정당화되는가?"라는 문제와 관련 있다고 할 수 있다. 용서의 역설 문제와 그에 관한 몇 가지 해결 방법에 관한 논의는 다음 문헌 참고. A. Kolnai, "Forgiveness"; L. Zaibert, "The Paradox of Forgiveness"; O. Hallich, "Can the Paradox of Forgiveness Be Dissolved?" (*Ethical Theory and Moral Practice*, Vol. 16, No. 5, Springer, 2013), pp. 999-1017; I. Johansson, "A Little Treatise of Forgiveness and Human Nature" (*The Monist*, Vol. 92, No. 4, Oxford University Press, 2009), pp. 537-555.

18 P. Hieronymi, "Articulating an Uncompromising Forgiveness," p. 545.

19 ibid., p. 546.

는 자연스럽게 과거의 행위가 어떻게 현재의 위협이 되는가 하는 질문
이 제기될 수 있다. 히에로니미는 자신의 아이디어를 다음과 같이 구
체화한다. 과거에 피해자가 당한 "사과, 속죄, 보복, 처벌, 배상, 비난
등이 없는 잘못된 행위는 어떤 주장(claim)을 담고 있다. 말하자면, 당신
을 이런 식으로 대우할 수 있고 그렇게 대우해도 괜찮다(acceptable)는 주
장이다."[20] 분노는 잘못된 행위가 담고 있는 이런 주장에 대한 항의이
다. 그렇다면 앞서 언급했듯이 분노는 판단민감적 태도이고 분노가 잘
못된 행위에 포함된 피해자 자신의 어떤 주장에 대한 항의라면, 분노
가 근거하고 있는 판단은 [잘못], [책임], [부당] 이 세 가지 판단이 아
니라 가해자의 행위가 "위협하는 주장을 포함하고 있다는 네 번째 판
단"[21]에 근거한다는 히에로니미의 주장은 자연스럽게 이해된다. 가해
자가 잘못된 행위를 저지름으로써 피해자는 [잘못], [책임], [부당]이라
는 세 가지 판단을 하게 되고, 이 세 가지 판단은 "(다른 것이 동일하다면)
네 번째 판단을 함축"하며,[22] 분노는 이에 근거해 발생한다.

　이제 비타협적 용서를 명시화하는 설명을 제시할 수 있다. 일반적
으로 가해가 벌어진 상황에서 피해자는 [잘못], [책임], [부당]이라는
정당화된 판단을 견지한다. 그리고 여기로부터 자연스럽게 가해자의

20　ibid., p. 546.

21　ibid., p. 548.

22　ibid., p. 548. 하지만 이때 "함축(imply)"을 엄격한 논리적인 의미의 함축으로 읽을 수는 없
을 것이다. 왜냐하면 궁극적으로 히에로니미가 제시해야 하는 설명은 세 가지 판단을 수정
하지 않고 네 번째 판단만 수정함으로써 분노가 제거될 수 있다는 것인데, 만일 세 가지 판
단과 네 번째 판단의 관계가 논리적 함축 관계라면 네 번째 판단만 수정하면서 내적인 정
합성을 유지하는 것은 불가능할 것이기 때문이다. 따라서 본문의 "함축"은 세 가지 판단으
로부터 특별한 사정이 없는 한 자연스럽게 추론할 수 있다는 의미 정도로 새기는 것이 바
람직해 보인다.

잘못된 행위가 자신의 도덕적 지위에 대해 위협적인 주장을 내포하고 있고, 그것이 현재까지도 지속하고 있다고 판단하게 된다. 분노는 바로 이런 판단에 근거하여 자신의 도덕적 지위에 대한 위협에 항의하는 태도이다. 만일 가해자가 진심으로 사과하고 그것이 믿을 만하다면 이 네 번째 판단을 수정할 것이고, 그렇다면 분노는 그 근거가 되는 판단을 잃게 되어 자연스럽게 소멸하게 된다. 이 네 번째 판단의 수정을 통한 분노의 제거가 바로 용서할 때 피해자가 하는 것이다. 히에로니미는 이런 방식으로 비타협적 용서(세 가지 판단을 수정하지 않음)를 명시화(어떻게 분노가 제거되는가)하는 설명을 제시했다.

3. 히에로니미 견해의 문제점

히에로니미의 설명은 분명한 강점이 있다. 특히 용서를 분노의 제거로 보는 견해를 공유하는 사람들에게는 분노라는 감정을 의지에 따라 제거할 수 있다는 일견 부담스러울 수 있는 견해를 판단의 수정과 감정의 판단민감성을 통해 그럴듯하게 설명한다는 점에서 매력적으로 다가올 수 있어 보인다. 또한 적어도 가해자의 사과에 한정해서는 그것이 왜 용서의 이유가 되는지에 대해서도 적절한 설명을 제시하는 것으로 보인다. 특히, 히에로니미는 용서할 때 피해자가 하는 것은 가해자의 과거 행위로 말미암아 현재까지 미치는 위협이 있다는 판단에 대한 수정이라고 설명함으로써 과거의 잘못과 현재 상황을 분리하고 과거를 과거에 남겨두는 용서의 주목할 만한 특징을 잘 포착한 측면이 있다고 여겨진다. 하지만 이 절에서는 히에로니미가 제시한 이러한 분석이 용서 행위의 중요한 측면을 간과하고 있다는 것을 보이고자 한다. 그리고 이어지는 절에서 기존의 논의에서 다소 주목받지 못했던 용서의 선언적(declarative) 성격이 용서에서 핵심적인 요소라고 제안할 것이다.

1) 용서의 화용론

우선 논의를 위해 용서 발화의 화용론적 특징에 대해 언급하고자 한다. '용서 발화'가 지시하는 것은 "S는 X가 자신에게 W한 것에 대해 X를 용서한다"라는 형식 혹은 그것의 축약된 형식을 갖는 발화이다. 피해자가 가해자인 상대방을 용서하는 상황에서 피해자의 용서 발화는 "나는 네가 W한 것에 대해 너를 용서한다"라는 일인칭적 발화가 될 것이다.[23] 화용론적으로 용서 발화는 X가 자신에게 W를 했고, 그것은 옳지 않은 행위라는 것을 전제(presuppose)한다. 이때 전제라는 것은 해당 발화가 적절한 발화이기 위해, 혹은 어떤 의미에서 효력 있는 발화이기 위해 대화자들이 모두 받아들여야 하는 명제라고 할 수 있다.[24]

간단한 예시를 들어보자. 누군가 "윤수는 담배를 끊었다"라고 말

---

23 물론 많은 경우 문제가 되는 행위 및 대화자들이 누구인지가 맥락상 알려져 있기 때문에 "용서할게"라는 식으로 간단히 말하게 될 것이다.

24 전제를 이해하는 이러한 아이디어는 로버트 스톨네이커(Robert Stalnaker)의 "Pragmatic Presupposition," *Context and Content* (New York: Oxford University Press, 1999), pp. 47-62와 데이빗 루이스(David Lewis)의 "Scorekeeping in a Language game" (*Journal of Philosophical Logic*, Vol. 8, Issue 1, Springer, 1979), pp. 339-359에서 찾아볼 수 있으며, 오늘날 화용론에서 널리 수용된 견해이다. S. Levinson, *Pragmatics* (Cambridge: Cambridge University Press, 1983), p. 204 이하 참조.

했다고 해보자. 그런데 만일 윤수가 담배를 피운 적이 한 번도 없었다면 이는 부적절한 발화가 될 것이다. 만일 당신이 윤수가 담배를 피운 적이 없다고 믿고 있다면, 이 말을 들었을 때 대번에 "윤수는 담배를 피운 적이 없는데?"라고 반응할 것이다. 만일 "윤수는 담배를 끊었다"라고 말한 사람이 이 발화를 통해 당신에게 어떤 사실을 전달하려 했다면 그 의도는 발화의 부적절성 때문에 좌절될 것이다.

이처럼 특정한 발화가 적절한 발화이기 위해 대화자들이 받아들여야 하는 명제가 화용론적 전제이다. 어떤 명제가 주어진 발화의 전제인지를 확인하는 한 가지 유용한 방법은 해당 발화를 부정했을 때도 여전히 위와 같은 현상이 발생하는지를 살펴보는 부정 하의 일관성 테스트(constancy under negation test)이다. 예를 들어, 누군가가 위에서 말한 것과 달리 "윤수는 담배를 끊지 않았다"라고 말했다고 해보자. 여전히 이 발화는 윤수가 담배를 피운 적이 있다는 것을 받아들일 때만 적절한 발화가 된다는 것을 알 수 있다. 바로 이 특징이 논리적 함축과 결정적으로 차이를 보이는 화용론적 전제의 특징이라고 할 수 있다. 그리고 이러한 전제가 발화 맥락에서 수용되지 않아서 발화가 부적절해지는 것을 '전제 실패(presupposition failure)'라고 한다. 앞서 윤수가 담배를 피우지 않았다고 믿는 청자가 "윤수는 담배를 끊었다"라는 발화의 전제를 문제 삼는다면 이 발화는 전제 실패에 빠지게 되는 것이다.

용서 발화의 경우에서도 위와 같은 현상을 포착할 수 있다. "나는 너를 용서해"라는 피해자의 발화는 언제나 청자인 가해자가 자신에게 잘못을 저질렀다는 것을 전제한다. 만일 당신이 정말로 나에게 아무런 잘못을 하지 않았다고 믿는다면 (그것이 정말이든, 무지든, 아니면 그저 고집스럽게 부정하는 것이든 간에) 당신은 나에게 "내가 아무런 잘못도 안 했는데 무슨 용서를 하느냐"고 따질 것이다. 부정 하의 일관성 테스트를 통해서도 용서 발화가 상대방이 잘못했다는 것을 전제로 삼는다는 것을 확인할 수 있다. "나는 너를 용서하지 않아"라고 말하는 경우 역시 나는 당신이 나에게 잘못을 저질렀다는 것을 전제하고, 당신이 이것을 부정할 경우 나에게 위와 같이 반응할 것이다. 이 상황에서 용서 발화는 한쪽에게는 너무나도 분명하게 참이라고 여겨지는 것이 다른 한쪽으로부터 거부됨으로써 전제 실패가 일어나고, 이 전제가 수용되지 않는 한 용서 발화는 부적절하게 될 것이다.

2) 히에로니미의 견해 다시 보기

다시 히에로니미의 견해로 돌아와 보자. 히에로니미 주장의 핵심은 용서가 일종의 판단 수정이라는 것이다. 히에로니미에 따르면 내가 과거 어느 시점에 내렸던 판단, 즉 가해자의 행위가 나를 위협하는 메시지를 보이고 있고 그것이 현재까지 지속되고 있다는 판단을 제거 혹은 수정하는 것이 용서이다. 분노의 제거는 이러한 판단에 수반하는 현상이다. 그렇다면 히에로니미의 견해에 따를 때 용서는 본질적으로 피해자의 심적인 변화이고, 용서 발화는 그러한 심적 변화가 일어났다는 것을 전달하기 위한 발화일 것이라고 추측해볼 수 있다. 만일 용서 발화 행위가 독립적으로 용서 행위에 기여하는 바가 있다면 판단 수정을 용서의 필요충분조건으로 파악하는 히에로니미의 분석은 틀린 것이 될 것이기 때문이다. 그러므로 용서에 대한 히에로니미의 분석이 옳다면 용서 발화는 피해자의 심적 변화를 전달하는 것이 본질적인 역할이고 다른 역할이 있다고 하더라도 그것은 부수적인 것에 지나지 않는다고 봐야 할 것이다.

그런데 이와 같은 견해는 우선 앞서 설명한 용서 발화의 화용론적 현상을 잘 설명하기 어렵다는 문제가 있다. 왜냐하면 앞서 제시한 가정대로 용서 발화가 단순히 피해자의 심적 변화, 즉 어떤 판단을 했는데 그 판단을 수정했다는 사실을 전달하는 것뿐이라면 구태여 상대방이 특정한 전제를 받아들여야만 적절해지는 말로 전달할 합리적인 이유가 없어 보이기 때문이다. 내가 믿는 바를 전달하는 발화를 생각해 보자. 예를 들어, "나는 미국 대선이 엉망진창이라고 생각해"라고 말할 때, 이 발화 맥락에서는 나의 믿음 내용이나 여타의 주목할 만한 것이 전제되지 않는다. 청자인 당신이 미국 대선에 대해 어떻게 생각하든 간에 나의 발화를 앞서와 같은 방식으로 무효화시키지는 못한다. "나는 미국 대선이 격식 있다고 생각했는데, 이제 보니 엉망진창인 것 같아"라고 말하는 경우도 마찬가지이다. 즉, 단순히 나의 믿음이나 판단, 혹은 그것의 변화를 전달하는 발화는 전제 실패의 위험을 감수하지 않는 방식으로 충분히 전달될 수 있다. 그런데 앞서 제시된 가정에 따르면 용서 발화는 이러한 심적 변화를 전달하면서 전제 실패를 감수해야 하는 납득하기 어려운 발화의 사례가 되는 것이다. 따라서 적절한 설명이 주어지지 않는 한 용서 발화가 심적 변화를 단순히 전달하는 역할을 한다는 가정은 받아들이기 어렵다.

용서 발화를 발화자의 심적 상태와 연관시키면서 전제 현상을 설명할 수 있는 다른 한 가지 방법은 용서 발화를 일종의 표현 화행 (expressive speech act)으로 보는 것이다.[25] 예를 들어 "나는 너에게 실망했

---

25 표현 화행 범주는 J. Searle, "A Taxonomy of Illocutionary Acts," *Language, Mind and Knowledge* (Minneapolis: University of Minnesota Press, 1975), pp. 356-358 참조. 용서를

어”라는 발화를 보자. 앞서의 용서 발화처럼 문맥적 요소를 명시화하면 이 발화는 “나는 네가 A한 것에 대해 너에게 실망했어”라는 완전한 형식의 발화가 될 것이다. 용서 발화와 마찬가지로 이 발화 역시 청자인 당신이 과거에 A를 했다는 것을 전제한다. 만일 당신이 “나는 A한 적이 없어!”라고 반응한다면 마찬가지로 이 발화는 전제 실패에 빠질 것이다. 그런데 이 발화는 분명히 당신에 대한 나의 감정 상태, 즉 실망감이라는 것을 표현하고자 하는 의도에서 나온 것이다. 만일 용서 발화의 성격을 이와 같은 표현 화행으로 본다면 용서 발화를 발화자의 심적 상태를 전달하는 것으로 이해하면서 동시에 전제 현상도 설명할 수 있는 것처럼 보인다.

그러나 이 설명 방식도 만족스럽지 못하다. 왜냐하면 전통적인 견해하에서도 용서는 분노의 “제거”일 뿐 분노가 아닌 다른 감정 상태에 도달하는 것이 아니기 때문이다. 실망을 표현하는 발화는 적어도 발화자가 자신의 언어 공동체에서 ‘실망감’이라는 말로 이해하는 모종의 감정적 상태에 있다는 것을 전달한다. 다시 말해, 전달하고자 하는 특정한 감정이 있는 경우이다. 그런데 용서 발화의 경우 정확히 어떤 감정이 표현된다고 해야 하는지 특정하기가 어렵다. 적어도 히에로니미를 비롯한 전통적인 견해 내에서는 용서가 특정한 감정과 결부된다는 주장을 찾아보기 어렵다. 따라서 용서 발화를 표현 화행으로 설명하고자 하는 견해는 그 발화를 통해 전달하고자 하는 감정이 무엇인지에 대해 구체적인 설명을 필요로 한다는 점에서 만족스러운 설명을 제시하지 못한다.

표현 화행의 일종으로 보는 견해는 N. Norrick, “Expressive Ilocutionary Acts” (*Journal of Pragmatics*, Vol. 2, Issue 3, Elsevier, 1978), p. 278 및 p. 289 참조.

결론적으로, 앞서 추측되었던 가정, 즉 용서는 본질적으로 피해자의 심적인 변화이고 용서 발화는 그러한 심적 변화가 일어났다는 것을 전달하기 위한 발화일 것이라는 가정을 거부할만한 충분한 이유가 있다고 여겨진다. 그리고 이 가정이 거부된다면 용서 발화 자체가 용서가 일어나는 데 기여할 가능성, 즉 용서 발화를 일종의 화행으로 볼 가능성이 열린다. 그리고 용서 발화가 기여하는 바가 있다는 것을 제시할 수 있다면 히에로니미의 분석은 불충분한 것이라고 결론 내릴 수 있을 것이다. 이에 관해서는 4절에서 더 다룰 것이다.

다른 한편으로 히에로니미의 설명이 용서의 다양하고 의미 있는 사례들을 잘 포섭하는 설명인가에 대해서도 의심할 여지가 있다. 다음 두 가지 사례를 보자. 첫 번째 사례에 등장하는 두 인물 에릭 로맥스(Eric Lomax)와 나가세 다카시(永瀬隆)는 제2차 세계대전 당시 각각 전쟁 포로와 고문담당자였다. 로맥스의 수기 『레일웨이 맨』에서 인용한 아래 사례는 고문당한 기억을 잊지 못하던 로맥스는 수십 년 뒤 자신이 저지른 일을 뉘우치며 반전(反戰) 사회운동을 하던 나가세를 찾게 되고, 재회한 후 용서하는 장면이다.

[사례 1] 로맥스와 나가세

그 와중에도 한시도 떠나지 않은 생각은 용서였다. 나가세를 가장 괴롭힌 문제이기도 했다. **우리가 만난 것 자체가 이미 용서를 구현하고 있지 않느냐**, 혹은 시간이 많이 흘러 이제는 꺼내기에 새삼스럽진 않느냐는 **식의 생각은 너무 단순한 접근이다.** 일단 누구든 용서를 문제로 삼는 순간 자칫 판결자의 자리에 서려는 우를 범하기 쉽다. 다만 나는 내 결정의 구속력을 의식하고 있는 나가세

에게 어떻게든 응답해주어야 한다고 결심했다. […] 용서를 거부함
으로써 더 이상 그를 괴롭게 만들 이유가 없겠다는 생각이 들었다.
이제는 그를 고통으로부터 자유롭게 해주고 싶었다. […] 우리 삶
이 겪은 고통과 피해로부터 가능한 한 충분히 회복하는 일이야말
로 진정 가치 있는 일이라 생각했다. 그러자 **어떤 절차를 통해 용
서의 뜻을 전할까** 하는 문제가 수면 위로 올라왔다.[26]

두 사람이 나가고 난 후 옆방으로 건너갔다. 조용한 방 안에 기
차의 희미한 소음과 거리의 활기가 전해져왔다. **나가세에게 그가
바라던 용서를 전해줄 참이었다.** 나는 미리 써둔 짧은 편지를 그에
게 찬찬히 읽어주었다. […] 그런 다음 나는 그에게 이렇게 말했다.
**"1943년 칸부리에서 겪은 일을 결코 잊을 수는 없지만 나는 당신
을 전적으로 용서합니다."[27]**

두 번째 사례는 갈등과 용서의 문제를 탐구해오고 있는 크로아티
아 신학자 미로슬라브 볼프(Miroslav Volf)의 저서 『베풂과 용서』에서 그
가 소개한 사례이다. 인용문 앞의 생략된 내용은 다음과 같다. 알코올
중독자였던 에스더의 어머니는 에스더가 아홉 살이었을 때 그를 버렸
다. 20대 중반이 된 에스더는 깊은 상처를 받았지만 그 또한 어머니에
게 먼저 연락 드리지 않은 것을 죄스러워했고, 17년 만에 어머니를 만
나 이야기를 나눈 후 먼저 어머니에게 사과의 뜻을 전했다. 어머니는
에스더를 용서한다고 말했고, 두 모녀는 한동안 흐느껴 울었다.

26　에릭 로맥스(송연수 옮김), 『레일웨이 맨』(서울: 황소자리출판사, 2014), 331-332쪽.

27　위의 책, 339쪽.

[사례 2] 에스더와 어머니

이제는 어머니가 용서를 구할 차례였다. 확실히 그녀의 어머니는 에스더를 버린 것에 대해, 술에 취한 모습들에 대해, 약속을 자주 깬 것에 대해 용서를 구할 차례였다. 에스더가 기다렸건만, 어머니는 아무 말도 없었다. 에스더는 천천히 의자에서 일어나 어머니의 발치로 가서 앉았다. 그녀는 어머니의 두 손을 붙잡고 이렇게 말했다. "엄마, 나는 어릴 적에 정말로 상처를 받았어요. 그리고 정말이지 많이 슬펐어요. 하지만 이제는 내가 엄마를 용서하고 있다는 것을 알아주었으면 해요. […]"

"아, 에스더, 미안하구나. 정말 미안하구나. 정말 미안해." 그녀의 어머니는 미안하다는 말을 거듭 되풀이하면서 몸을 앞뒤로 흔들었다. 그녀의 얼굴에서는 눈물이 줄줄 흘러내리고 있었다. 그때 갑자기 에스더는 깨달았다. **스스로 대면할 수 없을 만큼, 스스로 털어놓을 수 없을 만큼, 어머니의 수치심과 죄책감이 크고 추하고 고통스러운 것이었다는 것을.** 에스더의 어머니는 자기가 버렸던 아이에게 사랑받고 용서받으리라고는 상상도 하지 못한 상태였다. 그녀는 자기도 자기를 용서할 수 없었건만, **딸이 자기를 사랑하고 용서한다는 소리를 듣자, 비로소 뉘우칠 수 있었다. 그리고 마침내 용서받을 수 있었다.**[28]

[사례 1]에서 로맥스는 왜 용서의 전달 방식과 나가세에게 전할 마지막 말을 그렇게 중요하게 생각했을까? 만일 용서가 피해자의 내

---

28 미로슬라브 볼프(김순현 옮김), 『베풂과 용서』(서울: 복 있는 사람, 2008), 292-294쪽.

적 변화에 전적으로 달려있는 것이라면, 로맥스가 편지를 낭독하고 용서를 말하는 것은 거의 잉여적인 것에 가까워진다. 왜냐하면 로맥스와 나가세는 이미 몇 차례 만나 좋은 분위기에서 대화를 이어나갔고, 애초에 로맥스는 나가세와 연락이 닿고 그를 보러 갔을 때 그에게 분노하고 있지 않은 상태였기 때문이다. 그리고 나가세 역시 일련의 만남을 통해 로맥스가 자신에게 더 이상 분노하고 있지 않다는 것쯤은 알수 있었을 것이다. 그럼에도 나가세는 왜 그때까지도 용서를 바라고 있었으며, 로맥스는 왜 새삼 그것을 말로써 전달해야 한다고 생각했던 것인가? 생각건대 이는 '나는 당신을 용서한다'라는 용서 발화가 갖는 본질적인 역할이 있기 때문인 것 같다. 즉, 용서한다는 말이 적절한 상황에서 진정성 있게 **공표됨**으로써 수행하는 역할이 있다.

[사례 2]는 사과에 앞서는 선제적 용서의 가능성을 보여준다. 언제나 용서가 사과에 대한 합리적 혹은 도덕적 반응이어야 하는 것은 아니다. 때로는 먼저 용서 의사를 전달함으로써 상대방으로 하여금 잊고 있거나 무시하고 있던 자신의 잘못을 받아들이게 만들 수도 있다. 또 하나, 히에로니미는 "사과, 속죄, 보복, 처벌, 배상, 비난 등이 없는 잘못된 행위는 어떤 주장을 담고 있다. 말하자면, 당신을 이런 식으로 대우할 수 있고 그렇게 대우해도 괜찮다는 주장이다"[29]라고 지적한 바 있으나 이 또한 위 사례에 비추어보면 언제나 그런 것은 아님을 알 수 있다. 상대방의 사과가 없다는 것이 반드시 적의(敵意)가 지속되고 있다는 것을 의미하는 것은 아니다. 우리가 저지른 일에 대한 수치심은 때때로 그것을 인정하고 싶지 않게 만들기도 한다. 그리고 때때로 선

---

29   P. Hieronymi, "Articulating an Uncompromising Forgiveness," p. 545.

제적인 용서는 가해자의 잘못이 더 이상 문제 되지 않는다고 **선언함**으로써 가해자가 수치심에 붙잡히지 않고 자신의 잘못을 인정하게 만들기도 한다.[30] 반면 히에로니미와 같이 용서를 단순히 적의에 대한 판단 수정으로 볼 경우 상대방의 태도에 대한 반응이 아닌 선제적 용서의 가능성과 그 의의를 잘 설명하기 어려워 보인다.

4. 대안 견해: 피해자-가해자 관계의 청산

이상의 관찰을 바탕으로 이 절에서는 용서의 본질이 피해자-가해자 관계를 청산하는 데 있고, 그것은 용서 발화의 선언적 화행(declarative speech act)으로 이루어진다는 대안적 견해를 제시하고자 한다. 물론 이 절에서의 논의를 통해 용서의 다면적인 차원, 용서의 이유, 동기, 용서와 유관하다고 여겨지는 다른 마음 상태나 행위 등 용서에 관한 모든

---

[30] 이런 서술이 다분히 모호한 서술이라는 점은 필자도 인정한다. 그럼에도 드물기는 하지만 이런 선제적 용서가 실제로 일어날 수 있다는 것은 분명한 것 같다. 선제적 용서가 어떻게 잘못을 인정하고 사과하게끔 만들 수 있는지에 대한 일종의 도덕심리학적 설명을 제시하기 위해서는 별도의 논문이 필요할 것이다. 어쩌면 다음과 같은 설명이 도움이 될 수도 있을 것이다. 버나드 윌리엄스(Bernard Williams)는 수치심이 근본적으로 무언가가 노출되고, 그것을 누군가가 보는 구도를 갖고 있으며, 사람들은 수치심을 경험할 때 "자기 자신을 가리거나 숨어버리는 반응을 보이고 그 상황을 피해버리려" 한다고 지적한 바 있다. B. Williams, *Shame and Necessity* (Los Angeles: University of California Press, 2008), p. 78 및 p. 219 참조. 이를 참고할 때, 잘못을 저지른 것에 대한 수치심은 누군가가 이것이 내가 저지른 것이라는 것을 보게 된다면 혹은 알게 된다면 (비난과 별개로) 나를 경멸하고 조소하게 될 것이라는 생각에 근거한다고 볼 수 있고, 선제적 용서는 '내가 이미 너의 잘못을 알고 있지만 그것으로 너를 경멸하거나 조소하지 않을 것이다'라는 메시지를 내포하고 있는바, 가해자가 수치심을 거두고 자신이 잘못한 바를 있는 그대로 인정할 수 있게 만든다고 할 수 있을 것이다.

주제를 포괄하는 이론을 제시하려는 것은 아니다. 이 절에서 시도하는 바는 앞서 2절에서 언급한 용서에 관한 문제 중 하나, '용서하고자 할 때 우리가 하는 것은 무엇인가?'라는 질문에 대해 용서를 피해자-가해자 관계를 청산하는 선언이라고 보는 견해가 어떤 점에서 히에로니미의 견해보다 더 나은 설명을 제시하는지, 구체적인 장점은 무엇인지 제시하는 것이다.

우선 '선언적 화행'은 어떤 발화가 성공적으로 이루어졌을 때 그 발화의 명제적 내용이 실제로 참이 되게 하는 발화 행위를 가리킨다.[31] 예를 들어, "오늘부로 당신은 해고입니다"라는 발화가 적절하게 발화되었다면 실제로 당신은 그 직장에서 자리를 잃게 된다. 그렇다면 용서 발화가 선언적 화행이라고 할 때, 그 발화를 통해 **실현하고자 하는 명제적 내용**은 무엇인가? 논자는 그 내용을 다음과 같이 볼 것을 제안한다. 용서 발화를 통해 실현하고자 하는 내용은 **발화 시점으로부터 두 사람은 더 이상 가해자-피해자 관계에 있지 않다는 것**이다.

이 발화 내용에서 핵심적인 부분은 두 가지로, "가해자-피해자 관계에 있지 않다"와 "더 이상"이다. 논자가 제안한 견해에 따르면 용서의 본질은 피해자 쪽에서 가해자에 대해 가해자-피해자 관계를 청산한다는 것을 선언하는 데 있다. 그리고 이러한 관계 청산은 과거로 소급해서 이루어져서 아무 일도 일어나지 않은 것이 되는 게 아니라 용서를 한 시점부터 미래를 향해 적용되는 것이다. 그렇기 때문에 용서는 한편으로 과거에 벌어졌던 잘못에 대해 여전히 기억하면서도[32] 동시에

---

31   J. Searle, "A Taxonomy of Illocutionary Acts," p. 358 참조.

32   용서와 기억의 관계는 용서에 관한 또 다른 차원의 논의를 불러일으킨다. 생각건대 일반적으로 받아들여지는 바는 과거의 과오를 반복하지 않기 위해 용서하더라도 그 과오를 기억

앞으로는 스스로와 상대방을 피해자와 가해자로 기술하지 않음으로써 피해자와 가해자 모두 과거에 벌어졌던 일로 인해 겪었고, 또 겪고 있는 고통과 죄책감으로부터 벗어나게 할 수 있다.[33]

생각건대 용서를 이렇게 이해하는 것은 용서를 잘못한 행위에 대해 가해자를 대상으로 해서 이루어지는 피해자의 태도 변화로 간주하는 학술적 담론에서의 견해와 함께 용서가 다른 누구도 아닌 자기 자신을 위해 해야 하는 것이라고 하는 대중적인 견해를 잘 포착하는 것으로 보인다. 왜냐하면 피해자-가해자 관계 청산으로서의 용서는 가해자에 대해 이루어지는 것이기도 하지만, 동시에 피해자 자신을 과거에 벌어졌던 어떤 일의 피해자로서 기술하는 것을 그만두는 것이기도 하기 때문이다. 그렇기에 한편으로 용서는 순전히 자기만족적이거나 자기 자신의 평안을 위해 하는 행위는 아니지만, 다른 한편으로 순전히

해야 할 필요가 있다는 것으로 보인다. 이는 어느 정도 일리가 있는 말이다. 하지만 볼프가 다음과 같이 주장하는 부분은 고찰해볼 여지가 있다. "'용서하겠다. 그러나 잊지는 않겠다'라고 말할 때, 생기는 문제가 둘 있다. 첫째, 그것은 용서라는 선물을 경고 내지 위협이라는 칙칙한 포장지에 싸서 주는 격이다. 빚을 기록하고, 죄를 기억하는 것은 무기를 비축하는 것이나 다름없다. […] 둘째, '잊지 않겠다'는 말은 범죄자의 이마에 "악인!"이라는 지울 수 없는 낙인을 찍는 것이나 다름없다. 한때의 범죄자가 영원한 범죄자가 되는 것이다."(미로슬라브 볼프, 『베풂과 용서』, 278쪽) 완전한 용서는 망각을 동반한다는 견해는 기독교 전통에서 찾아볼 수 있는데[예컨대 예레미야서 31장 34절 "내가 그들의 악행을 사하고 다시 그 죄를 기억하지 아니하리라"(개역개정)], 이 또한 흥미로운 연구주제라고 생각된다.

[33] 한 심사위원께서 지적해주신 것처럼 분명히 필자의 주장에서 '청산'이라는 단어가 다소 불분명한 것은 맞다. 다만 이는 어떤 관계가 해소됨으로써 발생할 수 있는 다양한 효과를 염두에 둔 의도적인 표현이다. 일차적으로 '청산'은 '채무관계의 청산'처럼 법적인 맥락에서 법적 관계 해소의 의미로 쓰이고, 필자는 이 글에서 이런 법적 의미를 염두에 두고 '청산'을 유비적으로 사용한 것이다. 채무관계가 청산될 때 채무자는 채권자에 대해 갖는 여러 가지 법적 의무에서 벗어나고, 스스로든 대외적으로든 '현재 채권-채무 관계에서의 채무 당사자'로 기술(記述)되지 않는 등의 여러 효과가 발생하듯이 가해자-피해자의 관계 청산도 이와 유사하게 가해자가 져야 하는 도덕적 의무나 스스로를 혹은 대외적으로 '현재 이 피해 상황의 가해자'로 기술되는 것으로부터 벗어나는 등의 효과가 발생한다고 볼 수 있다. 적확한 지적을 해주심에 감사드린다.

타인을 위해서만 하는 행위도 아니다.

또한 이 견해는 용서 발화의 화용론적 현상도 잘 포섭한다. 앞서 "오늘부로 당신은 해고입니다"라는 발화를 생각해보면, 청자가 화자의 직장에 소속된 직원이라는 것이 전제된다는 것을 쉽게 확인할 수 있다. 만일 청자인 당신이 이미 사직한 상태여서 "나는 당신 회사의 직원이 아닙니다만"이라고 응답한다면 해당 발화는 전제 실패에 빠지고 해고 발화를 통해 실현하고자 했던 바는 좌절될 것이다.[34] 마찬가지로 "나는 너를 용서해"라는 발화를 앞서와 같이 이해한다면 청자와 화자는 이전에 각각 서로에게 가해자이고 피해자였다는 것이 전제된다. 따라서 청자인 당신이 "나는 아무런 잘못을 한 것이 없어"라고 응답한다면 해당 발화는 전제 실패에 빠지고 용서 발화를 통해 실현하고자 했던 바는 좌절될 것이다. 두 사례에서의 전제 현상은 '해고함'과 '용서함'이 모두 상태 변화를 나타내는 전제 유발자(presupposition trigger)라는 공통적인 요소에 기인한다고 할 수 있다.

선언으로서의 용서는 전달되고 공표되어야 하는 것이므로 이를 통해 우리는 왜 로맥스가 나가세에게 그렇게도 용서를 전하려 했는지 자연스럽게 이해할 수 있다. 나가세에게 용서가 선언되지 않으면 용서는 완성될 수 없는 것이기 때문이다. 또한 [사례 2]에서 드러나는 사과에 선행하는 용서의 의미도 잘 이해할 수 있다. 사과에 선행하는 용서

---

[34] 물론 이것을 해고 발화가 선언적 화행이 되기 위해 갖추어야 할 적절성 조건이 갖춰져 있지 않기 때문이라고 설명할 수도 있다. 예를 들어, 화자는 해고 통보를 할 수 있는 능력이 있어야 한다든가 구두 해고 통보가 해고의 적절한 절차에 해당하는 등과 같은 조건 중의 하나가 청자가 화자의 직장에 속한 직원이어야 한다는 것이다. 하지만 이 두 설명이 본질적으로 크게 차이 나는 설명은 아니라고 생각된다. 해고 발화의 사례를 통해 보이고자 하는 것은 청자가 화자의 직장에 속한 직원이라는 점이 다투어질 때 해당 발화가 부적절해지고 화행이 무효화된다는 것이다.

는 자신의 잘못을 (어떤 이유에서든) 인정하고 싶지 않아하는 가해자에게 '당신의 잘못에 대해 더 이상 고통스러워하지 않아도 된다. 나는 이제부터 그것에 대해 문제 삼지 않겠다'라는 메시지를 전달함으로써 가해자가 용서 발화의 전제를 수용(accommodate)하도록, 즉 자신이 잘못했다는 것을 받아들이도록 하는 결과를 이끌어낼 수 있다.[35]

　　마지막으로 그렇다면 전통적인 견해 및 히에로니미의 견해에 대한 논자의 의견을 밝히고자 한다. 전통적인 견해에서 말하는 분노의 제거는 분명히 용서에 동반되는 두드러진 현상이기는 하다. 그러나 논자는 앞서의 논의를 통해 이것이 '용서하고자 할 때 우리가 하는 것은 무엇인가?'라는 질문에 대한 답이 되지 못한다고 주장했다. 하지만 비록 용서에 대한 적절한 분석은 아니라 하더라도 여전히 기존의 이론이 지적한 사항들은 용서가 일어나기 위해 필요한 혹은 선행해야 하는 조건들로 볼 수는 있을 것이다. 말하자면 분노를 누그러뜨리거나 가해자에 대해 내가 가지고 있던 생각을 바꾸는 것은 그 자체로 용서는 아니지만, 피해자가 용서하고자 결단하기까지 필요한 심리적 준비절차의 한 부분이자 적절한 용서를 위해 갖춰져야 할 요건으로 볼 수 있을 것이고, 그런 의미에서 전통적인 견해와 히에로니미는 용서가 일어나는 전체 과정에서 중요한 측면을 포착한 것이라 할 수 있다. 그리고 사실 이러한 심리적인 선행과정이 없다면 죄를 사한다는 선언이 이루어진다는 것은 상상하기 어렵다. 하지만 이 글에서 제시된 견해가 설득력

35　앞에서는 어떤 발화 U가 전제 p를 요구할 때, p가 대화자 상호 간에 수용되지 않는다면 발화 U는 전제 실패에 빠지는 경우를 주로 다루었다. 전제 수용은 말하자면 전제가 성공하는 경우라고 할 수 있다. 어떤 발화 U가 전제 p를 요구하는데 대화자 간에 발화 U의 적절성에 대한 문제 제기가 없다면 특별한 경우가 아닌 한 전제 p는 대화자 간의 공통믿음으로 수용된다는 것이다. D. K. Lewis, "Scorekeeping in a Language Game," pp. 339-341 참조.

있다면 이들은 용서에 으레 동반되는 심리적인 과정을 용서 자체와 혼동한 것이라 생각된다.

5. 나가는 말

이상에서는 용서를 분노의 제거 혹은 판단 수정이라고 보는 전통적인 견해의 한계를 지적하고, 가해자-피해자 관계를 청산하는 선언으로서 용서를 이해하는 견해가 제시되었다. 생각건대 이 견해는 용서의 동기에 대한 여러 견해, 용서의 규범적 적합성에 대한 여러 논의와도 양립할 수 있으면서 일상적인 직관에서 벗어나지 않는 용서에 대한 이해를 제시하고 있다.

용서에 대한 철학적 설명이 갖추어야 할 요건으로 히에로니미는 명시화 조건과 비타협성 조건을 제시한 바 있다. 논자는 여기에 한 가지를 덧붙이고 싶다. 현상을 설명하는 측면에서 용서에 대한 철학적 설명은 용서가 왜 그렇게 어려운 것인지 또한 설명할 수 있어야 한다는 것이다. 피해자에게 용서는 대단히 어렵고 버거운 결단이다. 이는 단지 가해자가 어떤 마음 상태인지 알 수 없어서이기 때문만은 아닌 것 같다. 용서는 우리가 받은 피해에도 불구하고 가해자가 치러야 할 마땅한 죗값을 덜어내주는 것이다. 단순히 덜어내는 것이 아니라 앞으로 다시 그 죗값을 물을 일이 없을 것이라 선언하는 것이다. 용서란 이처럼 어렵고 피해자 입장에서는 또한 피해를 일정 부분 감수하는 것이기에 우리는 '왜 용서해야 하는가?'에 대한 질문을 계속하게 된다. 용서에 대한 철학적 연구가 더 발전하여 우리의 실존적인 물음을 구체적으로 사유할 수 있는 계기가 마련되기를 기대한다.

참고문헌

미로슬라브 볼프(김순현 옮김), 『베풂과 용서』, 서울: 복 있는 사람, 2008.

어니스트 헤밍웨이(김욱동 옮김), 『헤밍웨이 단편선 2』, 서울: 민음사, 2013.

에릭 로맥스(송연수 옮김), 『레일웨이 맨』, 서울: 황소자리출판사, 2014.

이선형, 「용서함과 용서됨」, 『철학』 138, 한국철학회, 2019, 75-96쪽.

Garcia, E., "Bishop Butler on Forgiveness and Resentment," *Philosopher's Imprint*, Vol. 11, No. 10, University of Michigan, 2011, pp. 1-19.

Griswold, Ch., *Forgiveness: A Philosophical Exploration*, New York: Cambridge University Press, 2007.

Hallich, O., "Can the Paradox of Forgiveness Be Dissolved?," *Ethical Theory and Moral Practice*, Springer, Vol. 16, No. 5, 2013, pp. 999-1017.

Hieronymi, P., "Articulating an Uncompromising Forgiveness," *Philosophy and Phenomenological Research*, Vol. 62, No. 3, Wiley-Blackwell, 2001, pp. 529-555.

Johansson, I., "A Little Treatise of Forgiveness and Human Nature," *The Monist*, Vol. 92, No. 4, Oxford University Press, 2009, pp. 537-555.

Kolnai, A., "Forgiveness," *Proceedings of the Aristotle Society*, Vol. 74, Issue 1, Oxford University Press, 1974, pp. 91-106.

Levinson, St., *Pragmatics*, Cambridge: Cambridge University Press, 1983.

Lewis, D. K., "Scorekeeping in a Language Game," *Journal of Philosophical Logic*, Vol. 8, Issue 1, Springer, 1979, pp. 339-359.

Murphy, J., "Forgiveness and Resentment," *Forgiveness and Mercy*, eds. J. Murphy and J. Hampton, Cambridge: Cambridge University Press, 1988, pp. 14-34.

Norrick, N., "Expressive Illocutionary Acts," *Journal of Pragmatics*, Vol. 2, Issue 3, Elsevier, 1978, pp. 277-291.

Novitz, D., "Forgiveness and Self-Respect," *Philosophy and Phenomenological Research*, Vol. 58, No. 2, Wiley-Blackwell, 1998, pp. 299-315.

Pettigrove, G., "Forgiveness We Speak: The Illocutionary Force of Forgiving," *The Southern Journal of Philosophy*, Vol. 42, Issue 3, Wiley-Blackwell, 2004, pp. 371-

392.

Scanlon, T. M., *What We Owe to Each Other*, Cambridge: Harvard University Press, 1998.

Searle, J., "A Taxonomy of Illocutionary Acts," *Language, Mind and Knowledge,* ed. K. Gunderson, Minneapolis: University of Minnesota Press, 1975, pp. 344-369.

Stalnaker, R., "Pragmatic Presupposition," *Context and Content,* New York: Oxford University Press, 1999, pp. 47-62.

Strawson, P. F., "Freedom and Resentment," *Freedom and Resentment and Other Essays,* Oxon: Routledge, 2008, pp. 1-28.

Williams, B., *Shame and Necessity,* Los Angeles: University of California Press, 2008.

Zaibert, L., "The Paradox of Forgiveness," *Journal of Moral Philosophy,* Vol. 6, No. 3, Brill, 2009, pp. 365-393.

김유종(경북대학교 철학과 박사과정)

07
소통과 대상화:
신뢰에 기반한 도덕적 변환의 가능성

1. 서론

현대사회에서 인간관계를 형성하는 일은 다양한 갈등과 도덕적 고려로 복잡하게 얽혀 있다. 우리는 일상에서 타인과 소통하며 그들의 자율성과 주체성을 존중해야 한다는 도덕적 책임을 느낀다. 타인을 대할 때 우리는 종종 그들의 인격이나 감정과 가치를 충분히 존중하지 않고, 그들을 대상화함으로써 타인을 비도덕적으로 대했을지도 모른다는 우려에 직면한다. 이러한 우려는 대상화(objectification)가 도덕적으로 유해한 것이라는 판단에서 비롯한다.

대상화에 관한 전통적인 견해는 대상화를 도덕적으로 유해한 것

---

*   이 글은 2024년 『대동철학』에 실린 다음 논문을 수정 보완한 것임을 밝혀둔다. 김유종, 「무해한 대상화의 가능성」(『대동철학』 107, 대동철학회, 2024), 1-24쪽.

으로 간주하며, 위와 같은 우려에 재고의 여지를 허용하지 않는다. 예컨대, 캐서린 맥키넌(Catharine MacKinnon)과 안드레아 드워킨(Andrea Dworkin)은 대상화를 타인을 단순히 도구나 수단으로 취급함으로써 그들의 인격을 근본적으로 훼손하는 행위로 이해했다.[1] 그러나 마사 누스바움(Martha Nussbaum)은 대상화에 대한 새로운 관점을 제시한다. 그는 대상화가 부정적인 결과로 이어지지 않을 수 있으며, 오히려 타인의 자율성과 주체성을 존중하고 증진할 수 있는 방식으로 이루어질 수 있다고 주장한다.[2] 누스바움의 이 주장은 우리가 타인을 대하는 방식에 대한 새로운 이해를 제공하며, 타인과의 소통 속에서 도덕적 갈등을 해결하는 데 중요한 실마리를 제공할 수 있다.

이 글에서는 누스바움이 제시하는 긍정적 대상화의 가능성을 옹호함으로써 타인과의 소통 관계에서 발생하는 도덕적 고려와 갈등을 이해하는 적절한 입장을 탐구하고자 한다. 특히, 누스바움이 제시하는 대상화의 긍정적 측면을 분석함으로써 우리가 타인을 대할 때 진정으로 중요하게 여겨야 하는 것은 단순히 그를 어떻게 대우했느냐가 아니라 그 대우가 어떠한 소통적 맥락 속에서 이루어졌는가임을 밝히고자 한다.

이를 위해 2절에서는 서사적 역사에 근거한 신뢰적 소통 관계가 대상화를 도덕적으로 무해하게 만들 수 있다는 주장, 다시 말해 신뢰에 기반한 소통이 대상화에 관한 도덕적 변환을 가져온다는 누스바움

---

[1]   A. Dworkin, *Pornography: Women, Violence and Civil Liberties* (New York: Oxford University Press, 1993), p. 30과 C. MacKinnon, *Feminism Unmodified: Discourses on Life and Law* (Massachusetts: Harvard University Press, 1987), p. 172.

[2]   M. Nussbaum, "Objectification" (*Philosophy & Public Affairs*, vol. 24, Wiley, 1995), p. 257.

의 주장을 살펴보겠다. 이후 3절에서는 누스바움의 주장과 달리 신뢰와 소통만으로는 대상화를 도덕적으로 무해하게 만들 수 없으며, 동의가 대상화에 대한 도덕적 변환을 가져온다는 동의 기반 입장을 마리노의 논문을 전형으로 삼아 분석하겠다. 그 후, 동의 기반 입장의 이론적 배경이 되는 동의에 관한 자율적 권위 부여 모델에 대한 비판을 통해 동의 기반 입장의 한계를 제시하겠다. 마지막으로, 4절에서 자율적 권위 부여 모델의 대안으로 제시되는 동의 공정 교류 모델이 도덕적 변환을 어떻게 이해하는지 설명하고, 동의 공정 교류 모델이 제안하는 도덕적 변환 요소인 공정성이 누스바움이 제안하는 서사적 역사에 기반한 신뢰적 소통과 어떤 의미 있는 관계를 맺는지 논의하겠다.

2. 누스바움의 신뢰 관계 기반 입장

1) 대상화의 일곱 가지 방식

누스바움은 자신의 논문 "Objectification"에서 페미니즘 이론가들이 "대상화"라는 용어를 두 가지 상반된 방식으로 종종 사용한다고 지적한다.[3] 예컨대 캐서린 맥키넌과 안드레아 드워킨의 페미니즘 이론에서 대상화는 언제나 도덕적으로 해로운 현상을 지칭한다. 반면에 캐스 선스타인(Cass Sunstein)은 "평등, 존중, 동의의 맥락에서 보면 대

---

3   M. Nussbaum, "Objectification" (*Philosophy & Public Affairs*, vol. 24, Wiley, 1995), p. 250.

상화는 그렇게 문제가 있는 것이 아닐 수 있다"[4]라고 언급하며 대상화가 우리의 삶 속에서 긍정적이거나 무해할 가능성을 암시한다. 누스바움은 "대상화"라는 용어를 둘러싼 이 같은 혼란을 해결하기 위해 대상화 개념의 의미를 명확히 분석할 필요가 있다고 보았다. 그는 "Objectification"에서 이를 해결하기 위해 우리가 대상화 개념을 다중적으로 이해하는 방식을 분석하고, 이 분석을 바탕으로 대상화가 어떤 맥락에서 우리에게 무해하거나 혹은 긍정적일 수 있는지 제시하려고 시도했다.

누스바움은 대상화를 실제로는 사물이 아닌 것을 사물로 취급하는 현상으로 간략히 정의하는 것에서부터 논의를 시작한다. 우선, 그에 따르면 무엇을 대상으로 대하는 일은 적어도 일곱 가지 방식으로 나타날 수 있다.[5]

① 도구성: 대상화 주체는 대상을 자신의 목적을 위한 도구로 취급함.

② 자율성 부정: 대상화 주체는 대상을 자율성과 자기결정권이 없는 것으로 취급함.

③ 비자발성: 대상화 주체는 대상을 행위 주체성과 활동성이 결여된 것으로 취급함.

④ 대체 가능성: 대상화 주체는 대상을 비슷하거나 같은 유형의

4　C. Sunstein, "Porn on the Fourth of July" (*The New Republic*, vol. 42, The New Republic Magazine, 1995), p. 45.

5　M. Nussbaum, "Objectification" (*Philosophy & Public Affairs*, vol. 24, Wiley, 1995), p. 257.

대상과 상호 교환 가능한 것으로 취급함.

⑤ 소유: 대상화 주체는 대상을 소유할 수 있거나 사고팔 수 있는 것으로 취급함.

⑥ 주체성의 부정: 대상화 주체는 대상을 경험과 감정을 고려할 필요가 없는 것으로 취급함.

⑦ 가침성: 대상화 주체는 대상의 신체적·정신적 경계선을 존중할 필요가 없는 것으로 취급함.

이상의 일곱 가지 방식은 본래 우리가 무언가를 대상(object)으로 대하는 일반적인 방식에 속한다. 가령, 우리는 자신이 소유한(소유) 가위를 부수거나 망가뜨릴 수 있으며(가침성), 비슷한 기능을 가진 다른 칼과 교환 가능한 것으로 여기고(대체 가능성), 물건을 자른다는 순전히 특정한 목적을 위해 사용하고(도구성), 사용할 때 그것의 경험과 감정(주체성 부정) 그리고 자율성과 자발성 따위를 당연히 고려하지 않는다(자율성 부정, 비자발성).

그러나 우리가 사물을 대할 때 이 일곱 가지 방식이 항상 모두 일어나는 것은 아니다. 다시 말해 우리는 사물을 항상 전적인 대상으로 대하지는 않는다. 앞선 예시의 가위가 사실 매우 높은 역사적 가치를 가진 유물이었다고 가정해보자. 이 경우 우리는 그 가위를 소유할 수 있는 대상으로 여기기는 하겠지만, 부술 수 있거나 교환 가능한 것으로 여기지 않을 것이다. 심지어 어떤 사람에게 그 가위는 물건을 자르는 도구로 다뤄지지도 않을 것이다. 이처럼 우리는 사물을 대상으로 다룰 때, 그것을 대상으로 다루는 상황에 걸맞은 어떤 방식을 선택한다.

누스바움은 사물을 대상으로 다루는 이와 같은 방식을 사람에게 적용할 때, 대상화가 이루어진다고 주장한다. 우리는 가위의 사례와 마찬가지로 사람을 대상으로 다룰 때 그를 어떠한 방식으로 취급할지를 고려한다. 일반적으로 노예는 사람을 소유 가능한 사물로 대하는 가장 전형적인 예시 중 하나지만, 노예주조차 노예를 활동성을 결여한 사물로 대하지는 않는다. 노예의 도구적 가치는 그들이 행위를 할 수 있다는 속성으로부터 오기 때문이다. 또한 부모가 어린 자식을 대할 때, 부모는 적잖은 경우 어린 자식의 자율성을 부정하지만, 자식을 마음대로 상처입힐 수 있는 존재로 취급하지는 않는다. 어떠한 사물을 대상으로 대할 때 우리가 그것과 관련된 맥락을 고려하듯이 사람을 대상으로 대할 때 우리는 그러한 대상화가 이루어지는 맥락을 고려한다.

2) 긍정적 대상화와 서사적 역사

대상화가 맥락에 따라 다양한 방식으로 나타난다는 사실은 대상화가 도덕적으로 무해하거나 혹은 긍정적일 가능성을 보여준다. 앞서 설명했듯, 대상화는 사물이 아닌 것을 사물로 대하는 행위이지만, 사물로 대한다는 것의 구체적 의미는 맥락에 따라 달라질 수 있다. 예컨대 사람을 노예로 취급하는 행위와 사람을 성적 대상으로 대하는 행위는 기본적으로 동일한 유형의 행위지만, 구체적인 맥락을 고려한다면 서로 다른 도덕적 범주에 속한 행위일 수 있다. 누스바움은 대상화의 이러한 맥락성에서 출발하여 긍정적 대상화의 가능성을 끌어낸다.[6]

누스바움은 긍정적 대상화의 가능성을 논의하는 "Objectification"

---

6   M. Nussbaum, "Objectification" (*Philosophy & Public Affairs*, vol. 24, Wiley, 1995), p. 271.

3절의 도입부에서 "대상화의 문제에서 맥락은 모든 것이고 대상화의 불쾌한 사용과 긍정적 사용은 인간관계의 전반적인 맥락에 의해 결정된다"라고 말한다.[7] 대상화의 문제에서 맥락의 중요성을 인정한다면, 긍정적 대상화에서 핵심적으로 고려해야 할 맥락은 누스바움이 서사적 역사라고 표현하는 인간관계 맥락이다. 누스바움은 자신과는 다른 방식으로 긍정적 대상화의 가능성을 논의하는 견해[8]를 반박하기 위해 서사적 역사 개념을 제시한다.

그(리처드 모어)는 "내가 논의해온 종류의 게이 섹슈얼리티는 일종의 근본적인 평등, 즉 민주주의의 정당성을 뒷받침하고 이를 위해 필요한 근본적인 평등을 상징하는 동시에 생성한다"고 결론지었다. 익명의 결합은 모든 사람이 다른 모든 사람에게 평등하다는 근본적인 사실을 입증한다는 것이다. (중략) 하지만 문제가 된 성행위 장면이 과연 이러한 민주주의 전통의 근간이 되는 신체적 욕구에 대한 평등한 존중을 어떻게 보여줄 수 있는지 알기는 조금 어렵다. (중략) **사람에 대한 어떠한 서사적 역사도 부재한 상황에서 어떻게 욕망이 부수적인 것 외의 다른 것에 관심을 가질 수 있으며, 어떻게 타인의 신체를 자신을 위한 도구로 사용하는 것 이상을**

---

7   M. Nussbaum, Martha, "Objectification" (*Philosophy & Public Affairs*, vol. 24, Wiley, 1995), p. 271.

8   리처드 모어는 민주주의를 정당화하는 표준적인 두 가지 방식 중 하나로 민주주의가 모든 사람의 선호를 평등하게 고려하고 이 합으로부터 모든 사람의 욕구를 충족시킬 수 있는 정책을 생성할 수 있다는 점을 꼽았다. 이어서 그는 민주주의의 평등성이 구성원 간의 상호 존중을 필요로 하며, 이 같은 존중의 가능성을 설득력 있게 제시하는 청사진으로 남성 동성애자 공동체에서 흔하게 발견되는, 성적 대상화를 수반하는 연애 활동(flirtation)을 제안한다. 다음을 참조하라. R. Mohr, *Gay ideas: outing and other controversies* (Boston: Beacon Press, 1992), pp. 196-197.

할 수 있을까?[9]

리처드 모어(Richard Mohr)는 인간이 대상화될 때 대상화 객체가 누구든 간에 단지 하나의 사물로 동등하게 취급된다는 점에 주목하여 민주적 평등성과 대상화를 연결하려 했다. 그러나 누스바움은 이를 반박하며 인간관계에서의 서사적 역사와 그에 기반한 신뢰적 소통의 중요성을 강조한다. 그는 서사적 역사가 부재한 채로 상대에게 향하는 익명적 욕구는 타인의 신체를 단지 수단으로 사용하는 도구적 관계를 촉진할 뿐 그 이상으로 나아가지는 못한다고 주장하며 모어의 시도를 부정한다. 누스바움이 논문에서 서사적 역사 개념에 짧은 분량을 할애했음에도 이 개념은 무해한 대상화를 가능하게 하는 가장 핵심적이고 중요한 요소다.[10]

이 중요성은 서사적 역사가 가진 두 가지 기능에 근거한다. 첫째로 서사적 역사는 위의 인용구에서 말한 것처럼 상대를 향한 특별하고 중요한 관심을 가지게 하고, 이를 통해 익명적 상대를 비익명적 상대로 전환한다. 둘째로 이러한 관심은 상대방이 나를, 그리고 내가 상대방을 단지 도구로만 사용하지 않을 것이라는 신뢰적 소통의 기반을 형성한다. 서사적 역사의 이러한 기능으로 말미암아 대상화는 도덕적으로 무해하거나 혹은 긍정적인 현상이 될 수 있다. 이를 누스바움이 제

---

9 M. Nussbaum, "Objectification" (Philosophy & Public Affairs, vol. 24, Wiley, 1995), p. 271.

10 누스바움의 "Objectification"에서 대상화를 무해하게 만드는 요소는 표면적으로는 상호성과 대칭성을 띠는 인간관계 맥락으로 보인다. 그러나 필자가 보기에 누스바움의 텍스트에서 그러한 상호성과 대칭성은 서사적 역사를 기반으로 하여 이루어질 때만 대상화를 무해하게 만들 수 있는 것으로 이해할 수 있다. 따라서 필자는 "Objectification"에서 주장하는 대상화를 무해하게 만드는 요소는 실제로는 서사적 역사에 근거한 신뢰적 소통의 맥락이어야 한다고 주장한다.

시하는『채털리 부인의 연인』사례를 통해 살펴보자.

데이비드 로렌스의『채털리 부인의 연인』은 누스바움이 긍정적인 대상화의 전형으로 제시하는 소설이다. 누스바움은 로렌스의 소설을 예시로 들며 멜러스와 채털리의 관계 속에 놓인 대칭성과 상호성을 강조하고, 또 그것이 긍정적 대상화의 핵심인 것처럼 말한다. 그러나 긍정적 대상화의 문제는 누스바움의 글에서 표면상으로 드러나는 것보다 훨씬 복잡하다.

그녀는 말했다. "당신 몸을 보여줘요!" 그는 셔츠를 떨어뜨리고는 그녀를 바라보면서 가만히 서 있었다. (중략) 남근이 거무스름하니 뜨겁게 달아오른 모습으로 꼿꼿이 솟아 있는 것을 환히 드러내 보였다. 그녀는 깜짝 놀라며 두려워하는 듯했다.

(중략) "정말 도도해 보이는군요!" 그녀는 불안스러운 어조로 중얼거리듯 말했다. "그리고 참으로 당당하고요! 남자들이 왜 그렇게 거만하게 뻐기는지 이제야 알겠어요!"

(중략) "야 존 토머스(남근을 지칭함)! 너 저기 저 여자를 원하는 거야? 내 제인 부인을 원하는 거냐고? (중략) 이 낯짝도 두껍 놈아! 바로 씹이지? 네놈이 원하는 건 바로 그거지. 제인 부인한테 털어놔, 이 녀석아, 네놈이 씹을 원한다고 말야."

(중략) "절대로 그를 모욕해서는 안 돼요. 알았죠! 그는 내 것이기도 하니까요!"

(중략) "자! 이제 이 녀석을 가져가오! 당신 것이니까!" 사내가

말했다.[11]

콘스턴스 채털리와 올리버 멜러스는 서로를 신체의 한 부위로 환
원한다. 그들은 서로를 향한 열정에 사로잡혀 자율성과 주체성, 자발
성을 일시적으로 포기하며 자신이 상대의 소유물이 되는 것을 허용하
기도 한다. 그리고 상대에게도 이를 요구한다. 누스바움은 소설 속의
이러한 대상화가 대칭적이고 상호적이며 존중과 사회적 평등의 맥락
에서 이루어지기 때문에 오히려 두 사람의 자율성이 존중받고 더 나아
가 증진될 수 있다고 주장한다. 이러한 과정은 단순히 욕망의 교환이
아니라 신뢰적 소통을 통해 서로의 취약성을 드러내고 수용하는 과정
으로 이해될 수 있다.[12]

누스바움은 로렌스적 대상화의 긍정적인 면모를 언급하며 그것을
가능하게 만드는 요소로 멜러스와 채털리의 관계 속에 중요하게 자리
잡은 상호성과 대칭성을 강조한다. 소설 속에서 멜러스와 채털리는 서
로에게 성적인 대상이 될 것을 요구한다. 또한 내가 성적인 대상이 되
는 일은 상대가 성적인 대상이 되는 일과 밀접하게 연관되어 있다. 하
층 계급에 속한 멜러스는 젠트리 계급의 여성인 채털리가 요구하는 대
로 자신을 성적인 신체 부위로 환원시킨다. 그는 채털리의 그러한 취
급을 기꺼이 받아들이고 채털리는 마찬가지로 멜러스가 자신을 성적
인 대상으로 취급할 수 있도록 그에게 자신을 맡긴다. 누스바움은 이
로렌스식 성적 대상화에서 드러나는 상호적이고 대칭적인 인간관계가

---

11   D. H. 로렌스(이인규 옮김), 『채털리 부인의 연인 2』(서울: 민음사, 2003), 113쪽.

12   M. Nussbaum, "Objectification" (*Philosophy & Public Affairs*, vol. 24, Wiley, 1995), p.
      275.

다음과 같은 의미가 있다고 말한다.

지배당하고 압도당할 위험이 도처에 도사리고 있는 상황에서 다른 사람이 이렇게 가까이 다가오는 것을 기꺼이 허용할 때, 우리는 최소한의 상호 존중과 배려가 없는 관계에서는 불가능하다고 여겨질 수 있는 엄청난 신뢰를 목도하게 된다.[13]

스스로를 다른 사람의 손에 온전히 의탁하는 순간은 누스바움의 인용문에서 볼 수 있듯이 상대를 향한 두터운 신뢰 없이는 불가능하며, 동시에 우리의 현실적인 삶에서 불가피하게 경험되는 순간이다. 누스바움은 이 장면을 통해 신뢰와 소통 없이는 채털리 부인의 사례 같은 무해한 대상화가 성립하기 어려움을 보여준다. 누스바움에게서 대상화 과정에서 드러나는 이러한 신뢰는 자신과 타인이라는 구분을 넘어서는 진솔한 소통과 거리낌 없는 수용의 토대로 기능한다. 채털리와 멜러스가 지배와 압도의 위험을 기꺼이 감수하고 타인을 위해 대상화를 승낙할 때 서로가 느낄 깊은 신뢰는 인간이 타인과의 연결 없이는 살아갈 수 없는 존재라는 근본적 조건을 드러내며, 이러한 조건 속에서의 주체성과 자율성에 대한 이해를 더욱 심화시킨다. 동시에 이러한 신뢰는 상대방이 나를 어떠한 사물로 대할 때조차 나의 자율성과 주체성을 근본적으로 훼손시키지 않고 존중할 것이라는 믿음을 가질 수 있게 함으로써 대상화를 도덕적으로 무해하게 만든다.

또한 그는 채털리와 멜러스가 놓인 당대의 역사적·문화적 맥락으

---

13   ibid., p. 275.

로 시선을 돌리며 다음과 같이 말한다.

> 자율성과 주체성을 포기하는 것은 영국적인 명예로 이루어진
> 감옥에서 일종의 승리처럼 기쁜 성취다. 로렌스가 보기에 그러한
> 포기는 우리를 서로로부터 차단하고 진정한 소통과 수용을 막는
> 자의식의 감옥에서 탈출하는 일이다.[14]

이에 따르면 채털리가 자신을 성적으로 대상화하는 일과 그런 취급을 허용하는 일은 여성의 성적 자기결정권과 주체적인 욕구를 인정하지 않는 당대 영국 사회의 규범을 거부하는 일이다. 역설적으로 채털리는 이처럼 성적 대상화를 통해 당대 영국 사회와 주류적 규범으로부터 탈출하여 억압받고 있던 여성으로서의 자율성과 주체성을 회복하는 긍정적 결과를 얻는다.

『채털리 부인의 연인』 사례에서 누스바움은 대칭성과 상호성, 당대의 위선적 성 규범에 대한 저항을 지속해서 강조한다. 하지만 그러한 대칭성과 상호성, 역사적 의의는 채털리와 멜러스가 쌓아온 특별한 서사적 역사와 그 위에서 형성된 신뢰적 소통이 있어야만 비로소 대상화를 무해하고 긍정적인 현상으로 기능하도록 만든다.

예컨대 멜러스와 채털리의 상황에서 서로를 단지 신체의 한 부위, 성적인 기관으로 환원하고 그것을 마치 소유물처럼 다루는 것은 전형적인 대상화의 사례이다. 하지만 영국적 명예의 감옥 속에 갇혀 탈성애화(desexualization)된 채털리 부인의 특수한 상황을 고려한다면 이는 오

---

14   ibid., p. 275.

히려 성적 주체로서 자율성과 주체성을 증진하는 일로 보인다. 그리고 이러한 저항은 채털리의 성적 욕구가 무엇이며 그것이 왜 좌절되었고 또 그 충족을 왜 두려워하는지에 대한 개인적인 역사를 멜러스가 알지 못했다면 불가능했을 것이다.

나아가 채털리와 멜러스는 성적 욕구에 휘둘리는 자신들의 취약함을 인식하고 불안과 두려움을 느낀다. 그럼에도 타인에게 욕구를 진솔하게 드러내고 취약한 자신을 온전히 타인에게 의탁하는 경험은 계급과 성별, 혼인이라는 특수한 사회적 격차와 규범으로 인해 분리된 두 사람의 상황에서 서로를 향한 깊은 신뢰적 소통을 증명하는 뜻깊은 사건이 된다. 그리고 이 사건이 드러내는 신뢰, 즉 상대방이 궁극적으로 나를 존중하리라는 믿음은 서로가 처한 사회적 상황과 감정, 가치 등에 대한 진지한 관심과 교류 없이는 채털리와 멜러스에게 의미 있게 여겨지지 않았을 것이다.

이처럼 멜러스와 채털리 사이에는 문화적·사회적·개인적 맥락 속에서 형성된 서로만의 고유하고 중요한 감정과 가치 등을 반영하는 인간관계, 즉 서사적 역사에 기반한 신뢰적 소통이 자리하고 있다. 이러한 신뢰 어린 소통은 앞선 예시와 설명에서 볼 수 있듯이 멜러스와 채털리가 서로를 신체의 한 부위로 축소하고 동시에 소유물로 취급하는 대상화 속에서 상호성과 대칭성이 그 대상화를 긍정적인 현상으로 기능하도록 만들어준다. 이는 두 사람 사이에서 상대방이 나를 잘 이해하고 존중하는 방식으로 반응할 것이라는 신뢰 관계가 형성되어 있기 때문이다. 이러한 신뢰는 우리에게 자신이 사물처럼 취급되고 주체성과 자율성을 상실할 것이라는 위험 앞에서 상대방이 궁극적으로는 나에 대한 존중을 유지할 것이라는 믿음을 가능하게 한다.

이러한 신뢰 어린 소통은 상대방에 관한 깊은 관심 그리고 이해가 충분한 기간에 걸쳐 축적된 친밀한 관계 없이는 불가능하다. 누스바움은 이를 서사적 역사 없이는 불가능하다는 말로 표현한다. 이 글에서는 누스바움의 이러한 입장을 서사적 역사에 근거한 신뢰 기반 소통 입장이라고 부르고자 한다. 이 입장의 핵심은 서사적 역사에 근거한 신뢰 기반 소통이 대상화를 무해하게 만들고 더 나아가 대상화가 자율성과 주체성을 더욱 증진하는 기능을 하도록 만든다는 점이다.

3) 신뢰 기반 소통 입장의 함의

누스바움이 무해한 도구화의 사례로 언급하는 연인 간의 일상적이고 평범한 도구화 행위를 보면 신뢰 기반 소통 입장이 무엇을 함의하는지 알 수 있다. 그는 내가 존중해온 연인의 배를 베개로 사용하는 예시를 들며 사용에 대한 동의를 언급한다.[15] 하지만 뒤이어 누스바움은 이 상황에서 진실로 중요한 것은 동의가 아님을 강조한다. 핵심은 연인이 평소에 베개 이상의 존재로 대우받았다는 것, 즉 단순히 대체 가능한 익명적 도구가 아니라 고유한 개인으로 대우받았다는 것이다. 그리고 명시적인 표현이 없을지라도 두 사람 사이에 축적된 서사적 역사와 신뢰 기반 소통이 있기 때문에 상대는 이러한 취급을 허용할 것이라고 믿을 만한 근거가 마련된다.

15　이러한 예시에서 알 수 있듯이 신뢰 관계 맥락 속에서 이루어진 대상화가 항상 자율성과 주체성을 증진하는 긍정적인 기능을 수행하는 것은 아니다. 때때로 그런 종류의 대상화는 단지 무해할 뿐일 수도 있다. 그러나 이 경우에도 대상화가 도덕적으로 허용될 수 없는 현상인 것은 아니다. ibid., p. 265.

여기서 우리는 두 가지 함의를 도출할 수 있다. 첫째로 신뢰 기반 소통 입장은 무해한 대상화의 조건으로 반드시 상대의 동의를 요구하지는 않는다. 이는 동의가 없더라도 상대에 대한 깊은 이해와 진지한 관심에 기초한 서사적 역사가 있다면 합리적으로 허용을 추론할 수 있기 때문이다. 둘째로 신뢰 기반 소통 입장은 대상화되는 객체가 대상화 주체에 대해 자신에게 주어지는 불평등하거나 불쾌한 대우를 거부하거나 중단할 수 있을 만큼의 주체성과 자율성을 지니고 있고 또 그것이 존중받는 관계를 요구한다. 동의의 부재가 허용되기 위해서는 앞서 말했듯이 상대와 함께 쌓아온 서사적 역사와 그에 근거한 신뢰 관계가 필요하다. 그리고 이러한 것들은 상대를 쉽게 대체 가능한 도구적 존재로서가 아니라 고유한 가치를 지닌 비익명적 개인으로 이해하게끔 만든다. 요컨대 신뢰 기반 소통 입장은 서사적 역사를 함께 쌓아온 상대를 존중받을 개인으로 전제할 것을 요구한다.

마지막으로 누스바움의 주장을 정리하자면 다음과 같다. 대상화는 그것이 실제로 수행되는 상황의 다양한 맥락을 고려하여 이해되어야 한다. 특히 서로에 대한 깊은 관심과 존중 속에서 구성된 서사적 역사와 이를 기반으로 하는 신뢰 기반 소통의 맥락에서 이루어지는 대상화는 도덕적으로 무해하거나 오히려 긍정적일 수 있다. 이러한 신뢰 기반 소통 속에서의 대상화는 종종 상대의 명시적 동의가 없더라도 무해하게 혹은 긍정적으로 기능하며, 이는 상대를 익명적 개인이 아니라 고유한 감정과 가치를 지닌 특수한 개인으로 존중할 것을 전제한다.

3. 자율성에 따른 동의 기반 입장과 동의의 한계

누스바움의 신뢰 기반 소통 입장에서 동의는 대상화를 무해하게 만드는 데 필수적인 요소가 아니다. 누스바움에 따르면, 동의 없이도 상대방이 그것을 기꺼이 허용할 것이라는 믿음을 가능하게 해주는 서사적 역사는 동의를 대신하여 도덕적 변환(moral transformation)[16]을 일으킬 수 있다. 그러나 누스바움의 견해는 다음의 두 가지 문제에 직면한다. 첫째로 동의는 일반적으로 어떠한 행위에 대해 도덕적 변환을 일으킨다고 여겨지지만, 신뢰 기반 소통 입장은 대상화가 무해화되는 과정에서 이러한 동의를 불필요한 것으로 설명한다. 둘째로 신뢰 기반 소통 입장이 설명할 수 있는 무해한 대상화의 사례와 설명할 수 없는 사례 두 경우 모두 사실은 동의 개념에 근거한 입장으로도 충분히 설명할 수 있는 것처럼 보인다.

이상의 두 가지 문제에 근거하여 신뢰 기반 소통 입장을 거부하고 대상화를 무해하게 만드는 요소로 동의를 제시하는 견해를 '자율성에 따른 동의 기반 입장'이라고 부르겠다. 퍼트리샤 마리노(Patricia Marino)는 바로 이 두 문제를 지적하며 자율성에 따른 동의 기반 입장이 더 설득력 있는 이유를 갖추고 있다고 주장한다. 이하에서는 마리노의 논지를 전형으로 삼아 동의 기반 입장을 검토하겠다.

우선 마리노가 제시하는 다음의 사례를 보라.

---

[16] A가 B에게 k하는 것이 규범적으로 허용되기 위해 c가 필요하다고 할 때, c는 이 상황에서 도덕적 변환을 가지는 것이라고 할 수 있다. 예컨대 내가 당신의 땅을 사용하는 것이 허용되기 위해서는 해당 사안에 대한 당신의 타당한 동의가 필요하며, 이 경우 타당한 동의는 도덕적 변환을 가진다.

서로를 존중하는 관계에서 다양한 종류의 도구적 사용은 도덕적으로 문제가 될 수 있다. 예를 들어 다정하고 헌신적인 남편을 둔 아내가 (중략) 남편은 자신의 원고를 타이핑해줄 사람이 필요하다. (중략) 이런 일이 발생한다면, (아내는) 그런 요청에 "아니오"라고 말하는 것은 차갑고 사랑스럽지 않은 일로 느껴져 "예"라고 말하지 않을 수 없으리라. (중략) 낯선 사람이 페이지당 몇 달러를 주고 타이핑을 해달라고 제안하면 그 일을 수락하거나 그만둘 수 있다. (중략) 친밀감이 오히려 도덕적으로 더 큰 문제를 일으킬 수 있다는 것이다.[17]

마리노가 사례를 통해 주장하는 바는 신뢰에 기반한 소통 자체만으로는 대상화를 도덕적으로 무해한 현상으로 만드는 요소일 수 없다는 것이다. 그에 따르면 아내와 남편이 서로에게 깊은 관심과 애정을 상호적이고 대칭적인 방식으로 가진다고 하더라도 그러한 인간관계는 사례에서의 상황을 도덕적으로 문제없는 것으로 만들어주지는 않는다. 이 타이피스트 사례에서 우리가 직관적으로 느끼는 도덕적 문제의 핵심은 아내가 진정한 의미에서 동의, 즉 자율성에 기반한 동의를 할 수 없다는 데 있다. 실제로 대상화가 문제가 되는 많은 상황에서 공통으로 발견되는 요소는 대상화에 연루된 사람들 사이에서 자율성에 기반한 동의가 부재한다는 사실이다. 타이피스트 사례와 대조적으로 제시되는 또 다른 사례를 보면 대상화와 신뢰 어린 소통이 서로 무관하다는 점이 더욱 분명해진다.

---

17   P. Marino, "The Ethics of Sexual Objectification: Autonomy and Consent" (*Inquiry*, vol. 51, Routledge, 2008), p. 350.

이상하게도 열심히 일하는 철학자를 위해 베개로 일하는 것에 시간당 임금을 제공하는 광고를 크레이그리스트에 올리는 일은 잘못된 것 같지 않다. 물론 고용주가 이런 방식으로 누군가를 사용하는 경우, 친밀감, 대칭성, 상호성이 없을 때가 많지만 이는 도덕적으로 무해하다.[18]

베개로 일하는 사람의 사례에서 분명한 것은 고용주는 베개로 일할 누군가를 도구로 사용하고, 베개로 일할 누군가는 도구로 사용될 것이라는 점이다. 이는 명백히 사람을 대상으로 삼는 도구화의 사례이다. 그럼에도 해당 사례는 도덕적으로 무해해 보인다. 두 사람 사이에는 누스바움이 주장한 것 같은 서사적 역사에 기반한 깊은 관심이 부재함에도 그 둘 사이에 어떠한 동의가 오갔다는 사실만으로도 이러한 도구화를 무해한 것으로 설명하기에 충분해 보인다.

이상의 두 사례를 살펴보면 우리가 대상화의 무해성을 판단할 때 단순히 동의 여부만이 아니라 동의의 질 또한 함께 고려하고 있음을 알 수 있다. 그리고 우리의 이러한 관찰은 타당한 동의가 도덕적 변환의 필요충분조건이라는 동의에 대한 표준적 견해[19]와도 일치한다.

마리노는 타이피스트 사례와 베개로 일하는 사람의 사례를 통해 사람을 단지 수단으로 사용한다는 개념을 두 가지로 구분할 필요가 있다고 주장하며, 다음의 구분을 제시한다.[20] **약한 도구적 사용**은 자율성

18　ibid., p. 350.

19　F. Miller and A. Wertheimer (eds.), "Preface to a Theory of Consent Transactions: Beyond Valid Consent," *The Ethics of Consent: Theory and Practice* (New York: Oxford University Press, 2009), p. 81.

20　P. Marino, "The Ethics of Sexual Objectification: Autonomy and Consent" (*Inquiry*, vol.

을 침해하지 않고서 상대의 목적이나 소망, 욕구 등을 고려하지 않고 상대를 자신의 목적을 달성하기 위한 수단으로 대하는 것이며, **강한 도구적 사용**은 상대의 자율성을 침해하며 상대의 목적이나 소망, 욕구 등을 고려하지 않고 상대를 자신의 목적을 달성하기 위한 수단으로 대하는 것이다. 예컨대 우리가 계산대 직원에게 총구를 향한 채 지금 당장 돈을 꺼내라고 강요한다면 이는 강한 도구적 사용이라고 할 수 있다. 그러나 우리가 계산대 직원이 어떤 감정을 지녔는지, 무엇을 원하는지, 어떤 선택을 하는지 등을 고려하지 않고 그를 계산하는 기계처럼 사용하는 것은 약한 도구적 사용에 속한다. 후자는 단지 상대방의 바람과 욕구를 무시하는 것이지, 상대방의 권리를 무시하는 것은 아니다.

더욱이 성적인 상황에서 약한 도구적 사용과 강한 도구적 사용은 서로 다른 도덕적 범주에 속한다.[21] 성적인 맥락에서의 약한 도구적 사용은 누군가가 성관계 중에 자기 의사를 무시해달라고 요구하거나 성적인 정념에 빠져 다른 누군가의 욕구와 의사를 고려하지 않고 자신의 쾌락을 충족시키거나 증가시키기 위해 그를 이용하는 경우 등을 의미한다. 반면에 성적인 맥락에서의 강한 도구적 사용은 누군가를 강간하는 상황 등이 포함된다. 만일 이러한 구분이 받아들일 만하다면 강한 도구적 사용과 달리 약한 도구적 사용은 그 수단이 되는 인간의 자율성을 부정하는 것은 아니기 때문에 수단이 되고자 자율적으로 동의하는 행위를 통해 도덕적 변환을 갖출 수 있다. 이상이 마리노가 제안하는 무해한 대상화의 조건이다.

51, Routledge, 2008), p. 351.

21　ibid., p. 352.

마리노의 이러한 제안에서 핵심이 되는 것은 단순한 동의가 아니라 자율성에 근거한 동의다. 그는 "가장 중요한 것은 동의가 가능하고 진정성 있게 이루어질 수 있도록 하는 배경 맥락"[22]이라고 말하며, 진정성 있는 자율성에 근거한 동의만이 대상화를 도덕적으로 무해하게 만들어주는 것이라고 주장한다. 이 점에서 타이피스트 사례에서 아내에게 가해진 도구적 사용은 자율성에 근거한 동의가 결여되어 있기 때문에 도덕적으로 무해하다고 할 수 없다. 요컨대 마리노에게서 타당한 동의란 자율성에 근거한 동의이며, 대상화는 바로 이러한 동의를 통해서만 무해화될 수 있다.

동의 기반 입장은 동의의 자율적 권위 부여 모델(autonomous authorization model 이하 AA 모델)이라고 불리는 동의에 관한 표준적 이론을 대상화의 경우에 적용한 것이다. 따라서 동의에 근거하여 무해한 대상화를 설명하려는 시도는 필연적으로 동의에 대한 AA 모델이 직면하는 난점을 공유한다.

우선, 동의에 대한 AA 모델이 무엇인지 살펴보자. 동의에 대한 표준적 모델인 AA 모델은 다음의 두 가지 명제를 기본으로 삼는다. 첫째, 유효한 동의는 도덕적 변환의 필요충분조건이다. 둘째, 유효한 동의는 자율적 권위 부여 개념으로 정의된다.[23] 이는 즉, B가 A에게 X할 권위를 자율적으로 부여한 경우 오직 그 경우에만 A는 B에게 X하는 것이 정당화된다는 것을 의미한다. 이는 동의에 대한 우리의 일반적인 직관

---

22   ibid., p. 355.

23   F. Miller and A. Wertheimer (eds.), "Preface to a Theory of Consent Transactions: Beyond Valid Consent," *The Ethics of Consent: Theory and Practice* (New York: Oxford University Press, 2009), p. 81.

을 잘 반영하며 마리노 같은 동의 기반 입장에서 제시하는 무해한 대상화 사례를 설명하는 이론적 기반이 된다. 예컨대 마리노는 타이피스트 사례에서 친밀감이 일종의 압박으로 작용했기 때문에 아내의 동의가 진정한 의미의 동의가 될 수 없지만, 베개 사례에서는 구인자와 구직자 간에 그 어떤 친밀한 관계가 존재하지 않아도 동의가 존재하기 때문에 도덕적으로 문제가 되지 않는다고 설명할 수 있다.

그러나 이 같은 AA 모델은 도덕적 변환의 필요충분조건을 자율성에 근거한 동의 개념이라고 주장함으로써 도덕적 변환을 너무 협소하게 다루고 있다.[24] 가령, 다음 사례들을 고려해보자.

1. A는 총에 맞아 쓰러진 B를 우연히 발견하고 "나와 성관계를 맺지 않으면 당신을 지금 돕지 않을 것"이라고 고지한다. B는 다소 공포에 질리긴 했지만, 정상적으로 작동하는 의사결정 능력을 통해 A의 요구에 동의한다.

2. A는 B에게 보험 처리가 안 되는 몹시 비싼 치료법을 제시하며 "당신이 파산할 것을 알지만 이 치료를 제외하면 당신에게는 살아날 방도가 없다"고 정직하게 고지한다. B는 자신의 경제 상황과 부담 능력을 분명히 아는 채로 치료에 동의한다.

24　AA 모델의 대표적 비판자인 밀러와 베르트하이머는 동의에 관한 이론이 도덕적 변환을 일으키는 동의에 관하여 명확하고 실천 가능한 규준을 제공할 수 있어야 한다고 주장한다. 그러나 AA 모델은 동의 수신자와 발신자 그리고 사회 전체의 이해 관심을 고려하지 못함으로써 도덕적 변환을 협소하게 이해하고, 이로 인해 실천 가능한 규준을 제공하는 것에 실패했다고 주장한다. 다음을 보라. F. Miller and A. Wertheimer (eds.), "Preface to a Theory of Consent Transactions: Beyond Valid Consent," *The Ethics of Consent: Theory and Practice* (New York: Oxford University Press, 2009), p. 81.

3. A는 B에게 임상실험을 권하며 B가 대조군에 속하게 될 가능성
   과 임상실험이 어떤 영향을 미칠지 충분히 고지한다. 그러나 B
   는 임상실험이 대상자에게서 최선의 이익을 증진하는 것을 목
   표로 하는 것이라는 치료적 오관념(therapeutic misconception)을
   가진 채로 임상실험에 동의한다.

4. 카지노에 찾아간 A는 연달아 붉은색이 나온 룰렛 테이블에서
   또 붉은색이 나올 확률은 낮을 것으로 생각(도박사의 오류)하며
   딜러에게 돈을 걸겠다고 말한다.

위에서 사례 1은 직관적으로 도덕적 변환을 갖추지 못한 사례다.
AA 모델에 따르면 우리는 사례 1에서 생명 보존의 압박으로 인해 B에
게 주어진 선택지가 하나뿐이고 따라서 사실은 B의 동의가 자율적, 즉
타당한 동의가 아니었다고 주장해야 한다. 그러나 이 경우 AA 모델은
사례 2 또한 B에게 주어진 선택지가 하나뿐이기에 A의 치료 행위가 부
당하다고 주장해야 한다. 또한 직관적으로 정당해 보이는 사례 2에서
AA 모델은 B에게 주어진 것이 단일한 선택지, 즉 자유의 상실이기는
하지만 그것이 자율성의 상실은 아니며, 따라서 B의 동의가 타당한 것
이라고 주장할 수도 있다.[25] 그러나 이 경우에 AA 모델은 사례 1이 사
례 2와 마찬가지로 타당한 동의의 사례이고, 따라서 도덕적 변환을 갖
추었다고 주장해야 한다. 어느 쪽이든 이는 받아들일 수 없는 결론이다.

---

[25] 페이든(Ruth Faden)과 보챔프(Tom Beauchamp)는 위와 유사한 사례를 언급하며 생존을
위한 수술을 앞둔 환자가 많은 경우에 자유를 상실한 것은 맞지만 자유의 상실로부터 자
율성의 상실로 나아가는 것은 잘못된 결론이라고 주장한다. 다음을 보라. R. Faden and T.
Beauchamp, *A History and Theory of Informed Consent* (New York: Oxford University Press,
1986), p. 345.

AA 모델에서 동의의 발신자가 동의하는 사안에 관하여 충분한 이해를 갖지 못했다면 그 동의는 도덕적 변환을 갖추지 못했다고 본다. 사례 3이 그 전형적 사례다. 일반적으로 임상실험의 목표는 실험 대상자의 복지가 아니라 지식의 증진이다. 그러나 실험 대상자가 이 실험의 목적이 복지의 증진이라는 치료적 오관념을 가진 채로 참여에 동의한다면 이는 임상실험의 도덕성에 심각한 문제를 가져올 수 있다. 그런데 사례 4에서 AA 모델이 우려하는 이해의 부재가 발생함에도 사례 4는 직관적으로 문제없는 사례로 여겨진다. A가 잘못된 믿음을 가지고, 즉 충분한 이해를 갖지 못하고 자신에게 심각한 경제적 타격을 줄 법한 도박을 하더라도 우리는 A와 도박장 사이의 거래가 도덕적 변환을 갖추었다고 생각한다. AA 모델에서 사례 3이 부당하다면 사례 4도 부당해야 하지만, 이는 반직관적인 결론으로 보인다.

위의 네 가지 사례는 AA 모델과 이를 대상화 사례에 적용한 형태인 동의 기반 입장이 공유하는 두 가지 난점을 말해준다. 첫째로 사례 1과 2에서 볼 수 있듯이 자율성에 기반한 동의가 도덕적 변환의 필요충분조건이라는 주장은 동의에 관한 우리의 건전한 직관과 비일관적이다. 둘째로 사례 3과 4에서 볼 수 있듯이 우리가 어떠한 동의가 도덕적 변환을 갖추기에 충분하다고 판단하는 요건은 동의의 수신자와 발신자가 처한 상황과 동의에 의해 허가되는 행위 유형 등을 고려함으로써 변하는데, AA 모델은 이를 설명하지 못한다.

4. 동의를 넘어서는 도덕적 변환

누스바움의 신뢰 기반 소통 입장은 동의 기반 입장에 의해 두 가지 비판을 받았다. 첫째로 도덕적 변환은 자율성에 근거한 동의 개념에서만 발생한다는 점이다. 그러나 누스바움은 동의 없이도 신뢰 기반 소통에 근거하여 도덕적 변환이 일어날 수 있다고 본다. 둘째로 현실에서는 신뢰 기반 소통이 부재함에도 도덕적으로 무해한 대상화의 사례가 존재하는데, 신뢰 기반 소통 입장은 이를 설명하지 못한다는 점이다. 반면에 동의 기반 입장은 이러한 사례를 충분히 설명할 수 있다.

그러나 3절에서 살펴보았듯이 자율성에 근거한 동의 개념이 도덕적 변환의 필요충분조건이라는 주장은 오히려 반직관적인 결론을 낳는다. 프랭클린 밀러(Franklin Miller)와 앨런 베르트하이머(Alan Wertheimer)는 이러한 문제점을 해결하기 위해 동의에 대한 공정 교류 모델(fair transaction model, 이하 FT 모델)을 대안으로 제시한다. FT 모델은 자율성에 근거한 권위 부여로서의 동의 없이도, 더 나아가 유효한 동의 없이도 도덕적 변환의 규준을 제시하는 것을 목표로 한다.[26]

우선 FT 모델이 도덕적 변환을 위해 요구하는 공정성(fairness)이 무엇인지 살펴보고, 이 모델이 누스바움의 신뢰적 소통 입장과 어떻게 연결되는지 다루겠다. FT 모델은 두 가지를 주장한다. 첫째, 우리가 동의 교류 상황에서 진정으로 중요하게 여기는 것은 도덕적 변환 유무이다. 둘째, 도덕적 변환이 항상 유효한 동의에 달려있다고 가정할 경우,

---

26 유효한 동의 없이도 도덕적 변환이 발생할 수 있다는 밀러와 베르트하이머의 주장에 관해서는 다음을 보라. F. Miller and A. Wertheimer (eds.), "Preface to a Theory of Consent Transactions: Beyond Valid Consent," *The Ethics of Consent: Theory and Practice* (New York: Oxford University Press, 2009), p. 99.

동의의 수신자 혹은 발신자에게 불공정한 사례가 발생할 수 있다. 따라서 도덕적 변환에 대한 새로운 판단 기준이 있어야 한다. 보다 구체적으로 밀러와 베르트하이머는 FT 모델에 대해 다음과 같이 주장한다.

> 공정 교류 견해는 B와 A 사이의 동의 교류가, A가 B에 대해 공정하게 행위한 조건하에서 B가 구체적이고 개별적인 경우에 동의했다면 도덕적 변환력을 발생시키며, 또는 결함이 있거나 성공적이지 못한 동의 교류 사례에서 B의 동의가 없어도 A가 행위를 실현하는 것이 B에게 공정하다면 A가 행위를 실현하는 것이 허용된다.[27]

AA 모델에서 주장하는 유효한 동의의 기준은 크게 세 가지이다. 동의의 발신자는 자발적이어야 하고, 충분한 정보를 고지받아야 하며, 적절한 의사결정능력을 가지고 있어야 한다. FT 모델은 이러한 세 가지 기준을 완전히 부정하는 것이 아니라 위의 세 가지 기준이 동의의 수신자와 발신자에게 공정한 형태로 요구되었는지를 고려한다.

예컨대 집을 사려는 A는 이 집을 구매하기 위해 최대 10억 원을 지급할 용의가 있지만, B에게 최대 7억 원을 지급할 용의가 있다고 고지한다. 마찬가지로 B는 집을 팔기 위해 최소 7억 원을 요구할 용의가 있지만, A에게 최소 9억 원을 요구한다고 고지한다. 그 결과, A는 B에게 8억 원을 지급하고 집을 구매하는 것에 동의한다. 우리는 일반적으로 이 매매 계약을 정당하고 유효한 것으로 인정한다.

---

[27] ibid., p. 94.

그러나 AA 모델을 고집하는 사람에게 이 매매 계약은 유효한 동의에 의해 정당화될 수 없다. A와 B 모두 각자 서로를 기만함으로써 고지해야 할 정보를 충분히 전달하지 않았기 때문이다. 또한 만일 이러한 기만행위가 임상실험에서 발생했다면, 이 기만은 임상실험 참여에 대한 동의를 유효하지 않은 것으로 만들기에 충분하다.

하지만 우리는 일반적으로 전자는 정당한 거래지만, 후자는 정당하지 않은 참여라고 생각한다. FT 모델은 AA 모델이 두 사례의 정당성에 대해 제시하는 바와 우리의 직관이 충돌하는 이유가 충분한 고지 측면에서의 공정성을 고려하지 않았기 때문이라고 주장한다. 즉, 주택 매매의 사례 같은 몇몇 시장 거래에서 양자 간의 기만행위는 상대를 공정하게 대우하지 않은 것으로 여겨지지 않으며, 거래에서 관습적으로 허용된다.

반면에 임상실험 같은 정보 비대칭성이 심한 경우 관련 정보에 더욱 해박한 사람은 덜 해박한 사람에게서 정보를 요구받을 수 있고, 또는 요구받지 않아도 정보를 제공해야 상대를 공정하게 대우한 것으로 여겨진다. 정보 고지의 측면에서뿐만 아니라 자율성, 의사결정능력 등의 측면에서도 마찬가지로 공정성은 특정 동의가 이루어지는 맥락을 고려하여 구성된다. 그리고 이 공정성에 따라 각 동의 교류 상황에서 동의의 수신자와 발신자가 서로를 공정하게 대우했는가를 판단하여 도덕적 변환 여부가 결정된다.

FT 모델은 AA 모델과 비교하면 다음과 같은 이점을 지닌다. FT 모델은 인간의 의사결정능력, 자율성, 행위를 결정하기 위해 요구되는 충분한 정보 등이 항상 불완전하다는 기본적 사실을 잘 수용한다. 또한 자율적 권위 부여 모델은 때때로 권위 부여를 통해 수행되는 행위(즉, 동의의 대상)를 훼손한다. 예컨대 성관계에 대한 세세한 정보 고지나 명시적인 서면상 동의 같은 것들은 AA 모델에서 유효한 동의를 위해 일반적으로 요구하는 사항이지만, 이는 성행위가 가지는 개인적 측면을 훼손할 가능성이 크다. 마지막으로 타당한 동의를 위해 요구되는 정보의 획득과 이해 등에는 상당한 비용이 따른다. 그런데 만약 동의를 통해 수행될 행위의 이익이 그만큼 크지 않을 경우 AA 모델은 오히려 동의의 발신자에게 불공정한 부담을 지우게 된다. 가령, 의료적 처치에 대해 매 순간 환자가 자신이 받을 의료적 처치를 완전히 이해한 후 동의해야만 의사가 정당하게 의료적 처치를 할 수 있기를 요구하는 것은 오히려 환자에게 부당한 대우를 취하는 것이다.[28]

FT 모델은 각 동의 교류 상황에서의 공정성이 도덕적 변환 여부를 결정하며, 이 공정성은 구체적인 동의 교류 상황에 따라 서로 다른 조건을 요구할 수 있다고 주장한다. 그렇다면 우리는 구체적인 특정 상황에서 공정성이 충족되었는지를 어떻게 알 수 있는가? 필자는 이 질문에 대한 해답으로 동의 교류의 발신자와 수신자 간에 형성된 서사적 역사와 이에 기반한 신뢰적 소통이 중요한 역할을 한다고 제안한다. 이러한 요소들을 통해 특정 상황에서 어떤 조건이 공정성을 충족하는지가 구체적으로 드러나게 된다. 다시 말해 FT 모델이 요구하는 공정성의 실질적 내용은 추상적 규칙만으로는 충분히 규정될 수 없으며, 서사적 역사에 근거한 신뢰 기반 소통이라는 구체적인 인간관계의 맥락 속에서만 올바르게 파악될 수 있다.[29]

---

28   ibid., p. 93.

29   밀러와 베르트하이머는 결혼, 상거래, 기부와 선물, 임상실험 등의 다양한 동의 교류 상황에서 도덕적 변환의 기준이 서로 다르게 적용되는 사례를 분석한 후 동의의 도덕적 변환

예컨대 심리상담사와 성인 내담자의 관계를 떠올려보자. 내담자는 약간의 우울증으로 인해 상담받는다는 사실 외에는 정신적으로 건강하고, 특히 의사결정능력에 별다른 문제가 없다. 내담자는 몇 알의 프로작을 복용한 뒤 맑은 정신으로 상담사에게 성관계를 제안한다. 만일 상담사가 이 제안에 동의한다면 우리는 그것을 어떻게 평가해야 하는가? 또는 내담자가 상담사가 아니라 친하게 지내던 이웃에게 이런 제안을 하고 이웃이 이 제안에 동의한다면 어떠한가?

우리는 의사결정능력에 별다른 문제가 없는 내담자라 하더라도 상담사가 내담자와 동의된 성관계를 가지는 일이 이웃의 경우와 달리 의료윤리에 비추어 몹시 부적절하다고 평가한다. 이는 상담사와 내담자가 처한 상황 속에서 구성된 서사적 역사와 이에 근거한 신뢰 기반 소통 관계가 이들 사이에 오가는 동의 교류를 정당화하기 위해 요구되는 특수한 형태의 공정성을 결정하기 때문이다.

상담자와 내담자의 동의 교류에서 요구되는 공정성을 '의료윤리적 공정성'이라고 부르자. 이 의료윤리적 공정성이 타당한 동의에 대해 요구하는 바는 이웃 관계에서의 공정성이 이웃 간의 동의에 대해 요구하는 바와 다를 것이다. 이 공정성은 이웃 관계에서 요구되는 공정성과 달리 상담사의 전문적 지위와 권력 차이를 고려한다. 나아가 상담사가 자신의 지위를 이용하여 내담자를 착취할 위험에 대한 우려

의 기준은, 다시 말해 공정성의 내용은 반드시 광범위한 도덕적 고려에 반응적이어야 한다고 결론 내린다. 이를 고려한다면 공정성의 내용을 결정할 수 있는 요소는 동의 사안에 관한 지식이나 동의 수신자와 발신자의 정신적 능력 혹은 강압 여부 등을 모두 포괄할 수 있는 개념이어야 할 필요가 있다. 밀러와 베르트하이머의 결론에 대해서는 다음을 보라. F. Miller and A Wertheimer, "Preface to a Theory of Consent Transactions: Beyond Valid Consent," *The Ethics of Consent: Theory and Practice* (New York: Oxford University Press, 2009), p. 93.

를 포함하며, 비교적 취약한 내담자의 의사결정능력에 대한 더욱 까다로운 평가 기준을 요구한다.

누스바움이 채털리와 멜러스의 예시에서 강조했던 것은 당대의 위선적인 성 규범, 채털리의 좌절된 욕구와 그것에 세심하게 반응하는 멜러스의 관심 그리고 존중 어린 평소의 태도, 서로를 향한 깊은 이해 등의 복잡하고 다채로운 서사적 역사와 신뢰에 기반한 소통이 인간관계에 반영되어 두 사람의 관계를 비익명적이고 대체 불가능한 특별한 관계를 구성하게끔 만든다는 것이다.[30]

이러한 맥락을 고려하면, 의료윤리적 공정성이 이웃 관계에서의 공정성과 다른 조건을 요구한다는 사실은 자연스럽게 이해된다. 상담자와 내담자 관계에서 형성된 서사적 역사와 신뢰적 소통은 이 관계를 대체 불가능하게 만들고, 밀러와 베르트하이머가 주장하는 공정성도 바로 이러한 관계 맥락 속에서 구체적 의미를 획득한다. 그리고 이렇게 획득된 공정성은 다른 관계에 그대로 대체될 수 없다. 즉, 상담자-내담자 관계에서 요구되는 공정성은 이웃 관계의 공정성과 동일할 수 없다.

혹자는 두 공정성의 차이를 환자의 정신적 능력, 즉 병리적 요인에 따른 변화를 통해 설명할 수 있다고 주장할 수 있다. 그러나 이는 충분하지 않다. 예컨대 예시에서의 우울증 환자가 평소와 다르지 않

---

30 이는 비록 명시적으로 드러나 있지는 않지만, 멜러스와 채털리의 예시를 언급하며 서로를 신체의 한 부위로 환원하는 것이 채털리와 멜러스의 방식처럼 이루어진다면, 타인을 비인간화된 고깃덩어리로 여기는 것이 아니라 그를 대체 불가능하고 고유한 개성을 지닌 온전한 인간 개개인으로 여기는 것이 될 수 있다고 주장하는 문단을 통해 알 수 있다. 다음을 보라. M. Nussbaum, "Objectification" (*Philosophy & Public Affairs*, vol. 24, Wiley, 1995), p. 276.

은 정신적 능력을 갖춘 채 이웃에게 성관계를 제안한다면, 이웃이 이에 동의하더라도 의사의 경우와 달리 그 동의 교류가 불공정하다고 보기는 어렵다. 따라서 공정성의 차이를 설명하는 핵심은 동의 발신자의 정신적 능력 자체가 아니라 동의 발신자와 수신자가 맺고 있는 관계의 성격, 즉 서사적 역사와 신뢰에 기반한 소통의 차이이다.

우리가 상담자-내담자의 동의 교류에서 평범한 이웃 간의 공정성을 적용한다면, 이는 두 사람이 쌓아온 특수한 서사적 역사와 신뢰적 소통에 적절하게 반응한 것이라고 보기 어렵다. 이처럼 FT 모델에서 도덕적 변환의 필요충분조건으로 제시되는 공정성은 추상적으로 주어진 것이 아니라, 서사적 역사와 신뢰 기반 소통이라는 구체적 인간관계의 맥락에 의해 규정된다. 다시 말해, 특정 동의 교류에서 무엇이 적절한 공정성인지는 이러한 맥락 속에서만 결정될 수 있다.

5. 결론

누스바움의 주장대로 대상화가 도덕적으로 무해할 수 있다면 이는 대상화에 대한 도덕적 변환을 갖춘 요소가 존재한다는 의미이다. 이 주장을 정당화하기 위해 우리가 가장 먼저 고려해볼법한 것은 타당한 동의 개념이다. 이는 일반적으로 타당한 동의 개념이 도덕적 변환의 필요충분조건으로 이해되기 때문이다. 그러나 누스바움은 이러한 통상적 관점과 달리 서사적 역사에 근거한 신뢰 기반 소통이라는 특수한 인간관계가 대상화를 도덕적으로 변환시키는 요소라고 주장한다.

이 글에서는 누스바움의 이 같은 입장을 옹호하고자 했다. 이를 위해 3절에서 신뢰 기반 소통이 대상화를 도덕적으로 무해하게 만들 수 없으며, 동의가 대상화에 대한 도덕적 변환을 가져온다는 동의 기반 입장을 마리노의 논문을 전형으로 삼아 분석했다. 이어서 AA 모델에 대한 비판을 근거로 삼아 동의 기반 입장의 한계를 제시했다. 그 후, 4절에서 AA 모델의 대안으로 제시되는 FT 모델이 도덕적 변환을 어떻게 이해하는지 설명하고, 5절에서 FT 모델이 제안하는 도덕적 변환 요소인 공정성이 누스바움이 말하는 서사적 역사 그리고 그에 근거한 신뢰 기반 소통과 어떤 의미 있는 관계를 맺는지 제시했다.

이 글의 주장을 요약하면 다음과 같다. 서사적 역사는 우리가 타인을 어떠한 방식으로 대해야 하는지를 규정하는 공정성의 구체적 내용을 결정한다. 둘째, 신뢰 기반 소통은 우리가 그 공정성에 부합하는 행위를 하도록 이끄는 토대가 된다. 이로부터 두 가지 시사점을 얻을 수 있다. 첫째로 도덕적 변환은 기존의 주장처럼 동의라는 열쇠만 있으면 자동으로 성립하는 것이 아니라 구체적 상황 속에서 각자가 지닌 감정과 가치, 그리고 그 교류를 섬세하게 고려하여 맥락에 맞게 구성된다는 점이다. 둘째로 따라서 대상화, 특히 성적 대상화는 어떤 맥락에서는 서로의 감정과 가치를 드러내고 이를 존중하는 윤리적 인간관계 형성에 긍정적 역할을 할 수 있다.

그러나 이 글에서는 대상화가 서로를 존중하는 윤리적 인간관계 형성에서 어떤 긍정적 역할을 수행하는지 충분히 다루지 못했다. 앞으로의 과제는 이 글의 분석을 토대로, 대상화와 인간관계 속에서 이루어지는 감정의 교류와 가치의 갈등이 어떤 근본적 관계를 맺는지를 탐색하는 것이다.

참고문헌

D. H. 로렌스(이인규 옮김), 『채털리 부인의 연인 2』, 서울: 민음사, 2003.

Cass R. Sunstein, "Porn on the Fourth of July," in *The New Republic*, vol. 42, 1995, pp. 42-45.

Dworkin, Andrea, *Pornography: Women, Violence and Civil Liberties*, New York: Oxford University Press, 1993.

Faden, Ruth, Beauchamp, Tom, *A History and Theory of Informed Consent*, New York: Oxford University Press, 1986.

MacKinnon, Catharine A., *Feminism Unmodified: Discourses on Life and Law*, Massachusetts: Harvard University Press, 1987.

Marino, Patricia, "The Ethics of Sexual Objectification: Autonomy and Consent," *Inquiry*, vol. 51, Routledge, 2008, pp. 345-364.

Miller, Franklin G., and Alan Wertheimer (eds.), *The Ethics of Consent: Theory and Practice*, New York: Oxford University Press, 2009.

Mohr, Richard, *Gay ideas: outing and other controversies*, Boston: Beacon Press, 1992.

Nussbaum, Martha, "Objectification," *Philosophy & Public Affairs*, vol. 24, Wiley, 1995, pp. 249-291.

08
우리는 어떻게 타인에게 공감하는가?: 코플랜과 골디의 논의 분석

정재연(경북대학교 철학과 박사과정)

1. 들어가는 말

우리는 타인과 갈등을 겪을 때 서로의 입장에서 생각하는 태도가 권장되는 것을 종종 경험한다. 일상적인 다툼 속에서 서로의 입장을 생각해보는 일이 다툼을 해결하기 위한 방법 중 하나로 여겨진다는 점은 관계를 회복하거나 유지하기 위해 우리가 타인의 관점에서 타인을 이해하고자 한다는 것을 보여준다.

공감은 관계와 관련해서 일반적으로 중요하게 여겨지기 때문에 오랫동안 다양한 분야에서 논의되었다. 대표적으로 심리학에서는 우리가 어린 시절에 모방을 통해 타인의 표정과 행동 등을 학습하는 과

---

* 이 논문은 『인문사회과학연구』 제26권 제1호(2025년 2월 28일 발행)에 게재된 논문을 일부 수정한 것이다.

정에서부터 공감이 시작된다고 본다. 또한 "자신이 마치 다른 사람의 내적 삶에 놓인 것처럼 생각하고 느끼는 능력으로, 다른 사람이 경험하는 것을 일반적이고 적절하게, 약화된 정도로 경험하는 평생의 능력"을 공감으로 보기도 한다.[1] 특히 발달 및 사회심리학 분야에서 진행된 연구들에 따르면, 공감은 도덕적 발달, 사회적 능력, 윤리적 삶과 관련해서 친사회적 행동을 할 수 있도록 한다. 일례로 사회심리학자 다니엘 뱃슨(Daniel Batson)에 따르면, 공감은 타인의 복지를 증진시키는 것을 궁극적인 목적으로 삼는 이타적인 행동을 할 수 있도록 한다.[2]

철학에서는 대표적으로 데이비드 흄(David Hume)과 애덤 스미스(Adam Smith)가 공감에 대한 논의를 전개한다. 흄은 공감을 도덕적 판단과 사회적 협력의 근본적인 측면으로 본다. 그는 어떤 사람이 느끼는 기쁨과 고통의 감정이 우리의 감정으로 활성화되는 일련의 과정을 공감이라고 보는데, 우리는 이 공감에 대한 반응으로 도덕적 승인 혹은 불승인의 감정을 느낀다. 이 감정은 도덕적 판단의 기반이 된다.[3] 스미스는 타인의 관점에서 타인의 생각과 감정을 상상하고 그것들이 활성화되는 상태를 공감으로 본다. 특정한 사람들이 어떤 대상에 대해 느끼는 감정이 무엇이든지 간에 우리가 그 사람들의 상황을 상상하면서

---

1   H. Kohut, *How Does Analysis Cure?* (Chicago and London: University of Chicago Press, 1984), p. 82; A. Coplan & P. Goldie (eds.), *Empathy: Philosophical and Psychological Perspectives* (Oxford University Press, 2011), p. XXI 재인용.

2   D. Batson, *The Altruism Question: Toward a Social-Psychological Answer* (UK: Lawrence Erlbaum Associates, 1991), p. 6; A. Coplan & P. Goldie (eds.), *Empathy: Philosophical and Psychological Perspectives*, p. XXIV 재인용[인용된 내용 확인은 D. Batson, *The Altruism Question: Toward a Social-Psychological Answer* (New York: Psychology Press, 2014), p. 6].

3   D. Hume, David Fate Norton & Mary J. Norton (eds.), *A Treatise of Human Nature* (Oxford: Oxford University Press, 2000), pp. 320-321, 368-370, 385 참조.

그 사람들이 느끼는 감정과 일치하는 감정을 느끼게 된다면, 우리는 그 사람에게 공감하면서 그 사람이 느끼는 감정이 그 상황에 적합하고 적절하다고 여길 수 있다.[4] 최근에는 공감의 정의와 본성에 대한 물음이 주목을 받으면서 우리의 인지(cognitive)나 이해 능력, 혹은 정서적(affective) 능력과 관련해서 공감에 대한 논의가 진행되고 있다.

공감에 대한 다양한 논의를 고려할 때, 공감이 어떤 기능을 하는지 혹은 어떤 능력인지에 대해서는 어느 정도 공유되는 바가 있다고 해도 무방하다. 특히 공감은 주로 우리의 윤리적인 행동과 밀접하게 연관되어 논의되면서 윤리적 삶 혹은 이타적인 행동에 기여하는 중요한 요소로 간주된다. 가령 앞서 언급한 흄과 스미스는 공감과 도덕을 연관 지어서 논의를 진행한다. 또한 스티븐 다월(Stephen Darwall)은 공감의 도덕적·관계적 측면을 강조하면서 공감이 타인의 자율성과 존엄성을 위한 도덕적인 존경과 인정을 포함한다고 설명하기도 한다.[5]

그러나 도덕 같은 다른 영역으로부터 독립된 공감에 대해서는 충분히 논의된 바 없다. 공감에 대한 논의는 그것이 도덕적으로 어떤 역할을 하는지에 초점이 맞춰져 있었지만, 우리는 도덕적인 행위나 판단을 위해서만 타인에게 공감하지 않는다. 가령 친구가 아팠던 경험을 이야기할 때, 그 얘기를 들으며 그 친구에게 공감하는 것은 도덕과 직접적으로 연관되지 않는다. 우리가 도덕적인 영역과 관련해서만 타인에게 공감하는 것이 아니라는 점을 고려한다면, 타인에게 공감하는 방

---

4   A. Smith, Haakonssen Knud (ed.), *The Theory of Moral Sentiments* (New York: Cambridge University Press, 2002), pp. 78-90 참조.

5   S. Darwall, "BEING WITH" (*The Southern Journal of Philosophy,* Vol. 49, 2011), pp. 16-18 참조.

식을 이해하기 위해서는 다른 영역으로부터 독립된 공감에 대한 논의가 필요하다. 이 필요성에 따라 본 논문에서는 도덕적인 관점에서 벗어나 인지적 관점에서의 공감에 초점을 맞추어 우리가 타인에게 공감할 때 인지적으로 어떤 조건을 만족하는지를 찾고자 한다. 이 작업이 성공적으로 수행된다면, 기본적으로 우리가 타인에게 공감할 때 적어도 어떤 과정을 거치는지를 분명히 알 수 있을 것이다.

본 논문은 일반적으로 우리가 타인에게 공감하기 위해 만족해야 하는 조건이 무엇인지 분명히 제시하는 것을 목표로 한다. 그리고 공감의 필요조건을 제시하여 공감을 갈등 해결과 관계 회복을 위한 하나의 지침으로 삼고자 한다. 이 목표를 달성하기 위해 공감의 정의와 본성과 관련해서 대표적으로 언급되는 에이미 코플랜(Amy Coplan)과 피터 골디(Peter Goldie)의 입장을 다룰 것이다. 코플랜과 골디는 우리의 이해 능력과 정서적 능력을 공감의 조건으로 보는 동시에, 우리의 이해 능력에 초점을 맞추어 각자의 입장을 전개한다. 간략하게 소개하면, 우리가 타인의 관점을 취하는 것과 자신의 관점을 유지하는 것 중 코플랜은 전자가, 골디는 후자가 타인을 이해하는 방식으로 적절하다고 주장한다.

본 논문에서는 코플랜과 골디의 논지를 바탕으로 하여 공감이 이해 능력과 정서적 능력으로 구성된다고 보는 논의를 분석할 것이다. 둘 중 하나의 능력으로 공감이 구성된다고 보는 견해를 다루지 않는 이유는 이 두 논의 또한 결론적으로 두 가지 능력 모두를 고려하여 입장을 전개하는 데 있다. 공감이 이해 능력이거나 정서적 능력이라고 주장하는 대개의 입장을 살펴보면 둘 중 하나의 능력이 더 근본적이거나 더 중요하다고 평가할 수 있지만, 공감이 두 가지 능력을 모두 요구한다는 점에는 이견이 없다. 가령 골디는 타인을 이해하는 과정에서 우리가 어떤 관점을 유지하는 것이 적절한지에 대해 나름의 주장을 하지만, 이러한 이해 능력은 타인에게 더 깊게 공감하여 타인의 감정을 더욱 친숙하게 느끼기 위한 기반으로 필요한 것이라고 본다. 제시 프린츠(Jesse Prinz) 또한 타인의 감정을 충분히 느끼는 능력을 공감으로 보지만, 이 감정을 느끼기 위해서는 인지적인 요소가 중요하다고 본다.[6] 공감에 대한 대부분의 견해는 이해 능력과 정서적 능력이 모두 필요하다고 본다는 점에서, 본 논문에서는 이해 능력과 정서적 능력을 공감의 조건으로 제시하는 입장을 분석하여 공감의 필요조건을 분명히 밝힐 것이다.

논자는 코플랜과 골디의 입장을 분석하고 이해 능력과 관련해서 둘 중 더 받아들일 만한 입장이 어느 것인지를 밝힌 후 공감의 필요조건을 제시할 것이다. 본 논문에서는 우리가 타인에게 공감하기 위해 자신의 관점을 유지하는 것이 필요하다는 점에 따라 골디의 입장을 따르는 것이 적절하다는 주장과 함께 공감의 조건을 제시하고자 한다.

2. 공감의 조건

우리가 일반적으로 받아들이는 공감의 방식에 대해 잠시 살펴보자. 대개 우리는 타인에게 공감할 때, ① 타인이 느끼는 것 같은 감정을

---

6   J. Prinz, "Is Empathy Necessary for Morality?," *Empathy: Philosophical and Psychological Perspectives* (Oxford: Oxford University Press, 2011), p. 212 참조.

느끼고, ② 타인의 관점에서 타인의 생각과 감정을 이해한다.

철학적 논의에서 통용되는 공감의 정의는 일반적으로 받아들여지는 공감에 대한 직관과 유사하다. 대표적으로 다월이 정의한 공감은 "어떤 사람이 스스로 느끼거나 느껴야 한다고 생각하는 감정을 느끼는 것, 혹은 그 감정에 대해 상상하여 모방하는 것으로 구성된다."[7] 이에 더해 프린츠는 "공감은 감정의 자동적 전이 혹은 상상과 같이 모종의 과정을 거쳐 타인이 느낄법한 감정을 간접적으로 느끼게 되는 것의 일종"이라고 본다.[8]

본 논문에서 다룰 코플랜과 골디 또한 위에서 제시한 공감의 정의와 유사하게, 공감이 이해 능력과 정서적 능력으로 구성된다고 본다. 그러나 이 둘은 어떤 측면을 더 강조하는지에 따라 차이를 보인다. 코플랜과 골디는 모두 타인의 감정과 생각 등을 이해하고 타인의 감정을 공유하는 것이 공감하기 위한 조건이라고 본다. 특히 코플랜은 두 가지 능력 중에서도 정서적 능력을 강조한다. 반면에 골디는 이해 능력을 강조한다. 그는 이해 능력이 정서적 능력의 기반이라고 보고, 타인의 감정을 느끼기 위해서는 이해 능력이 필요하다고 본다.[9]

다월과 프린츠, 코플랜과 골디가 제시한 공감의 정의는 어떤 측면을 강조하는지에서 차이를 보이기는 하지만, 적어도 우리가 타인에게 공감한다면 다음의 조건을 만족한다는 점을 모두 받아들인다고 보아

---

7   S. Darwall, "Empathy, Sympathy, Care" (*Philosophical Studies*, 1998, Vol. 89), p. 261.

8   J. Prinz, "Is Empathy Necessary for Morality?," p. 212.

9   후술할 내용을 간략히 소개하면 다음과 같다. 코플랜은 공감과 관련해서 타인과 일치하는 유형의 감정을 느끼는 것(affective matching)을 강조한다. 반면에 골디는 타인이 느끼는 감정을 공유하는 것을 공감의 조건으로 받아들이기는 하지만, 감정은 우리의 관점에서 예측한 내용에 따라 느끼게 되는 것이라는 점에 중점을 둔다.

도 무방하다.

① 타인의 감정을 공유한다.
② 타인이 맞닥뜨린 상황, 타인의 생각과 감정을 이해한다.

그렇다면 코플랜과 골디의 논지를 분석하여 이 두 조건에 대해 자세히 살펴보자.

1) 조건 ①: 타인의 감정을 공유한다.

코플랜과 골디에 따르면, 우리가 타인의 감정을 비자발적이고 무의식적으로 느끼게 되는 것은 타인에 대한 공감이 아니다.[10] 코플랜에 따르면 우리는 공감할 때 타인의 생각과 감정 등에 대해 상상하는 인지적인 과정을 거쳐 타인의 정서적 상태와 일치하는(affective matching) 감정을 느끼게 된다. 다시 말해, 공감할 때의 감정적인 상태는 자발적이고 의식적인 과정을 거쳐 발생한다.[11] 코플랜은 정서적으로 일치한

---

[10] P. Goldie, "Anti-Empathy," *Empathy: Philosophical and Psychological Perspectives* (Oxford: Oxford University Press, 2011), p. 304.
전이된 감정을 느끼는 공감을 독립된 하나의 유형으로 볼 것인지 아닌지에 대해서는 의견 차이가 있다. 본 논문에서 소개하는 코플랜과 골디는 비자발적인 감정의 전이를 공감으로 보지 않는다. 특히 골디는 전이에 의한 공감을 기본 공감(basic empathy)으로 언급하기는 하지만, 자연스럽게 지각 편에 속하는 것이라고 언급한다[P. Goldie, "Seeing What is the Kind Thing to Do: Perception and Emotion in Morality" (*Dialectica*, Vol. 61, 2007), pp. 347-361].
코플랜과 골디는 서로 다른 주장을 제시하지만, 적어도 일반적인 관점에서의 공감은 인지적인 과정이 동반되어 타인에 대한 감정을 느끼는 것이라는 점에는 모두 동의한다고 봐도 무방하다.

[11] 'affective matching'을 타인의 정서적 상태와 일치하는 것으로 번역한 것은 타인의 감정과

다는 것에 대해 다음과 같이 언급한다.

> 우리가 관찰자로서 가지게 되는 정서적 상태는 오직 관찰 대상
> 이 느끼는 정서적 상태와 질적으로 동일할 때만 그 대상의 정서적
> 상태와 일치하게 된다.[12]

타인의 정서적 상태와 일치하는 상태에 있다는 것은 단순히 타인
이 느낄법하다고 여겨지는 감정보다 타인이 실제로 느끼는 감정과 같은
유형에 속하는 감정을 느끼는 것을 의미한다. 일반적으로 타인이 처한
상황에서 대개 느낄 것으로 여겨지는 감정이 아니라, 다른 누구도 아닌
바로 그 타인이 그 상황에서 느끼는 감정을 우리가 느끼는 것이다.[13]

골디도 공감의 조건 ①에 대해 코플랜과 같은 입장이라고 볼 수
있다. 그는 우리가 타인의 감정을 얼마나 잘 공유할 수 있는지는 우리

같은 유형의 감정을 느낀다는 의미로 'affective matching'을 사용하는 코플랜의 관점을 반
영한 것이다.

12　A. Coplan, "Understanding Empathy," *Empathy: Philosophical and Psychological Perspectives*
(Oxford: Oxford University Press, 2011), p. 6.
"Under my proposal, affective matching occurs only if an observer's affective states are
qualitatively identical to a target's, though they may vary in degree."
코플랜은 자신의 논문 "Understanding Empathy"에서 감정적 상태가 질적으로 같다는 것
을 타인과 같은 유형의 감정을 느낀다는 의미로 사용하고 있다(P. Goldie, "Anti-Empathy,"
pp. 6-9 참조).

13　본 논문에서 등장하는 관점에 대한 논의는 심리철학적 주제와도 관련이 있다. 특히 타인의
행위를 이해하고 설명하는 방식에 대해 통속 심리학을 기반으로 한다고 보는 논의('theory-
theory'), 자신이 타인의 상황에 처한다면 어떤 생각을 하고 어떤 감정을 느낄 것인지를 생
각해보는 과정을 기반으로 한다고 보는 논의('simulation theory')가 공감 논의와 관련 있다.
이 논의들에서 '예측'은 'predicted as an agent'를 의미한다. 즉, 타인의 상황을 상상하고
추론하여 타인과 정서적으로 일치하는 유형의 감정이 무엇인지를 짐작해내는 것을 의
미한다고 보아도 무방하다. 이 예측은 결과적으로 타인이 느끼는 감정을 우리 또한 느끼
도록 한다. A. Goldman, *Simulating Minds: The Philosophy, Psychology, and Neuroscience of
Mindreading* (New York: Oxford University Press, 2006), pp. 8-13, 17-22 참조.

가 타인의 생각과 감정, 행동 등을 얼마나 잘 이해하고 예측할 수 있는 지에 달려 있다고 본다.[14]

여기서 주의할 점은 코플랜과 골디가 받아들이는 공감의 조건 ①은 타인이 실제로 느끼는 감정과 같은 유형의 감정을 느끼는 것이다. 타인 이 느낄법한 감정을 느끼는 것은 조건 ①을 만족시키지 못한다.

타인이 느낄법한 감정에는 타인이 실제로 느끼는 감정, 타인이 처 한 상황에서 대개의 사람이 느낄 것으로 여겨지는 감정, 내가 그 상황 에 놓인다면 느낄 것 같은 감정이 포함될 수 있다. 우리가 타인에게 공 감한다면, 타인의 감정과 관련된 감정을 느낄 것이다. 그러나 타인이 실제로 느끼는 감정을 제외한 두 가지 경우의 감정은 타인이 느끼는 감정과 관련된 것이기보다 그 상황에 대해 단순히 우리가 느끼게 되는 감정으로 보는 편이 적절하다. 즉, 우리가 타인의 상황과 관련해서 어 떤 감정을 느낀다고 해서 그 감정이 바로 타인이 느끼는 것이라는 점 은 따라 나오지 않는다. 공감은 타인에 대해 하는 것이라는 점에서 공 감의 조건 ①은 타인이 실제로 느끼는 감정을 공유하는 것으로 제한되 는 것이 적절하다.

2) 조건 ②: 타인이 맞닥뜨린 상황, 타인의 생각과 감정을 이해한다.

공감의 조건 ①을 충족할 때, 우리는 어떻게 타인이 느끼는 바로 그 감정을 느낄 수 있는가?

---

14   A. Coplan, "Anti-Empathy," pp. 314-315 참조.

코플랜은 인지적인 이해 능력과 관련해서 우리가 타인의 상황을 어떤 관점에서 바라보는지에 주목한다. 타인의 상황을 바라볼 때, 우리는 다음의 두 가지 관점을 취할 수 있다. 먼저 자신의 관점을 유지하면서 타인의 상황을 보고 타인이 느낄법한 감정을 추측할 수 있다. 이 경우, 우리는 "만약 **내가 그 상황을 마주한다면** 어떤 생각을 하고 어떤 감정을 느낄 것인가?"와 같은 질문을 자신에게 던진다고 볼 수 있다. 다음으로 우리는 마치 타인이 된 것처럼 타인의 상황에 이입하여 타인이 느낄법한 감정을 추측할 수 있다. 이 경우, 우리는 타인의 관점에서 "만약 **내가 타인으로서 그 상황을 마주한다면**, 어떤 생각을 하고 어떤 감정을 느낄 것인가?"와 같은 질문을 스스로에게 한다고 볼 수 있다.[15]

코플랜은 어떤 상황을 바라보는 관점을 두 가지로 나누면서 우리가 타인에게 공감하기 위해서는 타인의 관점에서 그 상황에 이입하는 것이 필요하다고 주장한다.[16] 그에 따르면 자신의 관점을 유지하면서 타인에게 공감하는 것은 공감과 유사한 것일 뿐 진정한 공감이 아니다. 자신의 관점을 유지하면, 다음의 두 가지 문제가 발생할 수 있기 때문이다.

첫 번째로, 우리는 본성적으로 자기중심적인 관점을 가지고 세상을 바라보기 때문에 타인의 생각과 감정을 잘못 예측하기 쉽다. 사람

---

15 A. Coplan, "Anti-Empathy," pp. 9-10.
코플랜은 자신의 관점을 유지하는 것과 타인의 관점을 취하는 것을 각각 'self-oriented perspective-taking', 'other-oriented perspective-taking'으로 언급한다. 전자는 'I imagine what it's **like for me** to be in your situation'과 같은 관점을 취하는 것인 반면(A. Coplan, "Anti-Empathy," p. 9), 후자는 'a person represents the other's situation from the other person's point of view and thus attempts to **simulate the target's individual's experiences as though she were the target individual**'과 같은 관점을 취하는 것이라고 언급한다(A. Coplan, "Anti-Empathy," p. 10).

16 A. Coplan, "Anti-Empathy," pp. 17-18 참조.

들은 종종 다른 사람이 자신과 매우 다르다는 것을 알면서도 자신과 같은 지식을 가지는 것처럼 추론하고 행동한다. 다른 사람이 자신과 같은 것을 원하고 같은 방식으로 생각하면서 같은 감정을 느낀다고 가정하는 것이다.

두 번째로, 우리는 타인에게 공감하는 과정에서 타인이 맞닥뜨린 상황을 마치 자신이 맞닥뜨린 것처럼 착각하여 내가 가지는 생각과 감정에만 집중하게 될 수 있다. 마치 소설 속 비참한 상황에서 특정 인물이 느끼는 감정에 너무 이입한 나머지 내가 그 감정을 실제로 느끼게 되었을 때, 그 감정을 피하고 싶은 마음에 책을 덮어버리는 것과 같다.

코플랜에 따르면 앞서 살펴본 두 가지 문제는 자신의 관점을 유지하면서 타인이 맞닥뜨린 상황을 바라보기 때문에 발생한다. 다시 말해 타인의 생각과 감정을 이해하는 대신에 자기 생각과 감정에 몰입하게 되면서 더 이상 타인에게 공감하는 것이 아니게 된다. 그는 위와 같은 문제를 방지하기 위해 자기 생각과 감정에 몰입하게 될 가능성을 배제하고 타인의 관점을 유지하는 것이 필요하다고 본다.

그러나 코플랜은 타인에게 성공적으로 공감하기 위해서는 타인의 관점을 유지하는 것뿐만 아니라 나와 타인이 개별적인 행위자라는 인식을 유지하는 것도 필요하다고 주장한다.[17] 이 인식이 유지되지 않으면, 타인의 생각과 감정을 자기 것처럼 상상하는 과정에서 지나치게 타인에게 이입할 수 있다. 그리고 이 상상의 과정이 자기 생각과 감정에 몰입하게 되는 것과 다르지 않게 되면서 내 관점을 유지할 때의 문제가 발생할 수 있다. 타인의 감정과 같은 유형의 감정을 느끼고 타인

---

[17]　ibid., pp. 15-17 참조.

의 관점을 유지하더라도 나와 타인이 개별적인 행위자라는 인식이 유지되지 않는다면, 결과적으로 공감은 실패로 끝나게 될 수 있다. 따라서 코플랜은 나와 타인을 개별적인 행위자로 인식하는 것이 공감 과정에서 추가로 필요하다고 주장한다.

코플랜이 제시한 공감의 조건을 정리하면 다음과 같다.

우리가 진정으로 타인에게 공감한다면, 다음의 세 가지 조건이 충족되어야 한다.[18]

ⓐ 타인의 정서적 상태와 일치하는 유형의 감정 느낌(affective matching)

ⓑ 타인의 관점을 기반으로 타인이 처한 상황을 상상하는 인지적 과정 동반

ⓒ 타인과 자신이 개별적인 행위자라는 인식

골디는 우리가 타인의 관점을 유지하는 것보다 자신의 관점을 유지할 때 타인에게 더 잘 공감할 수 있다고 본다. 골디는 타인의 관점에서 공감하는 것이 자신의 관점에서 공감하는 것보다 더 많은 문제를 가진다는 점을 지적한다.[19] 그에 따르면 우리가 다루는 정보가 나에 대한 것인지 혹은 타인에 대한 것인지에 따라 그 정보를 다루는 태도가

18　ibid., p. 6.

19　골디가 지적한 점을 살펴보기 위해 먼저 짚고 넘어갈 것은 코플랜이 타인에게 공감하면서 동일한 유형의 감정을 느끼는 것을 공감의 한 가지 조건으로 본 점, 이것을 공감의 독립적인 한 가지 유형으로 볼 수 있다고 하더라도 더 높은 차원의 공감을 위해서는 인지적인 과정이 동반되어야 한다는 점은 골디도 동의한다는 것이다. 또한 골디는 우리와 타인을 동일한 행위자로 인식할 수 없다는 점도 받아들인다. 그는 코플랜이 제시한 공감의 세 가지 조건 중 조건 ⓑ와 관련해서 타인의 관점을 기반으로 한다는 것에 대해서만 반대한다.

달라진다. 전자에 대해 우리는 숙고적(deliberative)이고 실천적(practical) 태도를 가지지만, 후자에 대해 우리는 경험적(empirical)이고 이론적(theoretical) 태도를 가진다.[20] 우리가 스스로에게 '나는 무엇을 할 것인가?'라는 질문을 한다면, 이 질문에 답하기 위해서는 내가 무엇을 하고 싶은지, 달성하고자 하는 목적이 무엇인지 같은 구체적인 결정을 하게끔 하는 숙고 과정이 필요하다. 이러한 숙고 과정에서 나에 대한 경험적 증거는 별도로 필요하지 않다. 그러나 '타인이 무엇을 할 것인가?'라는 질문을 우리 스스로에게 한다면, 이 질문에 답하기 위해서는 타인이 과거에 어떤 행동들을 했는지와 같은 정보가 필요한데, 우리는 이 정보를 경험적으로만 획득할 수 있다.

골디의 논의를 고려한다면, 우리가 타인의 관점을 유지하는 것은 타인에 대한 정보를 타인의 방식으로 숙고한다는 것을 의미한다. 골디가 보기에 우리의 숙고 방식은 타인의 숙고 방식으로 완전히 대체될 수 없다. 즉, 우리는 타인의 성격 혹은 경향성 등을 유지한 채 타인이 특정한 상황에서 어떤 선택을 할 것인지를 숙고할 수 없다. 타인이 가지는 생각과 믿음 등은 우리가 타인에 대해 가지는 또 다른 경험적인 정보일 뿐이기 때문이다.

골디는 타인 스스로 자기 생각과 감정을 잘 알고 있고 내적 갈등을 겪지 않으면서 일시적인 기분이나 유혹에도 흔들리지 않는, 소위 '기본적인 경우(base case)'에는 이 숙고 방식이 나의 것인지 혹은 타인

---

20 A. Coplan, "Anti-Empathy," pp. 309-310 참조. 골디는 리처드 모런(Richard Moran)의 논의를 들고 와서 자신의 논의를 'double-minded thinking'으로 언급하며 설명한다[모런의 관련 논의 내용은 *Authority and Estrangement; An Essay on Self-knowledge* (Princeton: Princeton University Press, 2011), pp. 55-58 참조].

의 것인지가 크게 문제 되지 않는다고 본다.[21] 일반적으로 기본적인 경우에 대해서는 대개의 사람이 유사한 생각과 감정을 가지기 때문에 타인의 생각과 감정에 대한 예측 또한 쉽다. 그러나 자신의 일시적인 기분, 스스로 인지하지 못했던 생각과 감정 등의 영향을 받는 '기본적이지 않은 경우(beyond base case)'는 기본적인 경우와 다르다. 우리는 타인이 맞닥뜨린 상황과 관련해서 사람들이 일반적으로 가질 것이라고 여겨지는 생각과 감정을 타인 또한 가질 것이라고 단정할 수 없다. 골디는 기본적이지 않은 경우와 관련하여 다음과 같이 말한다.

> A는 B의 관점에서 T1 시점에 '내가 한 일에 대해 내가 어떤 감정을 느끼는지 모르겠다'는 B의 생각을 T1 시점에 가질 수 없고, T2 시점에 A가 B를 대신해서 '반성해보니 내가 한 일에 대해 정말 부끄럽다'는 생각을 결정하고 맹세할 수도 없다. 오직 B만이 자기 생각에 대한 결심을 맹세로 표현할 수 있다.[22]

---

21 A. Coplan, "Anti-Empathy," pp. 307-316 참조.
골디는 우리가 타인의 감정과 생각, 행동 등을 정확하게 예측할 수 있는 조건을 다음과 같이 제시한다(조건은 A. Coplan, "Anti-Empathy," p. 307).
a. A에게 공감하는 우리와 A 모두 성격과 지적인 능력에 상대적인 차이가 없다.
   (혹은 상대적인 차이가 A의 의사결정을 예측하는 과정에 영향을 주지 않는다.)
b. 의사결정 과정에서 A에게 일시적인 기분, 유혹의 영향, 의지박약 같은 합리적이지 않은 요소가 영향을 주지 않는다.
c. A는 자신의 감정과 생각에 대해 혼란스럽거나 확신할 수 없는 상태가 아니다.
d. A는 선택지 중 하나를 고르지 못해 내적 갈등을 겪는 상태가 아니다.
   (p. 307에 명시된 조건과 pp. 307-316에 제시된 조건들에 대한 설명을 참고하여 정리함.)

22 A. Coplan, "Anti-Empathy," pp. 314-315.
"A, in perspective-shifting to B, cannot at time T1 have (co-cognize, empathize with) this thought of B's: 'I don't know what I feel about what I did'; nor can A at time T2 decide on, and then avow, this thought behalf of B 'On reflection, I really do feel ashamed about what I did'. The avowal, the expression of a decisioin, is one which only B can make about his thoughts."

나와 타인은 개별적인 행위자이므로 나는 타인의 생각, 감정 같은 내적 상태를 타인만큼 알 수 없다. 만약 내가 타인의 내적 상태에 대한 정보를 나의 숙고 방식에 적용한다면, 이때의 방식은 타인이 숙고하는 방식과 정확히 같지는 않다. 타인의 방식을 적용했다는 것만으로는 내가 숙고한 결과로 얻게 된 생각과 감정이 실제 타인의 것과 같다고 할 수 없다. 설령 타인과 정확히 같은 방식으로 숙고할 수 있다고 하더라도 타인의 방식을 모두 반영했다고 확신할 수 없고, 내가 인지하지 못하는 내 생각이나 믿음 등이 완전히 배제되었다고 단언할 수도 없다. 그럼에도 우리가 타인의 관점을 유지하여 얻게 된 생각 혹은 느끼게 된 감정을 타인의 것과 다름없다고 한다면, 자칫 코플랜이 제기한 문제가 발생할 수 있다. 즉, 내 생각과 감정을 마치 타인이 가지는 것이라고 착각하여 타인의 생각과 감정을 잘못 이해하거나 예측할 수 있다.

반면에 자신의 관점을 유지하는 것은 우리 자신의 숙고 방식으로 타인에 대한 경험적 정보를 다루는 것을 의미한다는 점에서 타인의 관점을 유지할 때의 문제가 발생하지 않는다. 나는 타인의 경험을 이해하는 과정에서 타인이 처한 상황과 유사한 경험을 한 나의 과거를 돌이켜보며 그때의 감정과 생각을 타인 또한 가질 것으로 예측할 수 있다. 동시에 나는 타인에 대한 경험적 정보만을 고려하기에 내가 가졌던 생각과 감정을 타인 또한 반드시 가질 것으로 여기는 위험에서 벗어날 수 있다.

골디는 우리 자신의 숙고 방식을 완전히 벗어나서 생각할 수 없으므로 우리의 이해에 오류가 있을 수 있음을 지적한다. 대신, 그는 우리가 자신의 관점을 유지할 때 발생할 오류를 염두에 두기 때문에 우리

가 가진 정보를 언제든지 수정할 수 있다고 본다.[23]

3) 코플랜과 골디의 논지 분석

코플랜과 골디의 주장 중 어떤 것이 공감의 조건으로서 따를 만한가? 코플랜은 타인의 관점을 유지하는 것이 타인의 생각과 감정을 이해하는 데 필요하다고 보지만, 골디는 자신의 관점을 유지하는 것이 우리로 하여금 타인의 생각과 감정을 이해할 수 있도록 한다고 본다. 타인의 관점을 유지하는 것이 현실적으로 불가능하다는 점에서 코플랜의 논의를 비판한 골디는 상식적 관점에서 설득력이 있어 보인다. 그러나 정말 코플랜이 골디가 말한 방식의 관점을 유지할 것을 주장하는지는 살펴볼 필요가 있다.

타인의 관점을 유지하는 것은 어떻게 정의될 수 있는가? 골디에 따르면, 타인의 관점을 유지하는 것은 숙고 방식 자체를 타인의 것으로 대체하는 것을 의미한다. 그러나 타인의 관점을 유지하는 것이 반드시 골디가 말한 바대로 정의될 필요는 없다.

골디의 논의를 받아들인다면, 타인의 관점을 유지한다는 것은 다음과 같이 정의할 수 있다. **타인의 관점을 유지할 때 나는 나의 숙고 방식으로 타인에 대한 경험적 정보를 다루되, 나의 말과 행동 등의 관찰 가능한 정보, 이 정보와 관련된 나의 생각과 감정 등을 고려하지 않는다.** 이와 같은 정의가 가능한 이유는 우리가 타인에 대해서는 어떤 것도 숙고적이거나 실천적인 태도로 받아들일 수 없다는 데 있다. 우

---

23   A. Coplan, "Anti-Empathy," p. 310.

리는 타인이 평소에 어떤 방식으로 생각하는지, 어떤 경향성을 가지는지에 대한 정보를 경험적으로만 받아들이므로 타인의 숙고 방식 또한 경험적으로 받아들일 수밖에 없다. 이 경험적 정보들을 우리의 숙고 방식에 적용한다고 하더라도 이 정보는 나의 숙고 과정에 반영된 것으로, 이 정보만으로 온전히 타인의 옷을 입듯이 타인과 같이 숙고하게 된다고 보기 어렵다. 다른 방식의 정의가 가능하다는 것을 고려하면, 골디의 비판은 코플랜의 주장에 대한 과한 비판으로 보인다.

위 비판을 받아들인다면, 타인의 관점을 유지하는 것과 자신의 관점을 유지하는 것을 다음과 같이 이해할 수 있다. 타인의 관점 유지와 자신의 관점 유지는 우리 자신의 숙고 방식으로 타인에 대한 경험적 정보를 다룬다는 점에서는 같다. 그러나 나의 경험에 대한 정보, 그리고 이 정보와 관련된 내 생각과 감정 등을 고려하는지에서 차이가 있다. 자신의 관점을 유지할 때는 나와 관련된 정보들을 고려하지만, 타인의 관점을 유지할 때는 나와 관련된 정보를 고려하지 않는다.

코플랜과 골디는 모두 오류 가능성을 따져서 어떤 관점을 유지하는 것이 적절한지를 제시한다. 각자의 주장 모두 타인의 감정과 생각, 앞으로 할 행위 등을 예측하는 과정에서 있을 수 있는 오류를 줄여 타인을 진정으로 이해할 수 있다고 본다.

두 논의를 비교하면 오류 가능성은 큰 차이를 보이지 않는다. 타인에 대한 정보는 모두 경험적으로 얻은 것이고, 나의 숙고 방식에 이 정보를 적용한다는 점은 두 입장 모두 공유하는 바다. 우리에게 이미 주어진 타인에 대한 정보 내에서 타인을 예측하는 것은 내 정보의 고려 여부와 무관하다. 그렇다면 타인에 대한 정보를 가지고 타인의 생각과 감정을 이해하는 것은 어떤 관점을 유지하는지와 무관하다. 코플랜이 제시한 조건과 같이 우리와 타인을 개별적인 행위자라고 인식하는 한, 어떤 관점을 유지하든지 간에 예측 오류의 가능성은 큰 차이가 없다.

오히려 어떤 관점을 유지하는 것이 적절한지는 타인에 대해 이해한 바를 가지고 내가 타인과 같은 감정을 실제로 느끼는 것이 가능한가에 달려 있다. 코플랜의 주장을 따라 타인의 관점을 유지한다면, 우리가 타인의 감정을 실제로 느낄 가능성은 희박하다. 우리의 숙고 방식으로 타인의 정보를 다룰 때 우리가 타인에 대해 예측한 내용은 기술적인 내용이라고 볼 수 있다. 타인에 대해 기술한 내용은 타인이 실제로 생각하고 느끼는 바와 유사할 수 있으나, 예측이 정확하더라도 곧바로 우리가 예측한 감정을 실제로 느끼는 것이 보장되지는 않는다. 설령 어떤 감정을 느낀다고 하더라도 그 감정은 단순히 내가 기술한 바에 대해 느끼는 것일 수 있다. 타인의 관점을 유지하는 것에 대한 골디의 비판으로부터 코플랜의 입장을 방어할 수는 있었으나, 단순히 기술한 내용에 대해서는 감정을 느끼는 것이 힘들다는 의문점을 고려하면 코플랜의 주장을 받아들이기 어렵다.

이러한 의문점과 관련해서는 골디의 주장이 설득력이 있다. 우리가 어떤 상황에서 모종의 감정을 느끼기 위해서는 그 상황에서 내가 숙고한 바에 따라 나에게 발현되는 감정을 느끼는 것이 필요하다. 가령 우리가 소설을 읽을 때, 등장인물이 겪는 상황과 그 인물의 심리상태를 단순히 기술하는 것만으로 그 인물에게 이입된다고 보기 어렵다. 오히려 그 상황에서 등장인물이 겪는 상황을 내가 겪는다면 어떨 것인지를 상상하면서 우리는 모종의 감정을 느끼게 된다. 감정과 의도 등에 의해 구체적인 결정을 하도록 하는 것이 우리의 숙고 과정이라고 한다면, 우리는 정보에 대한 숙고 여부에 따라 특정한 감정을 느낀다.[24] 어떤 인물이 느끼는 감정을 내가 느끼기 위해서는 나의 경험, 가치관, 경향성, 성격 등이 반영된 나의 숙고 방식으로 그 인물이 처한 상황을 다루어야 한다.

정리하면 다음과 같다. 타인의 관점을 유지하는 것과 자신의 관점을 유지하는 것의 차이는 타인의 생각과 감정을 이해할 때 나의 정보를 고려하는지다. 타인의 생각과 감정을 이해하는 과정에서는 내 정보가 고려되는지가 크게 중요하지 않다. 그러나 타인과 같은 유형의 감정을 느끼기 위해서는 나의 과거 경험에서 어떤 감정을 느꼈는지 혹은 지금 타인과 유사한 경험을 한다면 어떤 감정을 느낄지와 같은, 내 생각과 감정에 대한 정보가 필요하다. 또한 타인에게 공감하기 위해서는 타인과 유사한 경험, 그 경험에서 타인과 비슷한 내적 상태를 가졌던 경험을 가지는 것이 필요하다. 즉, 타인에게 공감하기 위해서는 자신의 관점을 유지해야 한다.

결론적으로 우리가 타인에게 공감하는 경우, 다음의 조건이 충족된다고 보는 것이 적절하다.[25]

① 타인과 정서적으로 일치하는 유형의 감정을 느낀다.
② 자신의 관점을 유지하면서 타인의 상황, 생각, 감정 등을 이해
  한다(타인의 상황을 관찰해서 얻은 정보에 오류가 있다면, 타인과 관련된
  경험적 정보를 기반으로 오류를 수정한다).

---

24 본 논문의 2. 2) 골디의 논의 설명 부분 참조.
25 코플랜이 제시한 공감의 조건에 골디의 주장을 반영하여 조건 ⓑ를 일부 수정한 것이다.

③ 자신과 타인이 서로 다른 행위자인 것을 분명하게 인식한다.

3. 나가는 말

본 논문은 갈등 해결과 관계 회복을 위한 해결책 중 하나로 여겨지는 공감의 조건을 제시하기 위해 코플랜과 골디의 논의를 분석했다. 그리고 타인에게 공감하기 위해서는 타인의 감정과 같은 유형의 감정을 느끼는 동시에 자신의 관점에서 타인의 생각과 감정을 이해하는 것의 필요성을 제시했다.

공감의 조건들을 살펴봤을 때, 우리는 두 가지 결론을 내릴 수 있다. 첫 번째, 타인의 감정을 공유한다는 것은 자발적인 과정을 거쳐 타인의 정서적 상태와 일치하는 유형의 감정을 느끼는 일이다. 이 과정은 타인이 맞닥뜨린 상황에 대해 이해하는 인지적인 과정을 동반한다.

두 번째, 타인의 생각과 감정을 이해하는 방식과 관련해서 우리는 자신의 관점을 유지한다고 보는 것이 적절하다. 우리는 일반적으로 타인이 맞닥뜨린 상황에 대해 타인의 관점에서 생각하고 타인을 이해하는 것이 공감의 방식이라고 본다. 그러나 타인의 관점에서 타인의 생각과 감정을 예측할 때, 오히려 우리는 타인에게 제대로 공감하지 못할 수 있다. 그럼에도 우리가 다양한 일에 관해 타인에게 공감한다면, 우리는 타인의 경험과 유사한 자기 경험을 고려하여 타인의 생각과 감정을 추측한다고 보는 것이 적절하다. 그렇다면 골디가 제시한 바에 따라 자신의 관점을 유지하면서 타인을 이해하는 동시에 타인의 감정을 공유하는 것이 공감의 필요조건으로 적절하다는 결론을 내릴 수 있다.

타인의 관점이 아니라 자신의 관점을 유지하는 것이 공감의 조건이라는 결론을 받아들인다면, 통상적인 공감의 조건으로 여겨지는 것에 오해가 있음을 짚어낼 수 있다. 타인의 관점에서 타인의 상황을 이해하는 것이 진정한 공감의 조건인 것처럼 여겨지나, 타인의 관점을 취하는 공감의 방식은 오히려 제대로 공감하지 않는다는 반직관적인 결론으로 이어질 위험성을 보여준다. 우리가 완벽하게 타인에 대한 정보로 만들어진 옷을 입는다고 해서 우리가 곧 타인이라고 할 수 없듯이, 타인에 대한 관점을 취한다고 해서 우리가 타인이 겪는 상황에 대해 정확히 타인처럼 생각하면서 타인과 똑같은 감정을 느낄 수는 없다.

우리가 타인의 정보를 마치 자기 것처럼 여기지 않으면 아무리 같은 경험을 공유한다고 한들 우리와 타인 사이에는 좁혀지지 않는 간극이 있다. 그리고 이 간극을 조금이나마 좁히기 위해서는 타인의 정보를 지속적으로 반영하여 타인에 대한 정보를 추가하거나 수정하는 것이 유일한 방법으로 보인다. 간극을 좁히는 방법에 대한 논의는 자신의 마음 상태 혹은 행위를 정당화하는 것과 타인의 마음 상태 혹은 행위를 설명하는 것 사이의 비대칭성 문제와 맞닿아 있다. 이 문제에 대해서는 여전히 활발한 논의가 진행되고 있으며, 이 문제에 대해 나름의 답을 제시하기 위해서는 추가적인 연구가 필요하다.

그럼에도 이 간극이 우리로 하여금 타인에게 진정으로 공감할 가능성을 보여준다는 점은 분명하다. 우리의 경험을 가지고 타인의 정보를 고려하여 타인이 가질 생각과 감정을 이해하는 과정은 타인에게 진정으로 공감할 수 있도록 우리를 이끌 것이다. 타인에게 공감하기 위해서는 타인의 관점에서 생각하는 태도가 필요하다고 여겨지지만, 공감은 우리가 자신의 관점을 유지하면서 타인을 바라보는 것에서부터 시작된다.

참고문헌

Batson, D., *The Altruism Question: Toward a Social-Psychological Answer*, New York: Psychology Press, 2014.

Coplan, A., "Understanding Empathy," *Empathy: Philosophical and Psychological Perspectives*, Oxford: Oxford University Press, 2011, pp. 3-18.

Coplan, A. & Goldie, Peter (eds.), *Empathy: Philosophical and Psychological Perspectives, Oxford: Oxford University Press, 2011.*

Darwall, S., "Empathy, Sympathy, Care," *Philosophical Studies*, Vol. 89, 1998, pp. 261-282.

______, "BEING WITH," *The Southern Journal of Philosophy*, Vol. 49, 2011, pp. 4-24.

Goldie, P., "Seeing What is the Kind Thing to Do: Perception and Emotion in Morality," *Dialectica*, Vol. 61, 2007, pp. 347-361.

______, "Anti-Empathy," *Empathy: Philosophical and Psychological Perspectives*, Oxford: Oxford University Press, 2011, pp. 302-317.

Goldman, A., *Simulating Minds: The Philosophy, Psychology, and Neuroscience of Mindreading*, New York: Oxford University Press, 2006.

Hume, D., David Fate Norton & Mary J. Norton (eds.), *A Treatise of Human Nature*, Oxford: Oxford University Press, 2000.

Kohut, H., *How Does Analysis Cure?*, Chicago and London: University of Chicago press, 1984.

Moran, R., *Authority and Estrangement; An Essay on Self-knowledge*, Princeton: Princeton University Press, 2011.

Prinz, J., "Is Empathy Necessary for Morality?," *Empathy: Philosophical and Psychological Perspectives*, Oxford: Oxford University Press, 2011, pp. 211-229.

Smith, A., Haakonssen, Knud (ed.), *The Theory of Moral Sentiments*, New York: Cambridge University Press, 2002.

09

소통의 매체로서 예술:
듀이 예술철학을 중심으로

———

서한결(경북대학교 철학과 박사과정)

1. 들어가는 말

이 글은 예술이 소통의 매체로서 작동하는 방식과 의미를 프래
그머티즘 철학자 존 듀이(J. Dewey)의 예술철학에 근거하여 세 가지 차
원에서 해명한다. 듀이는 자신의 철학적 입장을 '경험적 자연주의
(empirical naturalism)'라고 명명했으며, 이러한 철학의 핵심은 유기체의
경험에 있다. 듀이는 예술이 일상 경험에서부터 시작되며 '질적인 직
접성'을 지닌다고 주장함으로써 예술을 실제 삶과 분리하지 않으면서
도 예술이 갖는 고유한 원리를 설명한다. 나아가 그는 예술을 인간이
삶의 의미를 발견하고 경험을 통합하는 과정으로 이해했으며, 궁극적

———

*　이 글은 2024년 8월 제1회 경북대-부산대 연합 학술대회 발표문을 수정 및 보완한 것이
며, 다음과 같이 먼저 발표된 바 있음을 밝혀둔다. 서한결, 「소통의 매체로서 예술: 듀이 예
술 철학을 중심으로」(『哲學研究』 172, 대한철학회, 2024), 89-111쪽.

으로 예술이 삶의 질을 향상시키며 사회의 공동선에 기여한다는 도구
적 관점에서 파악했다. 이러한 듀이의 철학은 예술을 실용적 목적과
분리된 순수한 형식으로 간주하거나 초월적 경험으로 파악하려는 전
통 철학자들의 이론과는 거리를 둔다.

예술이 소통의 매체로서 기능한다는 것은 지극히 일반적으로 받
아들여지는 관점이다. 예컨대 예술이 감정이나 생각을 표현하여 전달
한다는 점, 특정 문화나 사회적 문제에 대한 의견을 드러낸다는 점, 그
리고 창작자와 감상자 사이의 간접적인 대화를 통해 경험을 공유하게
한다는 점을 강조하는 이론들이 예술이 수행하는 소통의 기능을 설명
한다. 듀이 역시 예술을 "가장 보편적인 의사소통 형식", "순수하고 순
결한 형태의 의사소통", "가장 효과적인 의사소통 방법"이라고 직접
언급한 바 있다. 국순아에 따르면 듀이의 예술에 의한 의사소통에 관
한 논의의 특징은 그것의 등장, 근거 및 기준과 공적 영역에서의 역할
을 경험적으로 해명하는 데 있다.[1] 이러한 듀이의 경험주의 미학에서
예술은 경험의 질성을 공유하는 형식으로서 개인과 공동체가 서로의
경험에 상호 참여하는 매개체이며, 궁극적으로 사회 구성원의 참여와
협력을 이끌어낸다는 의미에서 소통의 도구로 이해된다.

이 글은 다음과 같은 순서로 전개된다. 첫째, 예술의 내적 작동 원
리 차원에서 질성적 경험으로서의 예술이 상상력을 동반하여 소통을
매개하는 원리를 해명한다. 듀이에 따르면 예술은 인간의 지적·정서
적·실천적 경험을 통합적으로 표현하며 이를 질성적 차원에서 공유하
는데, 이러한 예술의 작동 원리에는 인간의 상상력이 동반된다. 이 장

---

1   국순아, 「예술과 의사소통: 듀이의 예술철학을 중심으로」(『철학논총』 113, 새한철학회,
2023), 35쪽 참조.

에서는 상상력이 타인의 세계를 이해할 수 있는 다양한 가능성을 능동적으로 산출하는 활동이라는 점에서 소통의 매체로서 기능함을 밝힐 것이다. 둘째, 예술 창작과 감상의 차원에서 이러한 활동은 타인의 경험에 상호 참여하는 과정이며, 경험의 재창조를 가능하게 한다는 점에서 예술의 소통 기능을 해명한다. 듀이는 예술 작품을 고정된 의미를 지닌 것으로 보지 않고 창작자-작품-감상자 간의 교변 작용을 통해 끊임없이 의미가 변화하는 유동적이고 과정적인 것으로 이해한다. 이에 이 장에서는 예술이 창작자와 감상자 사이에서 필연적으로 발생하는 상호 참여의 행위로써 소통의 기능을 수행한다는 점을 설명한다. 셋째, 사회적 차원에서 예술이 경험의 공동체를 형성하고 사회 구성원의 소통을 수행하는 원리를 해명한다. 듀이에 의하면 예술 작품은 개인의 창작물인 동시에 사회·문화적 맥락 속에서 형성된 것으로, 경험의 공동체를 형성하고 확장하는 역할을 수행한다. 이 장에서는 예술이 소통과 협력을 촉진함으로써 사회 구성원의 개별성과 다양성을 보장하는 동시에 공동체의 결속을 강화하는 방식을 설명할 것이다.

철학자 아서 단토(A. C. Danto)가 "예술의 종말(The End of art)" 테제를 통해 주장했듯이, 오늘날의 예술은 선언문의 시대라고 일컬어지는 모더니즘 예술 시기를 지나 예술 다원주의(pluralism) 시대에 진입했다.[2] 이는 특정 예술 양식이 주류를 형성하여 다른 양식을 배척하던 시대를 넘어, 예술이 어떠한 형식과 내용도 추구할 수 있는 자율성을 획득했음을 의미한다. 이러한 변화 속에서 동시대 예술에 대한 철학적 논

---

[2] 필자는 아서 단토의 "예술의 종말" 테제를 헤겔의 예술의 종말론과 비교 및 검토하고, 이를 바탕으로 다원주의 미학과 동시대 예술의 양상을 고찰한 바 있다. 서한결, 「단토의 "예술의 종말"과 동시대 예술」(경북대학교 석사학위논문, 2020) 참조.

의는 오늘날의 개별 예술 작품이 담고 있는 다양한 미적 담론과 가치를 수용하는 방식으로 이루어질 필요가 있다. 듀이의 예술철학은 이러한 동시대 예술의 다원적 특성을 효과적으로 설명할 수 있는 통합적인 접근을 제공한다. 듀이는 예술을 인간 경험의 질성적 표현으로 이해했으며, 그의 관점에서 '질성적 경험'은 단일한 규범적 기준에 의해 정의되지 않고 다양한 맥락에서 유기적으로 발생한다. 따라서 듀이에게 중요한 것은 예술이 개인적·사회적·문화적 맥락에서 비롯된 경험을 통합하여 표현한다는 점이다. 이처럼 총체적 표현의 산물인 예술 작품은 시공간을 초월하여 의미 있는 경험을 산출하며, 이러한 과정에서 예술은 고유한 '소통적 특성'을 드러낸다. 본 논문은 이러한 철학적 관점을 바탕으로 소통의 매체로서 예술의 특성을 세 가지 차원 — 예술의 내적 작동 원리, 창작과 감상의 원리, 사회적 기능 원리 — 에서 해명함으로써 다원주의 시대의 예술을 다층적이고 통합적으로 이해할 수 있는 이론적 토대를 마련하는 데 기여하고자 한다.

2. 질성적 경험으로서 예술과 소통

듀이에 따르면 의사소통이란 "동반자들이 있는 활동에서 협력을 형성하는 것이며, 각자의 활동이 동반자와의 관계에 의해 수정되고 조정되는 것이다."[3] 의사소통은 사물이나 사상에 대한 표현이나 정보교

---

3   J. Dewey, *Experience and Nature* (New York: Dover Pub., 1958), p. 179. 번역은 필자.

환 이상의 의미를 지닌다. 의사소통은 서로에게 직접적인 변화를 유발하는 환경적 요소이자, 구성원들이 서로의 경험에 참여하는 방식이다. 경험으로의 참여를 통해 타인의 존재가 나에게 의미 있게 다가오며, 나의 존재 또한 타인의 경험 세계에서 의미 있는 것으로 자리한다는 점에서 의사소통은 의미의 '창발(emergence)'을 실현한다. "이처럼 존재와 본질의 간격을 잇는 다리가 바로 커뮤니케이션, 언어, 담론이다."[4]

듀이는 예술이 "가장 보편적인 의사소통의 형식"[5]이라고 주장한다. 이러한 주장의 근거는 모든 예술이 표현적이라는 특성에 있다. 물론 예술이 단순히 표현적이라는 사실만으로 이러한 주장을 뒷받침한다면, 근거가 지나치게 상식적 차원에 머무른다는 점에서 비판의 여지가 있다. 하지만 듀이의 미학에서 예술은 여타의 의사소통 행위와는 다른 방식으로 표현적이다. 즉, 예술의 표현은 '질적인 직접성'을 갖는 경험이라는 점에서 다른 표현 행위와 질적으로 구별된다. 다시 말해, 예술은 경험 자체를 가장 정제되고 강렬한 형태로 표현하는 형식이며, 경험의 의미를 지적·심미적·실천적인 것의 총체로 체험하게 한다.

듀이는 예술이 유기체의 생명 활동과 인간의 실제적인 삶에 기원을 두고 있다고 주장한다.[6] 유기체의 삶은 외부 환경으로부터 오는 위

4　김동식, 『듀이: 경험과 자연』(울산: 울산대학교 출판부, 2005), 132-133쪽.

5　J. Dewey, *Art as Experience: The Later Works 1925-1953 Vol.10* (Ed. Jo Ann Boydston, Carbondale: Southern Illinois Univ. Press, 2008), p. 275.

6　듀이는 생물학자 찰스 다윈(C. Darwin)의 진화론을 수용하면서 경험 개념을 유기체의 생물적 원리를 근거로 하여 설명한다. 다윈의 진화론에 의하면 생물의 진화는 생존경쟁과 자연선택의 원리를 바탕으로 이루어지며, 진화의 목적은 진보가 아닌 변이와 다양성의 증가에 있다. 듀이가 다윈의 진화론을 자신의 철학적 바탕으로 삼은 것은 다윈주의가 반본질주의, 반목적론주의적 태도를 취하며, 목적과 형상이 없는 불확정적인 세계관을 제시하고 세계를 열린 가능성의 세계로 보기 때문이다. 열린 가능성의 세계에서 생명체는 경험의 재구성을 통해 삶의 의미를 능동적으로 창조할 수 있다. 듀이의 다윈주의 수용에 관해서는 다

협과 갈등을 조절하고, 환경을 적절히 이용하여 적응하기 위한 상호 작용들로 이루어진다. '경험'은 유기체가 생명을 유지하려는 기본적인 욕구에 따라 환경에 적응하기 위해 행하는 상호작용의 일체이다. 우리의 일상 속 많은 경험 중에서도 경험의 내용이 단계적인 진행 과정을 거쳐 의도한 목적을 완수함으로써 완결성을 지니는 경우가 있다. 이러한 경험을 듀이는 '하나의 경험(an experience)'이라고 일컫는다. 하나의 경험은 경험을 구성하는 요소들이 '연속성'을 가지고 긴밀한 조직화를 이루어 통일된 전체로 완성된다는 점에서 자족성과 완결성의 특성을 띤다. 또한 다른 경험과는 구별되는 독특성과 고유성을 함께 지닌다.[7]

하나의 경험은 과거의 경험과는 뚜렷한 분절을 보이며, 경험 전체를 하나의 형식으로 통합하는 독특한 '질성(quality)'을 지닌다. 질성이란 "우리가 감각기관을 통하여 세계와 접촉할 때, 즉 우리가 대상과 직접 마주하는 경험을 하면서 획득하는 대상의 질적 특성이다."[8] 질성은 논리적 형식으로 완벽하게 설명할 수 없으며, 명시적 언어로도 서술할 수 없는 경험의 '전반성적(pre-reflective)'이고, '비언어적(nonlinguistic)'이

음 논문을 참조하라. 조경민, 「듀이의 다원주의 수용과 그 의의」(『사회와 철학』 22, 사회와 철학연구회, 2011), 247-278쪽.

7 존 듀이의 미학 및 철학 연구자로 잘 알려진 젤트너(P. M. Zeltner)에 따르면, 듀이가 말하는 '하나의 경험'은 완결성과 통일성을 지닌 경험으로서 단순히 일상의 경험 중 하나를 지칭하는 것이 아니다. 이는 경험의 모든 요소가 유기적으로 연결되고 의미가 통합된 경험을 가리킨다. 그리고 '미적 경험'은 하나의 경험 중에서도 특별히 의도적으로 다듬어진 경험을 의미하며, 주로 예술적 맥락에서 발생한다. 미적 경험은 감각적이고 질성적인 특성이 지배적으로 드러나며, 경험의 각 요소가 조화롭게 통합되어 의미와 가치가 풍부해지는 질적인 궁극성을 가진다. 이로써 미적 경험은 모든 경험이 미적 성질을 가질 수 있음을 보여주는 동시에, 심사숙고와 의도적 개발을 통해 이루어진 특수한 경험으로 구분된다. P. M. 젤트너(정순복 옮김), 『존 듀이 미학 입문』(서울: 예전사, 1996), 45-52쪽 참조.

8 정낙림, 「예술과 생리학: 니체와 듀이철학을 중심으로」(『철학논총』 102, 새한철학회, 2020), 385쪽.

며, '환원 불가능한(irreducible)' 특질이다. 경험의 질성은 인간이 감각기관을 통해 세계와 접촉할 때 포착된다. 이러한 경험의 질성은 일상 경험 속에서도 발견될 수 있으나, 우리는 일상 속에서 이를 쉽게 지각하지는 못한다.

듀이의 예술 이론에서 하나의 경험은 "경험의 의미가 발생하거나 강화되는 기반을 제공하는 의미의 단위라는 점에서 중요하다."[9] 어떤 경험을 '하나의 경험'으로 만드는 질적 특성이 경험 전체를 특징지을 만큼 두드러지게 나타날 때, 우리는 지각된 내용을 의미 있는 것으로 인식한다. 이러한 경험은 곧 '향유(enjoyment)'의 대상이 된다. "자아와 사물과 사건으로 구성된 세계가 완전히 상호 침투되어 하나가 된 경지"[10]에 이르게 되는 경험은 유기체가 경험할 수 있는 최상의 경험이며, 심미적 경험의 정점이다. 인간은 심미적 경험을 통해 삶의 고양된 순간을 맞이하며, 삶의 의미와 무한한 가능성을 보다 풍부하게 지각한다.

경험의 질성을 포착하는 능력인 '질성적 사고(qualitative thought)'는 인간의 활동 가운데 예술에 의해 가장 잘 실현된다. 질성적 사고는 감각과 사고를 동원하여 경험 대상을 총체적으로 느끼고 이해하는 행위이다. 반면 과학이나 수학 같은 학문에서는 상징, 언어, 수학적 기호를 매개로 경험 대상과는 거리를 두고서 사고를 수행한다.[11] 듀이는 (예술가들과 달리) 학자들이 극단적으로는 질적 특성을 지닌 사물들을 완전히 배제하고서 상징적 매체만으로 사고하려 한다고 지적한다. 학자들은 질적 특성을 가진 사물들로부터 거리를 둠으로써 이성적 논리에 의한

---

9 국순아, 「듀이와 삶의 예술」(『철학연구』 158, 대한철학회, 2021), 45쪽.

10 존 듀이(박철홍 옮김), 『경험으로서 예술 1』(파주: 나남, 2016), 50쪽.

11 존 듀이, 『경험으로서 예술 1』, 42쪽.

사고를 자유롭게 실행할 수 있다고 생각한다. 그러나 순수한 논리적 조작은 사물의 질적 특성에서 멀어짐으로써 실제와는 무관한 것을 다루게 되곤 한다.

반면 예술에서 "색상, 음정, 이미지를 가지고 생각하는 것은 상징적 언어와 개념을 가지고 사고하는 것과는 전혀 다르다."[12] 이는 듀이가 '정서화된 사고(emotionalized thinking)'라고 명명한 것으로, 이성적 사고와 질성적 사고가 통합된 형태의 사고이다. 예술은 특정 경험에서 포착되는 감각적·정서적 요소를 생생하게 전달할 뿐 아니라, 예술의 전체 과정과 각 요소에 비추어 파악된 의미를 표현한다는 점에서 지적 차원 또한 함께 전달한다. 따라서 예술은 다른 어떤 활동보다 경험 자체를 전달하는 질과 강도가 월등히 뛰어나다고 할 수 있다. 미국의 사실주의 화파를 대표하는 에드워드 호퍼(E. Hopper)는 "말로 표현할 수 있다면, 그것을 그림으로 그릴 이유가 없다"[13]고 말했다. 호퍼의 이 말은 일상 언어만으로는 예술가가 작품에서 표현한 경험 전체를 설명하거나 전달할 수 없으며, 오직 예술만이 가능한 고유한 표현 방식이 있다는 것이다. 그러한 표현의 내용인즉, 듀이가 말하는 경험의 고유한 질성일 것이다.

네덜란드 출신 신조형주의 화가인 피에트 몬드리안(P. Mondrian)이 말년에 그린 대표 작품 〈브로드웨이 부기-우기〉(Broadway Boogie-Woogie, 1942~1943)는 뉴욕의 화려하고 생동감 넘치는 음악과 무용에서 영감을

12　위의 책, 165쪽.

13　이연식, 『에드워드 호퍼의 시선: 일상의 순간은 어떻게 예술의 장면이 되는가』(서울: 은행나무, 2023), 8쪽. 원어로 표기된 문장은 다음과 같다. "If you could say it in words, there would be no reason to paint."

받아 제작되었다. 몬드리안은 자연에는 직선이 존재하지 않는다는 미적 관점을 바탕으로, 무질서한 자연의 재현을 거부하고 수직·수평선이 만드는 격자 공간을 통해 완전한 질서와 균형을 표현하는 작업을 지속했다. 몬드리안은 1938년 제2차 세계대전 발발 이후 여러 국가에서 망명생활을 하다가 1940년 뉴욕으로 이주했다. 그가 전쟁의 공포로부터 벗어나 뉴욕에서 마주한 자유, 활기찬 도시 풍경과 분주한 시민의 모습, 반듯하게 구획된 거리와 고층 빌딩이 자아내는 도시 경관은 유럽에서의 생활과는 완전히 다른 강렬하고 새로운 경험이었다. 이에 몬드리안은 엄격하고 절제된 양식과 금욕적인 표현 스타일에서 다소 벗어나, 당시 유행하던 재즈 음악 '부기우기(Boogie-Woogie)'의 리드미컬하고 경쾌한 표현을 〈브로드웨이 부기-우기〉에 담아냈다. 물론 수직선·수평선의 교차, 삼원색(빨강·파랑·노랑)과 무채색 사용을 추구하는 그의 고유한 표현 방식은 여전히 작품에서 유지된다.

　　예술 작품은 예술가의 '하나의 경험'을 가장 적절한 재료와 방식으로 표현한 것이다. 물론 몬드리안의 그림은 뉴욕의 풍경을 사실적으로 묘사하지도, 재즈 음악을 실제로 들려주지도 않는다. 하지만 우리는 그림 속 직선들의 교차와 그 지점에서 형성된 공간으로부터 반듯하고 분주한 도시의 모습을 상상해볼 수 있다. 또한 빨강, 파랑, 노랑의 색채로 그린 사각형 이미지와 그 배치로부터 도심을 달리는 자동차들, 네온사인 불빛, 재즈밴드의 경쾌한 리듬을 연상할 수 있다. 더 나아가 음악에 맞춰 춤추고 박수 치는 관객의 모습까지 떠올리며, 몬드리안이 그 시간과 장소에서 느꼈을 경험의 총체를 작품 속에서 느낄 수 있다.

　　비록 우리가 몬드리안이 뉴욕 망명 과정에서 겪었던 모든 경험의 요소를 동일하게 지니고 있지 않더라도 예술 작품은 예술가의 경험을 매개하여 우리를 새로운 경험의 세계로 이끈다. 이러한 경험은 예술 작품에 반영된 경험의 요소들을 단순히 모방하는 것이 아니라, 감상자가 갖고 있던 경험들로부터 재구성되어 생겨난다. 그리고 예술 작품을 통한 경험의 재창조를 가능하게 하는 것은 인간의 상상력이다. "상상력은 경험이 형성되는 하나의 출입구이자 통로이며, 이 통로를 통해서만 과거의 의미들이 현재 이루어지는 상호작용 속으로 침투할 수 있다."[14] 그리고 상상력이 가장 자유롭게 발휘되는 장은 바로 예술이다. 상상력의 작용은 경험의 파편적인 요소들에 연속성의 고리를 형성함으로써 새로운 의미를 발견하게 한다.

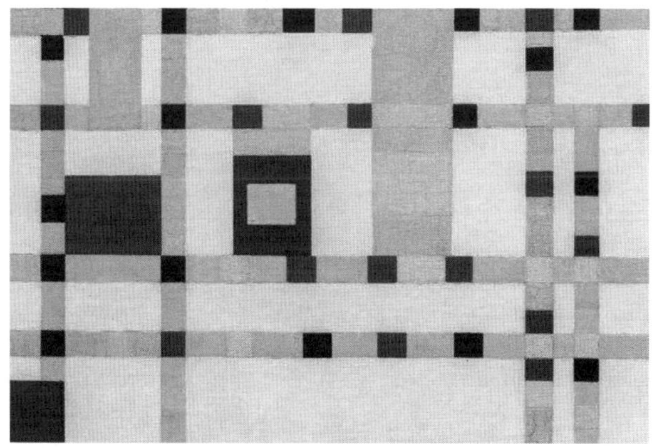

그림 1. 몬드리안, 〈브로드웨이 부기-우기〉, 캔버스에 오일, 127x127cm, 1942~1943, 뉴욕현대미술관 소장[15]

14　존 듀이(박철홍 옮김), 『경험으로서 예술 2』(파주: 나남, 2016), 156쪽.

15　https://www.nytimes.com/2019/06/06/arts/design/broadway-boogie-woogie-moma.html(검색일: 2024.08.30)

　　예술에서 상상력은 파편적인 경험 요소들을 연속성과 통합성을 지닌 통일된 전체로 파악함으로써 삶의 의미를 발견하게 한다는 점에서 개인의 성장에도 기여한다. 또한 예술적 상상은 우리의 의식을 환기하여 평소 익숙하게 여기던 것과 습관적으로 행하던 것들을 새롭게 성찰하게 하며, 고정된 사고방식에서 벗어나 다양한 상호작용의 가능성을 열어준다. 상호작용의 다양성은 곧 의사소통의 다양성을 실현하게 하는 가능성을 포함한다. 예술은 우리로 하여금 편견에 얽매이지 않고 타인과 세계를 이해하게 함으로써 소통의 기능을 수행한다.

　　예술적 의사소통이 결여된다면 우리는 한정된 환경과 경험에 의해 형성된 과거의 행동에 매여 판에 박힌 행동만 반복하게 될 것이다. 이러한 행동은 단조로운 질서만을 낳고 기계적인 경험을 반복시킨다. 예술적 의사소통은 기존의 습관과 다른 새로운 습관을 형성할 가능성을 열어준다. 새로운 습관을 형성함으로써 우리는 사물과 경험에 다층적으로 접근하고, 사건에 대한 새로운 이해를 시도하며, 문제 해결 방식을 창의적으로 전환한다. 이는 예술이 공동체적 목적을 실현하기 위한 협동과 참여 행위를 활성화하며, 진정한 소통을 가능하게 한다는 점을 시사한다.

3. 상호참여 행위로서 예술과 소통

듀이에 의하면, 예술 작품이란 "일상적인 경험이 보다 세련되고 강렬한 형태로 표현"[16]된 것이다. 예술은 이러한 표현을 통해 우리 삶의 경험에 내재한 고유한 의미를 발견하게 한다. 예술은 성장하는 삶의 경험을 표현하는 하나의 형식이다. 인간은 의식의 개입을 통해 상황을 다루고, 행위를 선택하며, 사물을 바람직하게 배치하는 능력을 발전시킨다. 예술은 이러한 의식적인 사고 활동의 산물이기도 하다. 그런 점에서 예술은 경험의 의미를 창조하고 향유하는 '의미-만들기(meaning-making)'[17]의 최상의 활동이다.

예술 작품의 창작 과정은 "행하는 것과 감상하는 것을 치밀하게 관련 지으며 누적적으로 발전시켜나가는 것으로 이루어져 있다."[18] 행하는 것(doing)과 경험하는 것(undergoing), 예술적인 것과 심미적인 것(감상하는 것)은 긴밀한 관계를 맺고 있으며 분리될 수 없다. 예술가는 창작의 매 순간 자신의 행위와 그 결과 사이의 관련성을 지각하고 있어야 자신이 의도한 작품의 완결된 형태에 이를 수 있다. 이를 위해 예술가는 창작의 매 순간 머릿속에 그린 작품의 최종 상태를 진행 중인 작품의

---

16 존 듀이, 『경험으로서 예술 1』, 165쪽.

17 마크 존슨(M. Johnson)에 따르면 듀이의 미학은 전통 철학이 갖는 느낌과 사고의 이원론적 구분을 넘어서서 의미를 창조하는 것을 예술의 본질로 다잡는다. 존슨은 듀이가 예술의 본질을 '의미-만들기' 내지는 '의미의 구현'에 있다고 보며, 듀이의 미학을 '의미의 미학'으로 해석할 것을 주장한다. 이와 관련해서는 다음을 참조하라. M. Johnson, *The Aesthetic of Meaning of Thought: The Bodliy Roots of Philosophy, Science, Morality, and Art* (Chicago: The University of Chicago Press, 2018)

18 존 듀이, 『경험으로서 예술 1』, 116쪽.

상태와 비교한다. 이를 통해 잘된 것과 잘못된 것, 더해야 할 것과 덜어
내야 할 것에 대한 직접적인 지각을 확보한다.

작품을 감상하는 행위 역시 완전히 수동적인 것이 아니며, 능동적
인 교변 작용(transaction)[19]을 수반한다. 감상을 수동적으로만 행한다면
그것은 진정한 향유가 아니라, 단지 이미 있는 것을 받아들이는 재인
(recognition)에 불과하다. 재인은 감상자가 지금까지 알고 있는 것을 부
분적으로만 관련을 맺고, 단지 목적에 유용할 정도로만 대상을 지각
하는 것을 뜻한다. 하지만 새로운 대상을 진정으로 의미 있는 것으로
지각하는 것은 재인과 차이가 있다. 진정한 감상은 자신의 과거·현
재·미래의 경험 전체에 비추어 새로운 의미를 지각하는 것이며, 이때
감상자의 온몸과 마음은 정서적으로 깊이 관여한다. 그런 점에서 "듀
이의 초점은 단순히 어떤 것(감정, 명제)을 전달하는 것이 아니라, 특정
한 자극(상황이든 발화이든)과 연결된 실제, 과거, 또는 예상되는 경험에
있다."[20]

예술 작품을 진정으로 향유할 때 감상자는 자신의 경험을 '창조'

---

19 트랜스액션(transaction)은 듀이가 단순한 상호작용(interaction) 이상의 보다 복잡하고 상
호적인 경험과 의사소통 과정을 강조하는 데 사용하는 개념으로, '교변 작용(交變作用)' 또
는 '교호 작용(交互作用)'으로 번역된다. 본고에서는 박철홍의 번역을 따라 '교변 작용'이
라고 번역했다. 교변 작용은 행위자와 환경이 상호의존적인 관계를 형성하여 서로 영향을
주고받음으로써 이전과는 다른 새로운 성격을 갖게 된다는 점을 의미한다. 이 개념은 특
히 유기체의 고립된 행위나 단순한 물리적 반응을 넘어서 행위자(개인 또는 예술가)와 환
경(사회적·자연적·물리적 맥락)이 상호 구성적이라는 점을 강조한다. 예술 실천에 있어서
교변 작용은 작품이 예술가와 감상자 사이에서 상호 영향을 주고받으며 끊임없이 새로운
의미와 경험을 산출하는 과정이다. 이 과정을 통해 예술가, 예술 작품, 감상자 모두 이전과
는 다른 성질의 것을 획득한다.

20 S. R. Stroud, "Dewey on Art as Evocative Communication" (*Education and Culture*, Vol.
23, 2007), p. 27.

한다. 경험의 창조는 감상자가 예술가의 경험에 필적할 만한 경험을 한다는 것이다. 이는 감상자가 예술가의 경험을 동일하게 반복한다는 뜻이 아니라, 예술가와 마찬가지로 작품의 구성 요소들에 질서를 부여하여 경험을 '재창조'한다는 것을 의미한다. 예술가는 개인적 관심에 따라 경험을 선택하고 단순화·명료화·응축화하는 일련의 과정을 거쳐 작품을 완성한다. 감상자는 이렇게 완성된 작품에서 자신의 관점에 따라 의미 있는 요소를 뽑아내고 추상화한다. 예술가와 감상자는 작품을 매개로 흩어진 경험의 부분들을 모아 하나의 전체를 능동적으로 구성하며, 이러한 과정은 양자 사이의 교변 작용을 통해 이루어진다. 이러한 점에서 "예술은 예술작업과 감상자를 만족스러운 경험에로 엮는 참여의 사건"[21]이다.

올라퍼 엘리아슨(O. Eliasson)의 〈The Weather Project〉(2003)는 런던 테이트모던 미술관에 전시된 대규모 설치미술로, 인공태양과 안개, 거대한 거울로 구성된다. 작품은 원형의 태양을 모사한 조명 장치와 공기 중에 퍼지는 미세한 물 입자가 안개 효과를 통해 미술관 내부를 거대한 태양 아래의 공간처럼 체험하게 한다. 천장에는 거대한 거울이 설치되어 관람자가 올려다볼 때 자신의 모습을 비추도록 했다. 관람자는 태양 아래에서 자신을 바라보고, 안개 속을 거닐며 작품에 반응한다. 특히 거울에 비친 자신과 주변 사람들을 마주함으로써 관람자는 자신과 타인의 관계를 작품 속에서 새롭게 인식하는 경험을 하게 된다.

21　국순아, 「듀이의 의미의 미학」(『범한철학』 92, 범한철학회, 2019), 185쪽.

그림 2. 엘리아슨, 〈The Weather Project〉, 2003, 런
던 테이트모던 미술관 소장[22]

엘리아슨의 이 작품은 예술 향유가 단순한 감상을 넘어, 관람자
가 자신의 의미를 창조하는 능동적 참여 과정임을 보여주는 사례이다.
〈The Weather Project〉에서 관람자가 작품을 체험하는 모든 순간은 작
품 일부가 되며, 그들은 작품의 형식적 요소뿐만 아니라 심미적인 경
험을 통해 작품에 상호 참여하는 과정을 겪는다. 관람자는 처음에는
설치된 공간을 걷고 바라보는 방식으로 감상했으나, 점차 요가나 명상
같은 창작자가 의도하지 않은 새로운 방식으로 작품에 참여하기도 했
다. 관람자는 이 공간을 일종의 명상적 공간으로 해석하여 신체와 마
음을 조화시키는 체험을 스스로 창출했다. 이러한 행위들은 작품이 제

---

22   https://olafureliasson.net/artwork/the-weather-project-2003/(검색일: 2024.09.27)

공한 환경 속에서 관람자가 자발적으로 드러낸 참여적 반응이다. 물론 작품 감상에 대한 이와 같은 사례는 듀이가 말하는 감상 행위의 능동적 창조가 반드시 물리적·외적 행위로 드러나야 함을 뜻하는 것은 아니다. 중요한 것은 관람자의 능동적인 상호작용이 작품의 의미를 창작자의 의도에만 국한하지 않고, 관람자가 자신만의 해석을 만들어내는 과정에서 확장한다는 점이다. 듀이에게 있어서 "예술의 본질과 가치는 자체로는 인공품일 수밖에 없는 물리적 대상 속에 있지 않고, 그러한 인공품을 창조하고 지각하게 되는 역동적이고 발전적인 경험적 활동 속에 있다."[23]

예술가는 작품을 통해 경험의 의미를 창조하고, 이를 타인에게 전달한다. 이때 새롭게 창조된 경험의 의미는 '그 경험'을 한 인간과 환경을 포함한 모든 요소를 총체적으로 표현한다. 그런 점에서 예술 작품은 "경험의 질성을 리듬과 패턴의 형식에 맞게 재구성하고 매체를 활용하여 생생하고 두드러진, 즉 살아있는 경험을 구현한다."[24] 한편, 감상자는 예술가의 표현, 즉 의사를 인지적·비인지적 활동을 종합하여 느끼고 이해한다. 또한 감상자는 예술가가 표현한 경험과 자신의 경험을 유기적으로 연결하고 재구성하여 새로운 의미를 창조한다. 따라서 예술은 경험의 상호 전달이자 의미의 상호 전달이며, 새로운 의미가 창발하는 소통의 장을 실현한다. "예술 작품은 다른 사람의 경험 속에서 작용할 때, 즉 의사소통할 때 진정한 의미에서 예술 작품이 된

23　리처드 슈스터만(허정선·김진엽 옮김), 『삶의 미학: 예술의 종언 이후 미학적 대안』(서울: 이학사, 2012), 55-56쪽.

24　정낙림, 『감각의 부활: 예술생리학과 예술의 종말 이후의 예술』(서울: 파라아카데미, 2024), 278-279쪽.

다."[25] 그런 점에서 예술에서 소통은 그 본성상 필연적인 기능이다.

듀이는 의사소통을 "그 자체가 창조적인 참여의 과정이며, 서로 고립되어 있고 동떨어져 있는 사람들을 공통적 관심사로 연결시키는 과정"[26]이라고 말한다. 예술은 예술가와 감상자가 서로의 경험에 상호 참여하도록 함으로써 세계에 대한 이해의 지평을 넓힌다. 따라서 예술은 가장 자유롭고 완전한 방식으로 의사소통을 실현하는 매체이다. 예술은 의사소통을 방해하는 장애와 장벽으로 가득한 세계에서 개인의 단절과 소외를 해소하고, 이해와 공감을 저해하는 장벽을 허무는 기능을 한다.

예술이 가장 보편적인 의사소통 형식이라는 듀이의 주장에 대해 예술가가 반드시 자신의 작품을 통해 의사소통을 실천해야 할 의무로 해석할 필요는 없다. 또한 감상자와의 소통이 모든 예술 작품의 의도가 될 필요도 없다. 듀이는 오히려 예술가가 도덕적 교훈이나 세상에 대한 깨우침 같은 특정한 내용을 전달하려는 의도로 창작할 경우, 작품의 표현력이 제한될 수 있다고 지적한다. 예술가는 단지 표현하고자 하는 것을 자유롭게 표현하면 된다. 그런 점에서 예술의 의사소통 기능은 작품의 대중성과는 직접적인 관련이 없다.[27] 이러한 듀이의 주장은 예술의 의사소통적 측면이 예술가가 가진 표현의 자율성을 구속하지 않음을 보여준다.

---

25   존 듀이, 『경험으로서 예술 1』, 222쪽.

26   위의 책, 107쪽.

27   여기서 작품의 대중성이란 예술 표현에 대한 감상자 일반의 즉각적인 반응, 그리고 그러한 반응에 대한 관심을 의미한다.

4. 경험의 공동체를 형성하는 예술과 소통

듀이는 예술이 의사소통의 매체로서 기능할 수 있는 것은 "공통의 경험을 가능하게 하는 경험의 공동체(community of experience)"[28]가 존재하기 때문이라고 보았다. 모든 경험은 자연적·사회적 환경과의 상호작용에서 비롯되며, 개인은 이를 통해 자신의 경험을 공유하고 반성하며 발전시킨다. 경험의 공동체란 사람들이 서로의 경험을 이해하고 공감하며 의미를 공유하는 활동을 가능하게 하는 경험의 장을 뜻한다. 예술 역시 그 기원이 삶에 있으며 동시에 문명에 있다는 점에서 경험의 공동체를 전제한다. 예술 작품은 그것이 탄생한 시대와 장소, 그리고 공동체가 공유하는 경험의 맥락으로부터 독립적인 것일 수 없다. 예컨대 조선 시대 청화백자에 새겨진 매란국죽(梅蘭菊竹)은 절개와 인내, 고결함 같은 당대 지식인의 인격적 이상을 한반도의 자연물에 투영하여 표현한 것이다. 이처럼 예술 작품은 그것이 출현한 특정한 시대와 장소의 사회적·문화적 특성을 반영한다.

인간의 필요와 욕구에서 비롯된 예술 작품은 공통의 미적 경험을 공유하게 함으로써 경험의 공동체를 확장한다. 국순아가 지적하듯, "예술은 그것이 제작된 시대의 한 표현이므로 예술 작품은 그들에게 '사회적 의미'를 갖는다."[29] 산업화와 제국주의 이전 시대에는 순수 예술과 공예품, 혹은 순수 예술과 상업 예술의 경계가 뚜렷하지 않았다. 당시의 아름다운 가구, 식기, 신전, 춤과 노래는 모두 사람들의 삶 속

---

28   같은 책, 255쪽. 괄호는 필자.

29   국순아, 『듀이의 자연주의 철학』(광주: 전남대학교출판문화원, 2022), 213쪽.

에서 자연스럽게 사용되고 행해졌다. 예컨대 파르테논 신전은 그 자체로 위대한 예술 작품이 되기 위해 지어진 것이 아니라, 당시 그리스인의 종교 생활과 신 숭배를 위한 삶의 터전으로 건립된 것이다. 신전의 구조와 형태, 장식적인 요소들은 공동체의 의례와 의식을 위한 적절한 형태와 표현을 띠고 있으며, 신전을 방문하고 이용하는 사람들은 이를 통해 공통의 미적 경험을 공유했다. 예술이 제공하는 이러한 공통의 경험은 "인류로 하여금 기원과 문명에서 하나로 연결되어 있다는 것을 인식하게 해준다."[30] 듀이가 이를 직접 언급하지는 않았으나, 경험의 공동체가 존재하기 때문에 예술을 통한 의사소통이 가능하며, 다시 예술이 경험의 공동체를 가능하게 한다는 점에서 양자는 순환적 관계를 맺는다고 볼 수 있다.

앞서 살펴보았듯, 예술은 예술가 개인의 경험을 표현하는 수난인 동시에 공동체의 사회적·문화적·도덕적 가치와 태도의 영향을 받아 형성된다. 그렇다면 '예술은 개인의 창작물인가, 아니면 보편적 시대정신이 반영된 공동체의 산물인가?'라는 물음을 제기할 수 있다. 듀이의 관점에서 보면, 예술 작품은 개인적인 경험과 보편적 의미를 동시에 구현한다. 예술 작품은 예술가만이 체험한 경험을 표현하는 것이며, 이를 위해 선택된 재료는 창작자와의 교변 작용을 통해 독특한 의미를 지닌 것으로 변형된다. 더 나아가 예술 작품은 단순히 객관적 대상에 머무르지 않고, 주체와 객체가 상호작용하는 과정에서 새로운 의미를 획득한다. 그런 점에서 예술적 표현은 "주관적이지도 객관적이지

---

30   Dewey, *Art as Experience: The Later Works 1925-1953, Vol. 10*, p. 275. 번역은 필자.

도 않고 전적으로 개인적이지도 완전하게 일반적이지도 않다."[31] 따라서 예술은 개인의 특수한 경험과 개성을 반영함과 동시에 보편적 경험과 의미를 제공할 잠재성을 지닌다.

듀이는 인간이 공통으로 가지는 충동과 욕구 같은 기본적 특성 때문에 모든 사물이 잠재적인 공통적 소유의 가능성을 지닌다고 본다. 또한 환경을 구성하는 모든 요소는 언젠가 어떤 식으로든 개인과 상호작용하기 때문에 공통의 것이 될 잠재성을 지닌다. 보편적인 것은 모든 사람의 경험에 앞서 존재하는 형이상학적 개념이 아니라, 경험 속에서 사물들이 작용하는 방식에서 드러난다. "가능한 한 많은 사람들이 참여하며 공유하는 것이 바로 공통적인 것",[32] 즉 일반적인 것이 된다. 예술 작품은 이러한 잠재성을 구체화하는 수단으로서 다양한 삶과 배경을 넘어 보편적 의미를 표현한다.

개인의 행위와 공동체적 의미의 관계를 이해하기 위해서는 듀이의 '연합(association)' 개념을 살펴볼 필요가 있다. 공동체는 구성원들의 연합으로 성립하며, 이러한 연합 행위는 생물적 기원을 갖는다. 개인은 필요에 따라 목적을 설정하고 그에 맞는 행위를 선택한다. 이러한 행위 속에서 드러나는 욕망, 의도, 결심은 분명히 개인으로부터 비롯되지만, 인간의 행위는 결코 고립된 상황에서 발생하지 않는다. 듀이는 애초에 고립된 인간의 행위는 발견된 적 없으며, 모든 행동은 다른 것들의 행동과 '함께 있음' 속에서 발생한다고 단언한다. "이 '함께 있음(along with)'은 각자의 행동이 타자와의 연관에 의해서 변용된다는 것

---

[31] 정해창, 『인스트루멘탈리즘: 듀이의 미완성 경험』(파주: 청계, 2013), 221쪽.

[32] 존 듀이, 『경험으로서 예술 2』, 179쪽.

을 의미한다.”[33] 인간은 각자의 욕망과 목적을 추구하면서도 자신의 행동이 타인에게 미칠 결과와 타인의 행동이 자신에게 미칠 결과를 고려한다. 곧 인간은 '함께 있음' 상태에서 개별 행위가 다른 존재에게 미칠 효과를 지각하고, 이에 대해 반성하는 방식으로 자신의 행위를 선택한다.

듀이는 이러한 사실을 설명하기 위해 갓난아이의 성장을 예로 든다. 혼자서는 생존할 수 없는 아이는 성인의 돌봄에 의존할 수밖에 없다. 아이가 생존하는 것은 보다 성숙한 존재인 성인이 주의를 기울이고 보살피기 때문이다. 성인은 아이를 돌보면서 아이의 사고, 감정, 욕구를 살피고, 자신의 행위가 아이에게 미칠 영향을 고려하며 상호작용한다. 아이 역시 성인과의 연합 행위와 그 결과를 통해 판단과 선택의 방식을 학습한다. 인간은 이러한 연합을 통해 연약하고 비자립적인 상태에서 살아남고 성장하며, 또 다른 연합을 통해 종을 보전한다. 듀이는 이러한 사실만으로도 개인의 욕구, 사고, 판단이 타인과의 연합 행위와 무관하지 않음을 보여주기에 충분하다고 본다. 인간이 "믿고 희망하고 목적으로 삼는 것은 연합과 교류의 결과에 의해서 규정된 것이다.”[34]

예술의 의사소통이 경험의 공동체를 전제로 하고, 경험의 공동체가 예술을 통해 가능하다고 하더라도 그것이 특정 공동체 내의 구성원에 한정하여 일어나는 것은 아니다. "한 문명에서 다른 문명으로, 그리고 문화 내부에서 문화의 연속성은 다른 어떤 것보다 예술에 의해 더

---

33 존 듀이(정창호·이유선 옮김), 『공공성과 그 문제들』(서울: 한국문화사, 2014), 23쪽. 괄호는 필자.

34 같은 책, 25쪽.

많이 규정된다."[35] 집단적 개성이 담긴 예술 작품은 오히려 차이와 연속성을 매개로 여러 문화권의 공동체 간의 의사소통을 가능하게 한다. 차이는 이해를 추동하며 새로운 의미를 낳고, 이를 연속성 속에서 파악하는 것은 사고방식을 유연하게 한다. 이러한 예술의 의사소통은 차이와 연속성의 긴밀한 관련을 통해 사고를 확장하고, 공동의 목적을 실현하기 위한 협력을 가능하게 한다. "즉, 예술은 다른 사람이나 다른 지역 사람들의 경험 속에 들어 있는 근본적 태도를 이해할 수 있게 해줌으로써 우리 자신의 경험을 그만큼 덜 지역적이고 덜 편협한 것이 되게 한다."[36] 듀이가 그리는 문명화된 삶과 바람직한 사회는 공동의 이념과 목적을 공유하고, 사회 구성원의 참여 속에서 그 목적을 실현하기 위해 함께 노력하는 사회다. 이를 위해 무엇보다 구성원과 공동체 간의 활발한 소통과 교류가 요구된다. 그런 점에서 "예술은 자연 및 역사, 사회적 환경과의 상호작용의 산물이면서 동시에 문명화된 삶을 지속시키는 원동력"[37]이다.

듀이가 예술 실천에서 공동체성, 연결성, 통합성을 강조하는 것은 언뜻 예술을 개별성과 다양성으로 설명하는 것과 모순되는 듯 보인다. 그러나 예술과 공동체적 특성 사이에 긴밀한 관계 설정을 곧 예술의 개별성을 거부하고 단일성과 전체성을 지향하는 것으로 해석할 수는 없다. 오히려 예술의 의사소통에 의해 형성된 사회는 개별성과 다양성을 보장하는 방향으로 발전한다. "예술가가 한 사회 집단 구성원들의 관련이 없어 보이는 서로 다른 경험을 통합하는 예술 작품을 창

---

35 Dewey, *Art as Experience: The Later Works 1925-1953, Vol. 10*, p. 330. 번역은 필자.

36 존 듀이, 『경험으로서 예술 2』, 252쪽,

37 정낙림, 『감각의 부활: 예술생리학과 예술의 종말 이후의 예술』, 287쪽.

작하는 데 성공한다면, 그 예술가는 사회 집단의 삶에서 새로운 공유된 의미를 잠재적으로 창출할 수 있다."[38] 예술은 다른 어떤 사회적 형식보다 개인의 경험을 자유롭게 표현하면서도 인류 공통의 경험을 공유하는 형식이기에 다양한 개인과 집단의 경험을 통합하여 새로운 공동체적 의미를 창출한다. 예술은 자신과 타인 사이의 차이를 인식하고 이를 이해하도록 이끌며, 기존의 가정과 편견에 도전함으로써 공동체적 사고를 발전시킨다. 궁극적으로 "예술은 사회의 그 어떤 소통 매체보다 공동체의 결속력(consolidation)을 다지게 하는 매체이다."[39]

5. 나가는 말

듀이의 예술철학은 예술이 단순한 감정이나 생각의 표현을 넘어, 질적 경험을 공유하고 상호 이해를 촉진하는 중요한 매개체임을 보여준다. 예술은 창작자와 감상자 간의 상호 참여 속에서 서로의 경험에 침투하고 의미를 발견하게 하며, 이 과정은 개인의 경험을 확장하고 공동체적 연결을 강화한다. 본 논문은 듀이의 이론을 바탕으로 예술이 소통의 매개체로서 작동하는 방식과 의미를 세 가지 차원에서 고찰했다. 이러한 접근은 예술의 소통적 특성을 예술 자체, 개인과 개인, 공동

---

[38] M. Mattern, "John Dewey, Art and Public Life" (*The Journal of Politics,* Vol. 61, The University of Chicago Press and Southern Political Science Association, 1999), p. 62. 번역은 필자.

[39] 허정임, 『존 듀이의 경험주의 미학과 예술교육』(파주: 교육과학사, 2022), 130쪽.

체와 사회의 층위에서 단계적으로 조망하려는 시도였다. 그 내용은 다음과 같이 요약된다.

첫째, 예술의 내적 작동 원리를 질성적 경험으로 해명한 듀이의 이론을 토대로 예술의 소통적 기능을 논했다. "예술은 삶의 의미, 목적을 명료하게 함으로써 삶을 더욱 지적으로 만들지만 그 수단은 개념이 아니고 강렬한 경험이다."[40] 예술 작품은 모든 유기체가 공유하는 생명체의 리듬과 자연의 질서로부터 주어지는 경험의 질성을 생생하게 표현하는 형식이다. 예술은 언어로는 전달할 수 없는 비환원적인 경험의 질성을 표현한다는 점에서 다른 표현 매체와는 질적으로 다른 특성을 갖는다. 또한 예술은 상상력을 매개로 감상자의 과거와 현재의 경험을 연결함으로써 다양한 상호작용의 가능성을 열고, 궁극적으로 타인과 세계의 이해 및 사회적 협동의 실천을 가능하게 한다.

둘째, 예술의 창작과 감상 차원에서 상호 참여가 일어나는 방식을 검토하여 예술이 개인 간 소통을 매개하는 방식을 고찰했다. 예술 작품은 고정된 의미를 지니는 것이 아니라, 창작자와 감상자의 교변 작용 속에서 끊임없이 의미가 재창조된다. 예술 창작은 능동적 차원인 표현하는 행위와 수동적 차원인 감상하는 행위가 긴밀히 연결되어 그 의미가 발전하는 과정으로 이루어진다. 감상 역시 단순히 수동적 차원에 머무르지 않고, 감상자가 작품을 통해 자신의 경험을 재해석하여 새로운 의미를 창조하는 능동적인 과정이다. 따라서 예술에서 창작자와 감상자는 서로를 필요로 하며, 유기적 연결을 형성한다.

셋째, 예술이 사회적 차원에서 공동체를 형성하고 소통을 확장하

---

[40] 현광일, 『존 듀이의 생명과 경험의 문화적 전환』(서울: 살림터, 2024), 58쪽.

는 방식을 설명했다. 듀이는 예술이 특정 개인의 경험에서 비롯되지만, 동시에 공동체가 공유하고 있는 사회적 가치와 문화적 맥락을 반영한다고 보았다. 예술은 창작자가 자신의 고유한 경험과 정체성을 표현하는 동시에 사회적 맥락과 공유된 경험을 통해 공동체적 의미를 형성한다. 이로써 예술은 개별성과 보편성을 조화롭게 결합하며, 개인의 자율적 표현을 공동체의 상호 이해와 협력을 촉진하는 방향으로 이끈다. 결국 예술은 삶의 경험을 통합하고 전달하는 고유한 방식으로서, 개인과 사회를 잇는 소통의 매개체로 기능한다.

본 논문은 듀이의 예술철학에 근거해 예술이 의사소통의 매개체로 작동하는 방식과 개인적·사회적 가치를 어떻게 반영하는지를 이론적으로 검토했다. 다만 본 논문은 이러한 논의를 동시대 예술 및 현대사회의 소통 현실에 구체적으로 적용하는 데까지 나아가지는 못했다. 따라서 후속 연구에서는 동시대 예술의 특성과 현대사회의 소통 양상에 대한 실질적인 논의가 필요하다. 듀이가 『경험으로서 예술(*Art as Experience*)』을 출판한 1934년과 오늘날의 예술은 그 경향에서 많은 차이를 보인다. 이러한 동시대 예술의 특징은 아서 단토(A. C. Danto)의 "예술의 종말(*The End of art*)"[41] 테제에서 잘 드러난다. 단토에 따르면 예술은 더 이상 거대 서사에 의해 정의되지 않고, 특정 형식이나 목적에 구속되지 않는 자율성을 획득함으로써 예술 다원주의 시대에 들어섰다. 이 전례 없는 자유의 시대는 예술을 규칙이나 제약에서 벗어난 무한한 가능성을 지닌 매체로 만든다. 이와 같은 다양성과 자율성은 듀이가 말하는 예술의 소통 양상에도 중요한 함의를 지닌다.

---

[41]　A. C. Danto, *After the End of Art: Contemporary Art and the Pale of History* (New Jersey: Bollingen Foundation, 1998), p. 24.

단토에 따르면, 현대 예술은 다양한 표현을 수용하는 개방적인 소통의 장을 제공하며, 이는 듀이가 강조한 예술의 상호작용을 통한 의사소통을 더욱 활성화할 잠재력을 지닌다. 다양한 형식과 재료로 표현되는 현대 예술은 소통을 한층 다채롭고 풍부한 방식으로 확장할 가능성을 지닌다. 따라서 단토의 다원주의적 예술론은 듀이의 예술에 관한 사회적 소통과 협력의 이론을 종합적으로 검토하는 후속 연구로 이어져야 한다. 이러한 연구는 예술의 자율성과 다원성이 현대사회의 소통에 미치는 영향을 규명하며, 예술이 공동체와 개인의 정체성을 어떻게 연결하고 확장하는지를 보여주는 새로운 시각을 제시할 수 있을 것이다.

참고문헌

국순아, 「듀이와 삶의 예술」, 『철학연구』 158, 대한철학회, 2021, 37-62쪽.

______, 『듀이의 자연주의 철학』, 광주: 전남대학교출판문화원, 2022.

______, 「듀이의 의미의 미학」, 『범한철학』 92, 범한철학회, 2019, 175-206쪽.

______, 「예술과 의사소통: 듀이의 예술철학을 중심으로」, 『철학논총』 113, 새한철학회, 2023, 17-38쪽.

김동식, 『듀이: 경험과 자연』, 울산: 울산대학교 출판부, 2005.

리처드 슈스터만(허정선·김진엽 옮김), 『삶의 미학: 예술의 종언 이후 미학적 대안』, 서울: 이학사, 2012.

서한결, 「단토의 "예술의 종말"과 동시대 예술」, 경북대학교 석사학위논문, 2020.

이연식, 『에드워드 호퍼의 시선: 일상의 순간은 어떻게 예술의 장면이 되는가』, 서울: 은행나무, 2023.

정낙림, 『감각의 부활: 예술생리학과 예술의 종말 이후의 예술』, 서울: 파라아카데미, 2024.

______, 「예술과 생리학: 니체와 듀이철학을 중심으로」, 『철학논총』 102, 새한철학회, 2020, 369-395쪽.

정해창, 『인스트루멘탈리즘: 듀이의 미완성 경험』, 파주: 청계, 2013.

조경민, 「듀이의 다원주의 수용과 그 의의」, 『사회와 철학』 22, 사회와철학연구회, 2011, 247-278쪽.

존 듀이(정창호·이유선 옮김), 『공공성과 그 문제들』, 서울: 한국문화사, 2014.

______(박철홍 옮김), 『경험으로서 예술 1』, 파주: 나남, 2016.

______(박철홍 옮김), 『경험으로서 예술 2』, 파주: 나남, 2016.

허정임, 『존 듀이의 경험주의 미학과 예술교육』, 파주: 교육과학사, 2022.

현광일, 『존 듀이의 생명과 경험의 문화적 전환: 미래없는 삶의 미래 가능성에 대한 탐색』, 서울: 살림터, 2024.

P. M. 젤트너(정순복 옮김), 『존 듀이 미학 입문』, 서울: 예전사, 1996.

Danto, A. C., *After the End of Art: Contemporary Art and the Pale of History*, New

Jersey: Bollingen Foundation, 1998.

Dewey, J., *Art as Experience,* New York: Perigee, 2005.

______, *Art as Experience: The Later Works 1925-1953, Vol. 10,* Ed. Jo Ann Boydston, Carbondale: Southern Illinois Univ. Press, 2008.

______, *Experience and Nature,* New York: Dover Pub., 1958.

Johnson, M., *The Aesthetic of Meaning of Thought: The Bodliy Roots of Philosophy, Science, Morality, and Art,* Chicago: The University of Chicago Press, 2018.

Mattern, M., "John Dewey, Art and Public Life," *The Journal of Politics,* Vol. 61, The University of Chicago Press and Southern Political Science Association, 1999, pp. 54-75.

Stroud, S. R., "Dewey on Art as Evocative Communication," *Education and Culture,* Vol. 23, 2007, pp. 6-26.

10
쇼펜하우어 철학에서 증명의 한계와 언어적 소통의 한계

백영준(경북대학교 철학과 박사과정)

1. 들어가는 말

이제까지 쇼펜하우어의 철학을 소통의 관점에서 고찰하려는 시도는 활발하지 못했다. 트라우트만(F. Trautmann)의 연구는 드물게 쇼펜하우어의 철학을 소통의 관점에서 고찰한 바 있는데, 그의 연구는 변증술, 수사학, 논리학, 문법, 논쟁술, 철학, 예술 등에 대한 쇼펜하우어의 관점을 소통의 관점에서 재구성한다. 그는 쇼펜하우어가 '소통될 수 없는 것', '철학과 예술을 통해서만 소통될 수 있는 것', '그 외의 방식으로 소통될 수 있는 것'으로 나누어 고찰했음을 적절하게 지적한다.[1]

---

* 이 글은 2025년 8월 『칸트연구』 55집에 등재된 논문을 수정하고 보완한 것임을 밝혀둔다. 백영준, 「쇼펜하우어 철학에서 증명의 한계와 언어적 소통의 한계」, 한국칸트학회, 『칸트연구』 55, 2025, 63-99쪽.

[1] F. Trautmann, "Communication in the Philosophy of Arthur Schopenhauer" (*The Southern Speech Communication Journal*, vol. 40, 1975), pp. 142-157 참조.

트라우트만의 시도는 쇼펜하우어의 철학을 소통과 연관된 담론으로 끌어들인다는 점에서 큰 의의를 갖지만, 동시에 몇 가지 뚜렷한 한계를 갖는다. 첫 번째로, 소통에 대한 그의 논의는 증명 개념을 전혀 다루지 않는다. 두 번째로, 그의 연구는 소통과 연관된 다양한 내용을 압축적으로 전달하는 과정에서 개별적인 소통 방식에 대한 섬세한 논의를 진행하고 있지 않다. 세 번째로, 언어를 통해 이루어지는 소통은 비교적 자세히 다루지만, 예술적 소통은 아주 간략하게 다루고 있으며, 예술의 각 분야를 세분하여 다루고 있지도 않다.

본 연구는 위에 언급한 세 가지 한계 중 처음 두 가지를 보완함으로써 트라우트만의 연구를 비판적으로 계승하고자 한다. 본 연구는 소통과 연관된 논의에 끌어들이기 위해 증명을 언어적 소통의 하위 개념으로 분류할 것이다. 이때 언어적 소통이란 논의의 편의를 위해 본 연구자가 도입한 도구적 개념임을 일러둔다. 또한 본 연구는 '증명'이라는 하나의 소통 방식만 집중적으로 다룸으로써 섬세한 논의를 진행할 것이다. 언급한 세 번째 한계는 본 연구가 집중적으로 보완하고자 하는 지점이 아닌데, 예술의 각 분야를 세분하여 소통의 관점에서 다루는 데는 방대한 논의가 요구되므로 별도의 연구를 통해 다루는 것이 더 적절할 것이기 때문이다. 다만 이 글에서는 시가 예술의 한 분야이면서 동시에 언어적 소통으로 이해될 수 있다는 점을 고려하여 시에 대해서는 필요한 만큼 다룬다.

증명 개념을 집중적으로 다루는 것은 그 자체로 또 하나의 의의를 갖는다. 쇼펜하우어 연구에서 증명 개념은 집중적인 연구 대상이 되지 못했으며, 수학적 증명과 논리학적 증명의 맥락에서만 드물게 언급되었을 뿐이다.[2] 그러나 본 연구자가 보기에 쇼펜하우어가 제시하는 증명의 한계를 고찰하는 것은 그의 철학 전반을 이해할 때 대단히 중요하므로 보다 폭넓은 관점에서 집중적으로 조명할 필요가 있다. 지멜(G. Simmel)은 쇼펜하우어의 철학에 비합리적인 것을 강조하는 측면이 있음을 적절하게 지적한 바 있다.[3] 본 연구자가 보기에 쇼펜하우어에게서 증명이 무엇이고 어떤 한계를 갖는 것으로 이해되는지 파악할 수 있다면, 그의 철학 전반이 갖는 비합리주의적 성격을 더 잘 이해할 수 있다.

이러한 이유에서 본 연구는 증명의 긍정적인 특성보다 부정적인 특성을 파악하는 데 집중할 것이며, 다시 말해 증명이 갖는 한계들을 열거하는 데 집중할 것이다. 그러나 본 연구에서 열거한 증명의 한계가 언어적 소통 일반에 적용되는 한계로 이해되어서는 안 될 것인데, 증명은 언어적 소통의 한 방식일 뿐이기 때문이다. 쇼펜하우어의 관점에 따르면, 철학과 시는 증명이 전달할 수 없는 것을 전달할 수 있으므로 증명을 통해 전달될 수 없는 것이 일부 언어적 소통을 통해서는 전달될 수 있다.

---

2 대표적인 사례로 자케트의 연구를 들 수 있다. D. Jacquette, "Schopenhauer's Philosophy of Logic and Mathematics," *A Companion to Schopenhauer* (Chichester: Blackwell publishing, 2012), pp. 43-59.

3 G. Simmel (Trans. by H. Loiskandl, D. Weinstein & M. Weinstein), *Schopenhauer and Nietzsche* (Urbana: University of Illinois Press, 1991), pp. 15-31 참조.

2. 증명과 언어적 소통의 정의

이 절에서는 쇼펜하우어가 '증명(Beweis)', '언어', '소통'을 어떻게 이해하고 있는지 분석하여 그 정의를 도출하고, 언어로 이루어지는 소통 일반을 '언어적 소통'으로 범주화한 뒤, 증명을 언어적 소통의 하위 개념으로 분류하는 작업을 수행한다. 증명은 충분근거율(Satz vom zureichenden Grunde, principium rationis sufficientis) 중에서도 인식의 충분근거율(principium rationis sufficientis cognoscendi)과 밀접한 관련이 있으므로 증명을 정의하기에 앞서 충분근거율 일반에 적용되는 특징과 인식의 충분근거율이 특수하게 갖는 특징을 구분하여 서술할 것이다.

충분근거율 개념이 철학계에서 중요한 개념으로 다루어지는데 가장 큰 영향을 끼친 철학자는 라이프니츠(G. W. Leibniz)이며, 쇼펜하우어는 라이프니츠를 비판적으로 계승한다.[4] 라이프니츠는『모나드론(*Monadologie*)』에서 충분근거율을 다음과 같이 표현한다. "우리는 […] 왜 이것이 이래야 하고 다를 수는 없는지에 대한 충분한 근거가 없다면,

---

[4]　프루스는 이렇게 말한다. "충분근거율과 연관된 가장 유명한 철학자 한 명이 있다면, 라이프니츠다." Alexander R. Pruss, *The Principle of Sufficient Reason: A Reassessment* (Cambridge: Cambridge University Press, 2006), p. 28; 다음의 인용에서 쇼펜하우어는 특유의 냉소적인 어조로 말하기는 하지만, 라이프니츠의 공적을 분명히 인정하고 있다. "라이프니츠는 처음으로 근거율이 모든 인식과 학문의 핵심 원칙이라고 공식적으로 주장했다. […] 그렇지만 라이프니츠는 근거율에 대해 언제나 오직, 모든 것은 왜 그것이 그렇고 다르지 않은가에 대한 하나의 충분한 근거를 가져야 한다고 말하는 것 외에는 더 알지 못한다." A. Schopenhauer (Trans. by D. E. Cartwright, E. E. Erdmann & C. Janaway), "On the Fourfold Root of the Principle of Sufficient Reason" (이하 "FR"로 축약), *On the Fourfold Root of the Principle of Sufficient Reason and other Writings* (Cambridge: Cambridge University Press, 2012), §9, p. 22; 윅스는 쇼펜하우어가 그의 주저에서 충분근거율 개념을『충분근거율의 네 겹의 뿌리에 관하여』에서와는 다른 의미로 사용함을 지적한다. "『의지와 표상으로서의 세계』에서 쇼펜하우어는 '충분근거율'을 공간, 시간, 인과성 형식을 통칭하는 약칭으로 사용한다." R. Wicks, *Schopenhauer's The World as Will and Representation - A Reader's Guide* (New York: Continuum International Publishing Group, 2011), p. 36.

어떤 사실도 진실이거나 실재일 수 없고 어떤 판단도 참으로 입증될 수 없다고 간주한다."[5]

라이프니츠는 충분한 근거(Grund)가 다음의 두 가지를 받아들일 수 있게 한다고 말한다. 첫 번째로, 충분한 근거는 어떤 것이 '왜 그러한지'를 이해할 수 있게 한다. 이는 임의의 예시를 통해 이해해볼 수 있다. 예컨대, 사과나무에 매달린 사과에 작용하는 중력은 그 사과가 왜 위에서 아래로 떨어지는지를 이해할 수 있게 하는 충분한 근거일 수 있다. 두 번째로, 충분한 근거는 어떤 것이 '왜 그것과 다르지 않은지'를 받아들일 수 있게 한다. 예컨대, 사과나무에 매달린 사과에 작용하는 중력을 사과가 위에서 아래로 떨어지게 만드는 충분한 근거로 간주하는 사람은 왜 사과가 아래에서 위로 솟구치지 않는지도 이해할 수 있다.

쇼펜하우어 역시 충분근거율을 위와 같은 의미로 사용한다. 쇼펜하우어는 충분근거율을 "필연성(Notwendigkeit)의 원리"로 이해하는데, 그에게 필연성이란 "근거가 설정되었을 때 그 귀결(Folge)이 부재할 수 없다는 것"을 의미한다(FR, §49, p. 146). 달리 말하자면, 충분한 근거는 특정한 귀결을 필연화한다. 여기에 쇼펜하우어는 충분근거율이 인식 주관이 여러 표상(Vorstellung)을 합법칙적이거나 정합적으로 이해할 수 있게 한다는 설명을 덧붙인다. 그에 따르면, 인식 주관에 주어지는 표상은 어떠한 경우에도 독립적으로 주어지지 않고 다른 표상과 결합된 것으로 주어져 있는데, 표상과 표상의 결합은 근거와 귀결의 필연적 결합을 가능하게 하는 충분근거율에 의해 이루어진다(FR, §16, pp. 30-31).

5　G. W. Leibniz (Trans. by L. Strickland), "The Monadology," *Leibniz's Monadology – A New Translation and Guide* (Edinburgh: Edinburgh University Press, 2014), §32, p. 20.

쇼펜하우어는 라이프니츠가 제시한 충분근거율 개념의 핵심적인 의미를 계승하지만, 네 부류의 표상에 적용되는 네 겹의 충분근거율이 있다고 본다는 점에서 라이프니츠와 구분된다.[6] 쇼펜하우어는 표상을 경험적 직관(empirische Anschauung), 개념(Begriff) 혹은 판단(Urteil), 순수직관(reine Anschauung)인 시간과 공간, 개별자의 의지(Wille)로 세분하는데, 네 부류의 표상에는 각기 다른 충분근거율이 적용된다. 경험적 직관에는 생성의 충분근거율(principium rationis sufficientis fiendi)이, 판단에는 인식의 충분근거율이, 시간과 공간 부분에는 존재의 충분근거율(principium rationis sufficientis essendi)이, 개별자의 의지에는 행위의 충분근거율(principium rationis sufficientis agendi)이 적용된다. 이에 따라 네 부류의 표상은 서로 구분되는 네 부류의 근거를 갖는데, 경험적 직관은 원인(Ursache)을, 판단은 인식근거(Erkenntnisgrund)를, 순수직관은 존재근거(Seinsgrund)를, 개별자의 의지는 동기(Motiv)를 근거로 갖는다.

네 겹의 충분근거율 중에서 증명과 가장 밀접하게 관련된 것은 판단에 대한 근거를 요구하는 인식의 충분근거율이다. 쇼펜하우어는 충분한 근거를 가지지 않는 판단은 '참(Wahr)'이라는 술어를 획득할 수 없으며, 오직 참인 판단에 대해서만 인식(Erkenntnis)을 논할 수 있다고 본

---

6 '네 겹'이라는 표현의 의미는 다소 분명하지 않다. 매기는 네 겹 대신 '네 범주(category)'라는 표현을 사용함으로써 이 표현을 충분근거율을 네 가지로 분류하는 개념으로 해석한다. 이서규도 비슷한 방식으로 해석하는 것으로 보인다. 이서규는 쇼펜하우어와 관련된 그의 모든 논문에서 네 겹을 '네 가지'로 번역한다. 이 글에서는 매기와 이서규의 해석이 정당하고 쇼펜하우어의 표현을 더 명료하게 만드는 긍정적인 효과도 있다고 보지만, 쇼펜하우어의 용어를 수정하는 부담을 피하고자 '네 겹'이라는 표현을 그대로 사용한다. 두 사람의 용법은 B. Magee, "The Ends of Explanation," *The Philosophy of Schopenhauer* (New York: Oxford University Press, 2002), p. 29; 이서규, 「쇼펜하우어의 충분근거율에 대한 고찰」(『철학연구』 62, 고려대학교 철학연구소, 2020), 336쪽 참조.

다.[7] 판단의 근거인 인식근거는 네 가지로 세분된다. 하나의 판단이 가질 수 있는 인식근거에는 다른 판단, 경험적 직관, 감성(Sinnlichkeit)과 지성(Verstatnd)의 선험적(a priori) 형식인 순수직관, 이성(Vernunft)의 선험적 형식이 있다. 다시 말해, 판단은 네 부류의 인식근거에 의해 참이라는 술어를 획득할 수 있다.

같은 맥락에서 쇼펜하우어는 진리(Wahrheit)를 "판단이 그 판단과는 다른 어떤 것[네 종류의 인식근거]과 맺는 관계"로 정의하고, 그 판단이 무엇을 인식근거로 갖는지에 따라 진리를 네 가지로 세분한다(FR, §29, p. 100). 다른 판단을 인식근거로 갖는 판단은 논리적 진리(logische Wahrheit)를 가지며, 경험적 직관을 인식근거로 갖는 판단은 경험적 진리(empirische Wahrheit)를 가지고, 감성과 지성의 선험적 형식을 인식근거로 갖는 판단은 초월적 진리(transzendentale Wahrheit)를 갖는다. 이성의 선험적 형식을 인식근거로 갖는 판단들은 메타논리적 진리(metalogische Wahrheit)를 갖는다(FR, §§30-33, pp. 101-104).

증명의 정의는 인식의 충분근거율이 요구하는 인식근거가 무엇인지를 고찰할 때만 온전히 이해된다. 쇼펜하우어는 증명을 "진술된 판

---

7   쇼펜하우어는 인식의 충분근거율을 정의할 때는 인식을 "참인 판단을 표상하는 것"이라는 의미로 사용한다. "[인식의 충분근거율은] 판단이 인식을 표현하려면 충분한 근거를 가져야 함을 의미한다"(FR, §29, p. 100); 그러나 다른 곳에서 쇼펜하우어는 인식을 더 넓은 외연을 갖는 의미로 사용하기도 한다. 재너웨이와 홀은 쇼펜하우어가 인식을 지식(Wissen)과 느낌(Gefühl)을 포괄하는 개념으로 사용함을 지적하는데, 이때 지식이 의식에 주어진 것 중 추상적인 것을 의미한다면 느낌은 지식의 부정으로 추상적이지 않은 것을 의미한다. 이 경우 인식의 대상이 참인 판단으로 제한되지 않는다. 따라서 쇼펜하우어가 인식을 두 가지 의미로 사용한다고 보는 것이 적절해 보인다. 재너웨이의 분석은 C. Janaway, "Schopenhauer on Cognition (Erkenntnis)[W 1 §§8-16]," *Arthur Schopenhauer: Die Welt als Wille und Vorstellung* (Berlin: Akademie Verlag, 2014), pp. 41-44; 홀의 분석은 R. Hall, "Schopenhauer's Philosophy of Music," *A Companion to Schopenhauer* (Chichester: Blackwell Publishing, 2012), p. 168 참조.

단의 근거에 대한 설명(Darlegung)”으로 정의하는데, 그에게 판단의 근거는 언제나 인식근거이므로 증명의 정의는 ‘진술된 판단의 인식근거에 대한 설명’으로 한층 더 명료하게 수정할 수 있다(FR, §14, p. 28). 이때 증명이 ‘진술된 판단의 인식근거’가 아니라 ‘진술된 판단의 인식근거에 대한 설명’으로 정의되고 있다는 점은 중요해 보이는데, 이 표현은 증명이 ‘인식근거를 그 자체로 제시하는 것’이 아니라 ‘인식근거를 기술하여 제시하는 것’임을 의미하는 것으로 보이기 때문이다.

인식근거가 기술되는 과정을 가상의 사례를 통해 살펴보는 것은 증명 개념을 더 명료하게 이해할 수 있게 할 것이다. 만일 “말은 뛸 수 있다”라는 판단이 경험적 진리를 갖는 판단이라면, 이 판단에 참이라는 술어가 부여되는 이유는 이 판단에 근거를 요구하는 인식 주관이 경험적 직관을 인식근거로 가지고 있기 때문이며, 다시 말해 이 인식 주관이 실제로 뛰고 있는 말의 모습을 보고 있거나 본 적이 있기 때문이다.[8] 만일 이 인식 주관이 다른 사람에게 이 판단이 참임을 주장하기 위해 ‘인식근거 그 자체’를 제시하고자 한다면, 이 인식 주관은 ‘뛰고 있는 말’을 직접 보여줘야 할 것이며, 뛰고 있는 말의 모습을 보여주는 행위는 아직 이 판단을 참으로 여기지 않는 사람으로 하여금 참으로

---

8 여기서는 논의의 편의를 위해 고려하지 않았지만, 엄밀한 의미에서는 말을 보고 있는 바로 그 시점에서만 인식 주관은 경험적 직관을 “말은 뛸 수 있다”는 판단의 인식근거로 가지며, 말을 본 기억을 떠올리는 인식 주관은 상상된 상(Phantasma)을 인식근거로 갖는다고 보아야 한다. 기억과 상상력에 대한 쇼펜하우어의 이해에 따르면, 말을 보는 시점에서 인식 주관에 주어지는 경험적 직관은 오직 시간 안에서만 주어진 감각(Empfindung)을 결과로 간주하고 이 결과의 원인을 시간과 공간이 결합된 곳에서 찾는 과정에서 형성되는 것이다. 반면, 말을 본 기억을 떠올리는 인식 주관은 감각을 활용하지 않고 상상된 상을 구성해낸다. 다음의 두 인용은 둘 간의 차이를 잘 드러낸다. “우리의 표상능력의 가능한 대상의 첫 번째 부류는 직관적이고, 완전하고, 경험적인 표상이다”(FR, §17, p. 33); 상상된 상은 “직관적이고, 완전하고, 그러므로 감각에 가해진 인상에 의해 즉각적으로 불러일으켜지지 않고, 그 결과 경험의 복합체에 속하지 않는 특수한 표상”이다(FR, §28, p. 97).

받아들이게 할 것이다.

　그러나 쇼펜하우어가 '증명'이라는 개념을 통해 지시하고자 하는 행위는 이것이 아닌 것으로 보인다. 증명의 정의인 '인식근거에 대한 설명'이라는 표현을 진지하게 고려한다면, 그가 증명을 '뛰는 말의 모습을 기술한 판단을 제시하는 행위'로 간주했다고 보는 편이 더 적절하다. 예컨대, 뛰고 있는 말의 모습을 지금 보고 있는 인식 주관은 이 경험적 직관을 "저 말은 지금 실제로 뛰고 있다"로 기술할 수 있으며, 이렇게 경험적 직관에서 판단으로 치환된 것을 제시함으로써 "말은 뛸 수 있다"를 증명할 수 있다. 쇼펜하우어에게 증명은 결코 인식근거 자체를 제시하는 것이 아니라 인식근거를 기술한 판단을 제시하는 것이며, 따라서 증명을 구성하는 것은 언제나 판단이다. 이로써 증명의 정의는 다시 한번 수정될 수 있다. 증명은 '진술된 판단의 인식근거를 판단으로 기술하는 행위'다.

　이제 증명의 정의가 분명해졌으므로 증명을 언어적 소통으로 분류하는 것이 정당한지 살펴볼 수 있으며, 이를 위해서는 '소통'과 '언어'가 무엇인지 고찰할 필요가 있다. 쇼펜하우어는 소통의 의미를 특별히 정의하지는 않지만, 한 인식 주관이 그 자신이 이해한 내용을 타인에게 전달하는 행위로 이해한다.[9] 그는 소통이 이루어지기 위해서는 직접적이고 직관적으로 주어진 인식이 개념인 판단 같은 추상적 인

9　트라우트만은 이 문제를 해결하기 위해 소통의 정의를 제시하고자 시도하기도 한다. 그에 따르면, 소통은 표상이 의식 안에 들어올 때 발생하는 것이다. Trautmann, "Communication in the Philosophy of Arthur Schopenhauer," p. 143; 윅스는 쇼펜하우어가 인식을 객관의 인식을 논할 때만 사용하므로 형이상학적 통찰을 포괄하지 않는 개념임을 지적한다. Wicks, *Schopenhauer's The World as Will and Representation - A Reader's Guide*, p. 56 참조.

식으로 모사되어야 한다고 보며, 소통의 주된 매개체로 기능하는 것이 추상적 인식이 직접적이고 직관적인 인식에 대해 갖는 강점이라 본다.

> "추상적 인식의 가장 커다란 가치는 **전달성**과 고정시켜 보존될 가능성에 있다. 오직 이것이 추상적 인식을 실제적인 것에 이루 말할 수 없이 중요하게 한다. 어떤 사람은 자연적인 물체의 변화와 운동의 인과관계를 단순한 지성으로 직접적이고 직관적으로 인식하고, 그러한 인식에 상당히 만족할지 모른다. 하지만 그것을 전달하려면 그 인식이 개념으로 고정된 후에야 가능하다."(WWR 1, § 12, p. 80)

위의 인용에서 쇼펜하우어는 '이해'는 추상적이지 않은 방식으로 이루어질 수 있지만, 이렇게 이해한 내용의 '전달' 혹은 '소통'은 추상적인 방식으로 이루어져야 한다고 주장한다. 그러나 위의 인용은 다소 약한 의미로 이해되어야 하는데, 쇼펜하우어에게서 추상적 표상과 언어가 소통의 유일한 수단으로 간주되는 것은 아니기 때문이다. 쇼펜하우어는 예술이 이데아를 전달할 수 있다고 주장하므로 그에게서 예술은 하나의 소통 방식으로 간주된다. 그러나 예술에는 시와 같이 언어로 구성된 것도 있지만, 조형예술이나 음악과 같이 언어로 구성되지 않는 것도 있으므로 그에게 소통은 주로 추상적으로 이루어지는 것이기는 하지만 언제나 추상적으로 이루어지는 것은 아니라고 보아야 한다.[10]

---

[10] 쇼펜하우어가 창작자와 감상자 간의 소통을 예술의 주된 목적 중 하나로 간주한다는 데 대해서는 연구자들 사이에서 광범위한 합의가 이루어져 있다. 포스터에 따르면, '이데아를 인

쇼펜하우어가 추상적 표상을 소통의 유용한 수단으로 간주하고 직관적 표상에서 추상적 표상으로의 전환이 소통을 가능하게 한다고 본다면, 증명 역시 개념과 판단으로 구성된다는 점에서 추상적 표상으로 구성된 것이므로 그에게 증명이 소통의 한 방식이라고 이해하는 것은 정당해 보인다. 이에 필자는 다음과 같이 주장한다. 쇼펜하우어에게 증명은 "진술된 판단의 인식근거를 판단으로 기술함으로써 타인과 소통하는 행위"다.

증명이 소통이라는 주장이 정당하다면, 증명이 어떠한 소통인지 추가로 물을 수 있으며, 증명이 '언어적' 소통인지 검토해볼 수 있다. 이때 언어적이라는 표현은 언어로 구성된다는 의미로 사용할 것이다. 쇼펜하우어가 언어라는 개념을 사용하는 용법을 고려하면, 이러한 구분을 섣불리 받아들이기는 어려우며, 여기에는 정당화 과정이 요구된다. 쇼펜하우어는 개념과 판단이 언어를 구성하는 요소라고 보지 않기 때문이다.

쇼펜하우어는 언어를 단어(Wort)와 문장(Satz)으로 구성된 것으로 이해한다. 문장은 사유를 가능하게 하는 가장 기본적인 단위이며, 단어와 단어가 문법에 의해 결합함으로써 형성된다. 어떤 것이 언어적이라 함은 단어와 문장으로 구성됨을 의미한다. 이때 단어 및 문장은 개

식하는 능력'과 '이데아를 전달하는 능력'이 쇼펜하우어가 예술가에게 요구하는 두 능력이며, 이 두 능력을 예술가에게 요구함으로써 그는 '미적 교육학(aesthetic pedagogy)'을 제시했다. 매기와 트라우트만 역시 쇼펜하우어에게서 이데아를 전달하는 것이 예술의 주된 목적 중 하나로 제시됨을 지적한다. 이에 대해서는 C. Foster, "The Hour of Consecration: Inspiration and Cognition in Schopenhauer's Genius," *Schopenhauer's The World as Will and Representation – A Critical Guide* (Cambridge: Cambridge University Press, 2023), pp. 77-79; B. Magee, "The Flower of Existence," *The Philosophy of Schopenhauer* (New York: Oxford University Press, 2002), pp. 167-168; Trautmann, "Communication in the Philosophy of Arthur Schopenhauer," pp. 153-154 참조.

념 및 판단과는 구분된다. 쇼펜하우어에 따르면, 단어와 문장은 개별적인 언어에 국한되는 것이며, 개념과 판단은 모든 언어에 공통된 것이다. 달리 말해, 개별적인 단어와 문장은 보편적인 개념과 판단을 표현하거나 지시하거나 예화하는 것일 뿐이며, 단어와 개념은 같지 않고 문장과 판단도 같지 않다.[11]

이 시점에서 '증명이 단순히 개념이나 판단으로 구성될 뿐이고 단어나 문장으로 구성된 것이 아니라면, 어떻게 증명을 언어적이라고 말할 수 있는가?'라는 의문이 발생한다. 이에 필자는 설령 개념과 판단이 단어와 문장과는 구분된다고 할지라도 개념과 판단이 표현하는 내용이 단어와 문장으로 예화되지 않는다면, 그 내용은 소통될 수 없을 것임을 지적하고자 한다. 다시 말해, 개념과 판단이 표현하는 내용은 오직 언어로 표현될 경우에만 소통될 수 있다. 그렇다면, 추상적 표상으로 구성된 내용을 소통하는 과정을 '언어적 소통'이라고 부르는 것은 정당화될 수 있으며, 증명을 언어적 소통의 한 종류로 분류할 수 있다.

이로써 증명과 언어적 소통의 정의가 제시되었고, 증명이 언어적 소통의 하위 개념이라는 필자의 주장 역시 제시되었다. 이에 더하여, 트라우트만의 연구가 다루었던 변증술, 수사학, 논리학, 문법, 논쟁술, 철학 역시 증명과 더불어 언어적 소통으로 분류될 수 있음을 언급하고자 한다. 이러한 소통 방식들은 언어로 예화되어야 한다는 점에서 증명과 동질적이다.

이 글에서 시도한 언어적 소통 개념의 도입은 비록 쇼펜하우어가 직접 사용한 개념은 아니지만, 쇼펜하우어의 철학을 소통의 관점에서

11 　트라우트만은 쇼펜하우어가 단어와 개념, 문장과 판단을 구분하고 있음을 지적한다. Trautmann, "Communication in the Philosophy of Arthur Schopenhauer," p. 144, 146 참조.

체계적으로 이해하는 것을 돕는다는 점에서 실용적인 이점을 가질 수 있다. 언어적 소통에 해당하는 일련의 목록을 얻었다는 점 역시 큰 소득이라고 할 수 있을 것이다. 그러나 다른 무엇보다 증명의 한계가 곧 언어적 소통의 한계는 아님을 손쉽게 파악할 수 있게 하는 것이야말로 이 개념을 도입할 때 발생하는 가장 중요한 이점이다. 7절에서 이 주제로 돌아올 것이다.

3. 증명의 첫 번째 한계: 불충분한 증명의 경우 1

2절에서는 '진술된 판단의 인식근거를 판단으로 기술하는 것'이 증명의 정의로 제시되었다. 이 시점에서 '어떻게 판단이 아닌 것이 판단으로 기술될 수 있는가?' 혹은 '설령 판단이 아닌 것이 판단으로 기술될 수 있다고 하더라도 그 과정에서 정보가 누락되지는 않는가?'라는 의문이 대두된다. 이 절에서는 경험적 직관을 기술한 판단은 정보를 누락할 수밖에 없다고 보았던 것이 쇼펜하우어의 입장임을 설명하고, 이 설명에 기초하여 쇼펜하우어가 경험적 진리를 갖는 판단의 증명을 불충분한 것으로 이해했음을 주장한다.

먼저, 경험적 직관의 의미를 설명한다. 칸트의 인식론에서와 마찬가지로, 쇼펜하우어에게 경험적 직관은 '경험적 실재성'과 '초월적 관념성'을 갖는 것이다(FR, §17, p. 33). 그러나 칸트의 인식론에서와 달리, 쇼펜하우어에게 경험적 직관은 단순히 감각(Empfindung)에 의해 주어지는 것이 아니라 (쇼펜하우어가 인과관계를 파악하는 능력으로 이해하는) 지성의 산물이다.[12] 쇼펜하우어는 시각적 직관이 지성적이라는 주장을 뒷받침하는 근거를 찾는 과정에서 당대의 광학적 연구와 의학적 연구를 참조하는데, 이 분석에 의하면 인식 주체가 두 눈으로 대상을 볼 때 지성은 시각적 감각에 네 가지 작업을 수행함으로써 직관을 형성한다.

지성은 ① 망막에 거꾸로 맺힌 상을 뒤집으며, ② 두 눈이 받아들인 정보를 합쳐 하나의 상을 만들어내고, ③ 2차원으로부터 3차원을 구성해내고, ④ 대상의 위치 및 대상과 주체 간의 거리를 산출해낸다. 비슷한 맥락에서 쇼펜하우어는 촉각적 직관에 대해서도 언급한다. 우리가 하나의 물체를 열 개의 손가락으로 만질 때 각각의 손가락이 받아들이는 감각적 정보가 다름에도 하나의 물체를 만진다고 생각하는 이유는 촉각적 직관을 형성하는 과정에서 지성이 개입하기 때문이다(FR, §21, pp. 56-57). 언급한 과정을 통해 감각은 경험적 직관으로 변환되는데, 이 모든 과정은 지성이 인식 주관에 주어진 감각들이 공통의 원인을 갖는다고 추론함으로써 이루어진다.

이어서, 경험적 직관이 판단으로 온전히 기술될 수 없음을 보임으로써 경험적 직관을 인식근거로 갖는 판단의 증명이 불충분한 것임을 보인다. 앞서 서술한 일련의 과정을 통해 형성된 경험적 직관은 높은 수준의 복잡성(complexity)을 갖는다. 그러나 경험적 직관이 판단으로 기술되기 위해서는 판단을 구성하는 개념으로 모사되어야 하는데, 이 과정에서 경험적 직관은 보편성을 획득하지만 복잡성을 희생할 수밖에

---

12 쇼펜하우어는 이를 인지하지 못한 것이 칸트의 인식론에 내재한 가장 큰 오류 중 하나라고 말한다. "직관은 실제로는 지성적인데, 칸트는 바로 이 사실을 부정하고 있다." A. Schopenhauer (Trans. by J. Norman, A. Welchmann & C. Janaway), *The World as a Will and Representation*, vol. 1(이하 WWR 1로 축약)[Cambridge: Cambridge University Press, 2010], p. 471 참조.

없다. 그 결과, 경험적 직관을 기술한 판단은 경험적 직관 자체가 갖는 정보를 누락시키게 된다. 다음의 인용에서 쇼펜하우어는 개념이 복잡성을 가지지 못하는 빈곤한 것임을 지적한다.

> "우리가 추상화에 있어서 더 높이 올라갈수록 우리는 더 많이 제외한다. 그래서 우리는 더 적은 것을 사유한다. 최고의, 즉 가장 보편적인 개념들은 가장 많이 비워지고 가장 빈약한 개념이다. 결국 예를 들어 존재, 본질, 사물, 생성 등과 같은 것은 가벼운 껍질일 뿐이다."(FR, §26, p. 94)

여기서도 예시를 살펴보는 것은 논의를 더 명료하게 할 것이다. 어떤 사람이 말[馬]을 경험적 직관으로 지각한 이후에 개념으로 모사하는 일련의 과정을 생각해볼 수 있다. 이 사람은 시각과 촉각을 통해 말에 대한 감각적 데이터를 받아들이고, 이 감각을 가공하여 말에 대한 경험적 직관을 형성할 것인데, 여기에는 말의 가죽 색상과 말의 털에서 느껴지는 미묘한 감촉이 포함될 것이다.

이 사람이 말을 개념으로 인식하는 과정은 앞서 인식한 직관을 모사하는 과정일 것이다. 그러나 경험적 직관이 개념으로 모사되는 순간, 경험적 직관의 풍부한 내용 중 상당히 많은 부분이 누락되며, 오직 일부 내용만이 모사된다. 우리가 '말'이라는 개념을 사용할 때, 이 개념을 형성할 때 모사했던 경험적 직관의 내용 모두를 상기하지는 않기 때문이다. '말'의 개념적 정의는 경험적 직관의 풍부한 내용을 모두 포괄하기에는 턱없이 부족하다. "기제목 말과에 속하는 포유류"라는 서술은 이 사람이 두 눈과 손끝으로 받아들였던 정보를 온전히 표현하지 못한다. 이러한 문제는 이 개념을 다른 방식으로 정의하더라도 어김없이 발생한다.

개념이 경험적 직관의 복잡성을 온전히 담아내지 못한다면, 개념으로 구성된 판단 역시 경험적 직관의 복잡성을 온전히 담아낼 수 없다고 보아야 한다. 쇼펜하우어의 이해에 따르면, 판단은 "명백히 사유되고 언명된 개념 관계"로서 개념과 개념을 결합하거나 분리하는 것이기 때문이다(FR, §29, p. 100). 경험적 직관을 인식근거로 갖는 판단들의 증명은 인식근거 자체가 갖는 복잡성을 온전히 전달하지 못한다는 한계를 갖는다. 다시 말해, 경험적 진리를 갖는 판단들의 증명은 언제나 불충분하다.

4. 증명의 두 번째 한계: 불충분한 증명의 경우 2

앞선 3절에서 쇼펜하우어가 경험적 진리를 갖는 판단들의 증명을 불충분한 것으로 이해했음을 주장했다면, 이 절에서는 쇼펜하우어가 초월적 진리를 갖는 판단들과 메타논리적 진리를 갖는 판단들의 증명을 3절에서 논의한 경험적 진리를 갖는 판단들과는 다른 이유에서 불충분한 것으로 간주했음을 주장한다. 본격적인 논의를 진행하기에 앞서서 소개되어야 할 개념과 해결되어야 할 해석상의 문제가 있으므로 이를 먼저 논한다.

첫째로, 주관적 상관자(subjektive Korrelat)와 객관적 상관자(objektive Korrelat)의 의미를 설명한다. 쇼펜하우어의 주장에 따르면, 모든 인식은 인식하는 주관이 인식되는 객관을 파악함으로써 발생하므로 '인식하는 주관'은 그 자체로 인식의 객관이 될 수 없다. 그가 보기에 인식하는 주관이 자신을 직접적으로 인식하려고 할 때 인식되는 것은 '의욕하는 주관'일 뿐 인식하는 주관이 아니다(FR, §41, pp. 133-134).

쇼펜하우어는 비록 인식하는 주관을 직접적으로 인식할 수는 없지만, 객관이 주어져 있다는 사실을 단서로 삼아 그 객관을 파악하는 능력이 주관에 주어져 있다고 추론할 수는 있다고 본다. 그에 따르면, 주관의 세 가지 인식 능력은 오직 추론이라는 간접적인 방식을 통해 알려진다. "주관이 인식되지 않는다면 어디에서 우리에게 그 주관의 다양한 인식 능력들, 감성, 지성, 이성이 알려졌는가라는 물음이 이제 제기될 수 있겠다. [⋯] 인식 능력들은 추론되었다."(FR, §41, p. 134)

쇼펜하우어가 이러한 추론이 가능하다고 보는 이유는 주관과 객관이 서로를 필연적으로 전제한다고 보기 때문이다. 이 관점에 따르면, 주관은 오직 어떠한 객관을 파악하는 한에서만 주관이라 불릴 수 있으며, 객관은 오직 어떠한 주관에 의해 파악되는 한에서만 객관이라 불릴 수 있다. 쇼펜하우어는 주관의 능력을 그것의 필연적 전제인 객관을 단서로 추론할 수 있을 때, 이 객관을 주관의 능력의 '객관적 상관자'라고 부르고, 이 주관의 능력을 객관의 '주관적 상관자'라고 부른다. 이 한 쌍의 개념은 주관과 객관의 관계를 다음과 같이 명료하게 표현할 수 있게 한다. 객관적 상관자를 가지지 않는 주관은 있을 수 없고, 주관적 상관자를 가지지 않는 객관도 있을 수 없다.[13]

---

13 반데나벨레와 매기는 쇼펜하우어에게서 주관과 객관이 서로를 필연적으로 전제하는 상관자임을 지적한다. B. Vandenabeele, "Schopenhauer on Sense Perception and Aesthetic Cognition," *The Journal of Aesthetic Education*, vol. 45, University of Illinois Press, 2011), p.

둘째로, 초월적 진리를 갖는 판단들과 메타논리적 진리를 갖는 판단들의 인식근거를 감성과 지성과 이성의 형식들의 객관적 상관자들로 이해할 경우 해석상의 난점이 해결될 수 있음을 주장한다. 다음의 두 인용에서 쇼펜하우어는 감성과 지성과 이성의 형식들 자체가 초월적 진리를 갖는 판단들과 메타논리적 진리를 갖는 판단들의 인식근거라고 말한다.

> "지성과 순수감성에 놓여 있는 직관적·경험적 인식의 형식들은 모든 경험의 가능성의 조건으로서 판단의 근거일 수 있다."(FR, §32, p. 103)

> "이성에 놓여 있는, 모든 사유의 형식적 조건들도 판단의 근거일 수 있다."(FR, §33, p. 103)

위의 두 인용문의 의미를 있는 그대로 받아들일 경우, 쇼펜하우어가 '근거', '귀결', '충분근거율' 개념을 사용하는 방식에 어긋난다. 앞서 2절에서 살펴보았듯이, 충분근거율은 표상과 표상 간에만 통용되는 것이며, 다시 말해 객관과 객관 간에만 통용되는 것이다. 따라서 어떤 것이 다른 무엇의 근거이거나 다른 무엇의 귀결이라 함은 그것이 주관에 대한 객관임을 함축한다. 그러나 세 형식은 주관에 놓인 것이지 객관이 아니므로 위의 인용문을 있는 그대로 받아들일 경우 쇼펜하우어가 주관과 객관이 근거와 귀결의 관계를 맺을 수 있는 것처럼 서

39; B. Magee, "Objects and Subjects," *The Philosophy of Schopenhauer* (New York: Oxford University Press, 2002), p. 107 참조.

술하는 오류를 범했다고 봐야 한다. 쇼펜하우어는 주관과 객관을 근거와 귀결의 관계로 파악했던 것이야말로 실재론과 피히테(J. G. Fichte)의 관념론이 공유하는 중대한 오류라고 강하게 비판한 바 있으므로 이러한 해석은 쇼펜하우어에게 관대하지 못한 해석이 될 것이다(WWR 1, §5, p. 34).

이 문제를 해결할 방법은 다음의 두 가지가 있어 보인다. 하나는 쇼펜하우어가 여기서 '근거'라는 개념을 다르게 사용하고 있다고 보는 것이며, 다시 말해 그가 이곳에서 '근거'라는 개념을 객관과 객관의 관계뿐만 아니라 주관과 객관의 관계를 서술할 때도 사용할 수 있는 개념으로 그 외연을 확장하고 있다고 보는 것이다. 그러나 쇼펜하우어는 앞서 인용이 제시되는 구절들에서 근거를 재정의한 바 없으므로 이러한 해석을 지지하기는 어려워 보인다.

더 나은 해석은 쇼펜하우어가 근거라는 개념을 여기서도 일관되게 사용하고 있다고 보고, 그가 여기서 주관의 세 형식 자체가 아닌 이 세 형식의 객관적 상관자들을 초월적 진리를 갖는 판단들과 메타논리적 진리를 갖는 판단들의 근거로 제시하고 있다고 보는 것이다. 이 글에서는 이 해석을 따르고자 하는데, 이러한 이해를 일관되게 견지하기 위해서는 감성과 지성과 이성의 형식들의 객관적 상관자들이 무엇인지 밝힐 수 있어야 하며, 이 객관적 상관자들이 어떻게 초월적 진리를 갖는 판단들과 메타논리적 진리를 갖는 판단들의 인식근거로 기능하는지를 설명할 수 있어야 한다. 아래에서 이 작업들을 수행한다.

감성의 형식인 시간과 공간의 객관적 상관자는 '시간과 공간의 직관'이다. 쇼펜하우어에 따르면, 시간과 공간은 인식 주관에 의해 선험적으로 직관될 수 있다(FR, §35, p. 130). 인식 주관은 시간과 공간의 직관이 그 자신에게 객관으로 주어져 있다는 것을 단서로 삼아서 그것의 주관적 상관자인 시간과 공간이 인식 주관 그 자신 안에 놓여 있음을 알 수 있다(FR, §42, p. 136). 쇼펜하우어는 시간과 공간의 직관의 한 부분이 다른 부분을 규정할 때 이를 '존재근거'라고 부르는데, 존재근거는 (전체로서의 시간과 공간의 직관의 부분이므로) 감성의 형식의 객관적 상관자로 이해될 수 있다.

존재근거는 시간에서의 존재근거와 공간에서의 존재근거로 구분된다. 시간에서의 존재근거는 시간의 부분들인 순간들을 의미하며, 공간에서의 존재근거는 공간의 부분들인 점, 선, 면의 위치를 의미한다. 두 존재근거의 차이는 계열(succession)에 속하는지 그렇지 않은지에 있는데, 시간에서의 존재근거는 계열에 속하지만 공간에서의 존재근거는 계열에 속하지 않는다(FR, §§37-38, pp. 123-125).

두 부류의 존재근거는 각각이 초월적 진리를 갖는 두 유형의 판단들인 '산술학적 판단들'과 '기하학적 판단들'의 인식근거로 기능한다. 순간들은 계열에 속하므로 선행하는 순간들이 잇따르는 순간들을 규정하며, 선행하는 것이 잇따르는 것의 존재근거다. 반면, 공간의 부분들은 계열에 속하지 않아 어느 하나가 다른 무엇을 일방적으로 규정하지 않으므로 서로가 서로를 규정하는 존재근거가 된다. 쇼펜하우어는 이러한 순간들에 대한 직관적인 이해가 산술학적 판단들을 참으로 받아들이게 하는 인식근거이고, 공간의 부분들의 관계에 대한 직관적인 이해가 기하학적 판단들을 참으로 받아들이게 하는 인식근거라고 말한다.[14]

---

[14] 쇼펜하우어에 따르면, 순간과 수는 각자 그 순간과 수에 선행하는 일련의 순간들 혹은 수들을 거쳐서만 도달할 수 있다는 점에서 서로 같으며, 순간들의 관계는 산술학의 판단들이

지성의 형식의 객관적 상관자는 '질료(Materie)의 상태(Zustand)'다.[15] 인식 주관은 질료를 시간과 공간 안에서 표상하면서 다음의 두 인식에 도달한다. 인식 주관은 그 자신에게 주어진 질료의 상태(Zustand)를 결과(Wirkung)로 간주하고 이 결과를 야기한 충분한 원인이 있을 것이라고 상정하지 않는 것은 불가능함을 인식하며, 질료의 생성과 소멸을 상상하는 것 역시 불가능함을 인식한다. 인식 주관은 두 인식을 단서로 삼아 그 자신에게 모든 결과에 원인을 요구하는 능력이 있지만, 질료의 생성과 소멸을 상상할 수 있는 능력은 부재함을 추론한다.[16] 다시 말해, 인식 주관은 인과성(Kausalität)을 파악하는 능력인 지성의 형식이 주관에 놓여 있음을 추론을 통해 인식한다. 지성의 형식의 객관적 상관자인 질료와 이것을 표상하면서 인식 주관이 얻게 된 두 인식은 '질

참이게끔 하는 확실한 인식근거로 기능한다. 마찬가지로, 공간에서의 존재근거는 기하학의 판단들에 참이게끔 하는 확실한 인식근거로 기능한다. 이러한 견해는 칸트에게서 쇼펜하우어에게로 계승된 것이다. 이에 관해서는 Jacquette, "Schopenhauer's Philosophy of Logic and Mathematics," p. 49 참조.

15 쇼펜하우어에게 질료는 그 자체로 경험될 수 있는 것이 아니며, 그것의 존재가 가정될 뿐이다. "표상으로서의 세계, 즉 객관적 세계는 두 극을 가지고 있다. 즉, 인식의 형식이 없는 인식하는 주관 그 자체와 형식이나 질이 없는 질료 그 자체이다. 둘 중 어느 것에 대한 인식도 불가능하다. 주관에 대한 인식은 인식을 갖는 것이 주관이기 때문이고, 질료에 대한 인식은 형식과 질 없이는 직관될 수 없기 때문이다." A. Schopenhauer (Trans. by J. Norman, A. Welchman & C. Janaway), *The World as Will and Representation*, vol. 2(이하 WWR 2로 축약)[Cambridge: Cambridge University Press, 2018], p. 18 참조.

16 쇼펜하우어에게 인과성이 '질료의 변화'가 아닌 '질료의 상태 변화'를 파악하는 능력임을 인지하는 것은 중요하다. 그에게 질료는 변하지 않는 실체로서 생성도 소멸도 겪지 않는 것이며, 그 자체로는 인식 주관에 알려질 수도 없는 것이기 때문이다. 그에 따르면, 실체라는 상위 개념에 적절하게 포섭될 수 있는 하위 개념은 질료밖에 없으므로 실체는 질료와 동의어이고, 따라서 실체라는 개념 자체가 사실상 불필요하다. 실체 개념과 질료 개념의 관계에 대해서는 WWR 1, pp. 520-521 참조; 쇼펜하우어에게서는 질료가 아닌 질료의 상태만이 원인일 수 있다. "상태가 아니라 객관[경험적 직관]을 원인이라고 부르는 것은 완전히 틀렸다. [···] 객관들은 형식이나 성질뿐 아니라 질료도 함축하는데, 질료는 발생하지도 사라지지도 않기 때문이다. 또한 인과법칙은 오직 변화에, 즉 시간 안에서 상태들의 출현과 소멸에 관련되기 때문이다."(FR, §20, p. 55)

료의 생성과 소멸은 불가능하다'와 '어떤 상태도 원인 없이는 발생하지 않는다'라는 인식근거로 기능하기도 한다(FR, §§32-33, pp. 103-104).

이성의 형식인 동일률, 배중률, 모순율, 인식의 충분근거율의 객관적 상관자는 '판단'이며, 인식하는 주관은 이런저런 판단을 표상하면서 네 법칙으로부터 벗어나 표상하는 것이 불가능하다는 인식에 도달한다. 또한 인식 주관은 이 인식을 단서로 삼아 그 자신에게 이성의 형식이 주어져 있음을 추론한다.[17] 이성의 형식인 판단과 이 판단을 표상하면서 인식 주관이 얻은 이해는 다음의 네 판단의 인식근거로 기능한다. 첫 번째 판단은 "주어는 그 술어의 합과 같다"이며, 두 번째는 "하나의 주어에 하나의 술어가 부여되면서 동시에 배제될 수 없다"이고, 세 번째는 "모순적으로 대립된 각각의 두 술어 중에서 하나는 모든 주어에 귀속되어야 한다"이며, 네 번째는 "진리는 판단이 그 판단의 충분한 근거인 판단 외부의 어떤 것과 갖는 관계"이다(FR, §33, pp. 103-104).

이상의 논의를 통해 주관에 놓인 세 형식의 객관적 상관자가 무엇인지 밝혀졌고, 이 세 형식 자체가 아니라 이 형식들의 객관적 상관자들이 초월적 진리를 갖는 판단들과 메타논리적 진리를 갖는 판단들의 인식근거로 기능하는 것이라고 볼 경우 해석상의 난점이 제거됨과 동시에 체계적인 설명이 가능함이 드러났으므로 이 해석을 정당화된 것으로 간주한다.

이제 초월적 진리를 갖는 판단들과 메타논리적 진리를 갖는 판단들의 증명이 불충분한 것임을 보이는 본래의 목적으로 되돌아갈 수 있

---

17 "우리는 [메타논리적 진리를 갖는 판단들이 표현하는] 그 법칙들에 어긋나게 사유하는 것은 우리의 사지가 관절의 방향에 대해 반대로 움직이는 것과 같이 불가능함을 발견한다."(FR, §33, p. 104)

다. 두 부류의 판단들의 인식근거들인 객관적 상관자들이 그 자체로 인식 주관에 주어질 경우에는 확실한 것으로 주어지고, 이에 따라 이 인식근거들이 뒷받침하는 판단들이 참임이 통찰된다. 반면, 두 부류의 판단을 증명한다고 함은 주관에 놓인 세 형식의 객관적 상관자들을 기술하여 타인에게 전달하는 것을 의미하는데, 이 증명은 인식근거들 자체가 갖는 확실성을 가지지도 못하며, 인식근거들 자체가 주는 통찰을 주지도 못한다. 이에 따라 쇼펜하우어가 두 부류의 판단의 증명을 불충분한 것으로 간주했다고 볼 수 있다. 이 판단들의 증명이 불충분한 것임은 두 부류의 판단을 무엇을 인식근거로 삼는지에 따라 구분하여 고찰할 때 더 잘 파악된다.

먼저, 초월적 진리를 갖는 판단 중에서 감성 형식의 객관적 상관자인 존재근거를 인식근거로 삼는 판단들의 증명이 불충분함을 살펴볼 수 있다. 앞서 서술했듯이, 산술학적 판단들과 기하학적 판단들이 이러한 판단들에 해당한다. 쇼펜하우어에 따르면, 이 판단들의 인식근거인 시간에서의 존재근거와 공간에서의 존재근거는 다른 무엇보다 확실한 것으로 주어진 것이기에 각각이 산술학의 판단들과 기하학의 판단들이 참이라는 통찰을 줄 수 있다.

반면, 쇼펜하우어는 증명은 존재근거만큼 확실한 것으로 주어지지 않으므로 산술학적 판단들과 기하학적 판단들이 참임을 보여줄 수는 있지만, 왜 그 판단들이 참인지 이해할 수 있게 하지는 않는다고 말한다. 쇼펜하우어의 표현에 따르면, 증명은 직접적인 통찰(cognitio)을 주지 않으며, 이 통찰은 오직 존재근거를 통해서만 주어진다. "세 변의 길이가 같은 삼각형의 세 각의 크기는 같다"는 판단의 인식근거는 정

삼각형을 볼 때 주어지는 것이지 증명을 통해 주어지는 것이 아니다.[18]

쇼펜하우어는 존재근거가 증명에 대한 요구를 폐기함을 직접적으로 명시하기도 한다. "존재근거를 갖는다면, 그 명제의 진리의 대한 확증은 오직 존재근거에 의존하고, 결코 증명을 통해 주어진 인식근거에 더 이상 의존하지 않는다."(FR, §39, p. 128) 이러한 쇼펜하우어의 입장은 수학에서 증명의 위상을 끌어내린다. 자케트(D. Jacquette)는 수학적 증명에 대한 쇼펜하우어의 입장을 다음과 같이 적절하게 평가한 바 있다. "쇼펜하우어는 수학적 결론이 그 기원에서도 궁극적 정당성에서도 지각적이라는 입장을 고수한다."[19]

이어서 초월적 진리를 갖는 판단 중에서 지성 형식의 객관적 상관자를 인식근거로 갖는 판단들의 증명과 이성의 형식의 객관적 상관자들을 인식근거로 가짐으로써 메타논리적 진리를 갖는 판단들의 증명이 불충분함을 살펴볼 수 있다. 앞선 서술에 따르면, 지성과 이성 형식의 객관적 상관자들인 '질료'와 '판단'을 표상할 때, 인식 주관은 이것들을 그 자신에게 주어진 능력에 벗어나는 방식으로 표상하는 것이 불가능함을 인식한다. 이 시점에서 필자는 어떤 것이 불가능하다는 인식은 그것이 필연적으로 불가능하다는 인식이어야 하므로 이 두 인식 역시 필연적인 것으로 알려지는 것이라고 주장하고자 한다. 이에 따라 두 부류의 판단의 인식근거가 무조건적인 확실성을 갖는 것으로 주어진다고 이해할 수 있다.

---

[18] 자케트의 해설에 따르면, 쇼펜하우어는 공리로부터의 연역을 중시하는 유클리드의 수학적 방법론으로는 증명된 내용이 왜 참인지 통찰할 수 없다고 보았다. Jacquette, "Schopenhauer's Philosophy of Logic and Mathematics," p. 44 참조.

[19] Jacquette, "Schopenhauer's Philosophy of Logic and Mathematics," p. 49.

그렇다면, 두 부류의 판단들이 참임을 확실하게 통찰할 수 있게 하는 것은 타인이 제시한 증명일 수 없다. 인식 주관은 직접 인과법칙에서 벗어나 질료의 상태를 표상하려고 시도하고, 이성에 주어진 네 법칙에서 벗어나 판단을 표상하려고 시도함으로써 지성과 이성의 형식들의 객관적 상관자들 자체를 포착해야 하며, 이렇게 포착된 객관적 상관자들 자체에 근거하여 이 판단들이 참임을 받아들여야 한다. 오직 이 경우에만 이 판단들이 참임이 통찰될 것이기 때문이다.

이상의 논의를 다음과 같이 간단히 정리할 수 있다. 초월적 진리를 갖는 판단들과 메타논리적 진리를 갖는 판단들이 인식근거로 삼는 것은 주관에 놓인 세 형식이 아니라 이 형식들의 객관적 상관자다. 이 객관적 상관자들은 그 자체로 알려졌을 때는 확실성을 갖는 것이자 두 부류의 판단이 참이라는 통찰을 주는 것이지만, 이 인식근거들이 판단으로 기술되어 증명으로 제공되었을 때는 확실성을 가지지도 않고 통찰을 주지도 못한다. 바로 이런 의미에서 초월적 진리를 갖는 판단들과 메타논리적 진리를 갖는 판단들의 증명은 불충분하다.

5. 증명의 세 번째 한계: 미완결성

이 절에서는 쇼펜하우어가 미완결성을 증명의 또 하나의 한계로 이해했음을 논증한다. 증명의 대상이 되는 판단이 인식근거에 의해 정당화되고, 제시된 인식근거를 정당화하는 근거가 또다시 충분근거율에 의해 물어져야 한다면, 정당화에 대한 요구는 무한히 소급된다. 무한히 소급되는 요구를 충족시키지 못하는 이상, 증명은 미완결된 것일 수밖에 없다. 증명이 완결된 것일 수 있기 위해서는 무한한 소급을 중단시킬 수 있는 장치들이 필요하지만, 쇼펜하우어는 이러한 장치들을 부당한 것으로 여기고 거부했다. 이는 그가 미완결성을 증명의 본질적인 한계로 이해했음을 보여주는 근거가 된다.

앞선 2, 3, 4절에서는 판단과 인식근거의 관계를 개별적인 근거와 개별적인 귀결 차원에서 살펴보았지만, 이 절에서는 증명의 완결성에 대해 논하고자 하므로 하나의 귀결을 정당화하는 일련의 근거들의 연쇄를 고찰해야 한다. 고찰 대상이 되는 근거들의 연쇄는 다음의 두 부류이다. 첫 번째는 오직 판단으로만 이어진 연쇄다. 두 번째는 판단의 연쇄와 인과의 연쇄가 맞물리는 연쇄이며, 다시 말해 경험적 진리를 갖는 판단을 포함하는 연쇄다.

가장 먼저, 증명이 '진술된 판단의 인식근거에 대한 설명'임을 되새길 필요가 있다. 이때 진술된 판단에 인식근거를 요구하는 것은 이성의 선험적 형식 중 하나인 인식의 충분근거율인데, 이 충분근거율 자체는 근거를 가지지 않는다. 이는 다른 모든 증명을 가능하게 하는 원리가 증명될 수 없음을 의미하며, 다시 말해 가능한 모든 증명은 미완결된 것일 수밖에 없음을 의미한다.

"근거율을 위한 하나의 증명을 특별히 찾는 것은 특히 불합리하며 생각이 부족하다는 사실을 입증한다. [⋯] 어떤 증명, 즉 근거율의 근거에 대한 설명을 요구한다면, 바로 이를 통해 근거율을 참인 것으로 이미 전제하여 그 요구는 바로 이 전제에 의지하게 된다. 따라서 그는 어떤 증명을 요구하는 권리의 증명을 요구하는 순

환 논증에 처하게 된다."(FR, §14, p. 28)

　여기에 더하여, 쇼펜하우어는 특정한 근거들의 연쇄가 미완결된 것일 수밖에 없음을 지적하기도 한다. 판단들로만 이루어진 연쇄와 판단들의 연쇄와 경험적 직관들의 연쇄가 경험적 진리를 갖는 판단에 의해 연결되어 하나의 연쇄를 형성하는 경우가 이에 해당한다.

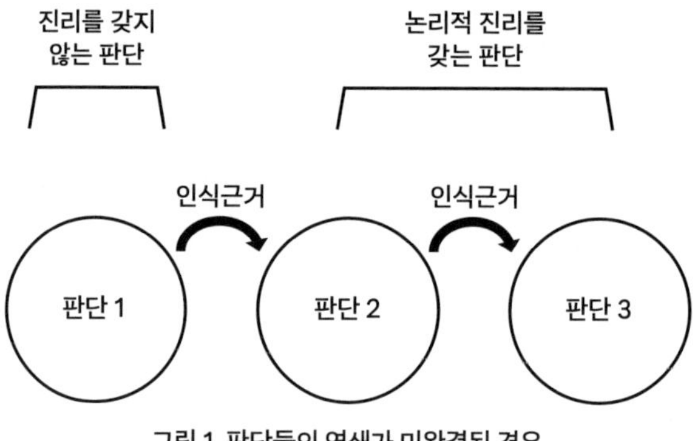

그림 1. 판단들의 연쇄가 미완결된 경우

　우선, 판단들로만 이루어진 연쇄를 고려해볼 수 있다. 논의를 단순화하기 위해 근거와 귀결의 관계를 맺는 서로 다른 세 판단이 있고, 각각을 판단 1, 판단 2, 판단 3이라고 해보자. 또한, 판단 1이 판단 2에 대한 인식근거이고, 판단 2는 판단 3에 대한 인식근거라고 해보자. 이러한 연쇄는 〈그림 1〉과 같이 표현할 수 있다. 이 경우 판단 2와 판단 3은 논리적 진리를 갖지만, 판단 1은 아직 참이라는 술어를 획득하지 못한 것으로 남는다. 더 많은 판단이 이어진 계열을 고려할 경우에도 결과는 같을 것임을 쉽게 예상할 수 있으므로 판단들로만 구성된 일련

의 연쇄는 미완결된 것일 수밖에 없음을 쉽게 이해할 수 있다.[20]

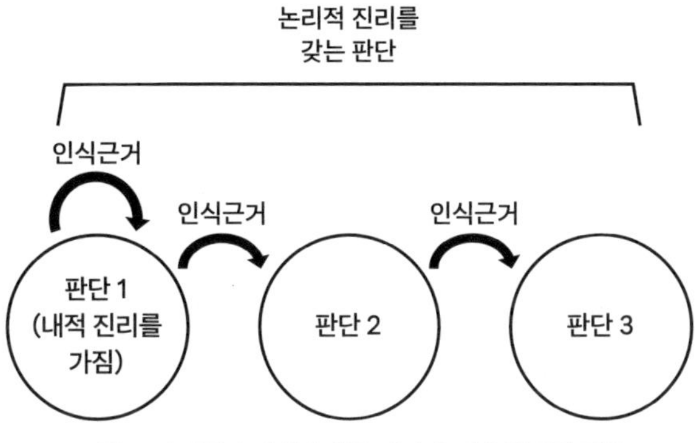

그림 2. 판단들의 연쇄가 내적 진리에 의해 완결된 경우

일부 철학자들은 이러한 연쇄를 완결된 연쇄로 이해할 수 있는 개념인 '내적 진리(innere Wahrheit)'라는 개념을 도입한 바 있다. 하나의 판단이 그 자신에 근거하여 참이라는 술어를 획득할 때, 그 판단은 내적 진리를 갖는다. 내적 진리를 갖는 판단을 포함하는 연쇄는 〈그림 2〉와 같이 표현할 수 있다.

그러나 쇼펜하우어는 진리를 "판단이 그 판단과는 다른 어떤 것[네 종류의 인식근거]과 맺는 관계"로 정의하므로 내적 진리는 그가 제시한 진리 개념에 정면으로 모순된다(FR, §29, p. 100). 이에 쇼펜하우어는 다음과 같이 선포한다. "내적 진리는 모순이다."(FR, §30, p. 102) 내적 진리가 부당한 개념이라는 그의 비판은 정당한 것으로 보인다. 그러나

20　사실 쇼펜하우어는 인식근거의 연쇄가 판단들만으로 이루어지는 경우가 있다고 보지 않는다. 이 연쇄는 직관 혹은 감성·지성·이성의 선험적 형식에 근거함으로써 끝난다. "인식근거의 계열은, 즉 모든 판단이 다른 판단에 논리적 진리를 나누어주는 판단들의 계열은 언제나 어디에선가, 말하자면 경험적이거나 초월적이거나 메타논리적인 진리에서 끝난다."(FR, §50, p. 147)

이것이 모순임이 선언됨으로써 판단들의 연쇄로 이루어진 증명이 완결된 것일 가능성은 차단된다.

　이어서 판단들의 연쇄와 경험적 직관들의 연쇄가 경험적 진리를 갖는 판단에 의해 연결되는 경우를 고려해볼 수 있다. 마찬가지로 논의를 단순화하기 위해 근거와 귀결 관계를 맺는 세 판단과 세 경험적 직관이 있다고 가정해보자. 그리고 세 판단은 앞선 경우에서와 마찬가지로 근거와 귀결의 관계를 맺으며, 세 경험적 직관 역시 근거와 귀결의 관계를 맺고, 이 연쇄에 포함된 경험적 직관 중 하나가 다른 한 판단의 인식근거라고 해보자. 즉, 직관 1은 직관 2의 원인이고, 직관 2는 직관 3의 원인이며, 직관 3은 판단 1의 인식근거라고 해보자. 이 연쇄는 〈그림 3〉과 같이 표현할 수 있다.

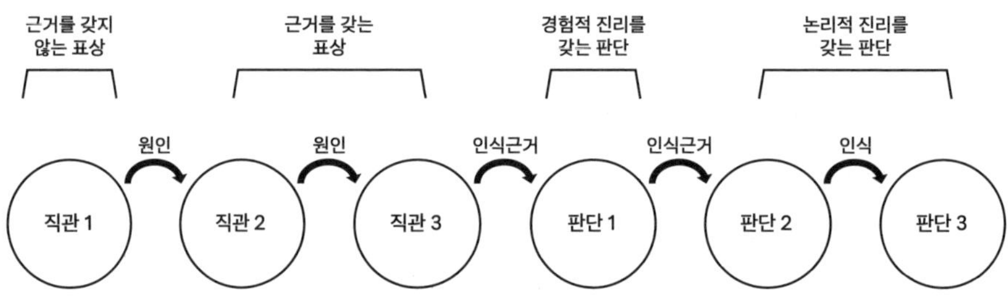

그림 3. 판단들의 연쇄가 내적 진리에 의해 완결된 경우

　이 경우에는 앞선 경우에서와 달리 세 판단이 모두 진리를 갖는다. 판단 2와 판단 3이 논리적 진리를 갖는다면, 판단 1은 경험적 진리를 가지며, 직관 2와 직관 3도 원인을 가지므로 충분한 근거를 갖는다. 그러나 직관 1은 여전히 아무런 근거를 가지지 못한 상태로 머무른다. 이로써 판단들의 연쇄와 경험적 직관들의 연쇄가 맞물려 하나의 연쇄를 형성하는 경우에도 이 연쇄는 완결된 것일 수 없음이 드러난다.

앞선 경우에서와 마찬가지로, 만일 직관 1이 그 자신의 근거일 수 있다면, 다시 말해 만일 자기원인(causa sui)이 가능하다면, 이 연쇄는 완결된 것일 수 있다. 이러한 연쇄는 〈그림 4〉와 같이 표현할 수 있다.

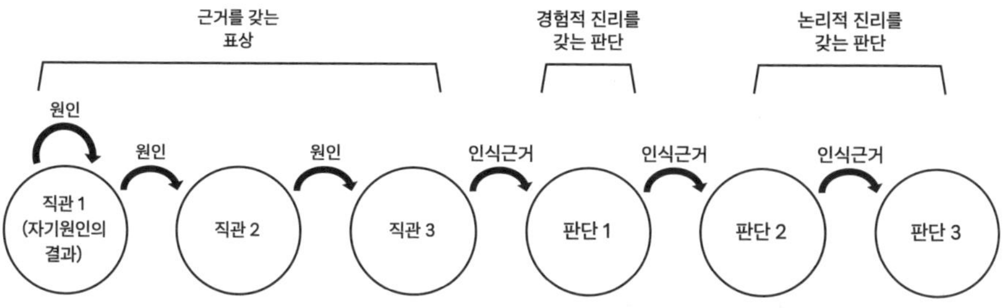

그림 4. 판단들과 경험적 직관들이 맞물린 연쇄가 자기원인에 의해 완결된 경우

그러나 쇼펜하우어는 단호하게 자기원인의 가능성을 부정한다. 그에게는 자기원인 역시 내적 진리와 마찬가지로 형용모순이다.[21] 그는 원인을 언제나 결과에 시간적으로 선행하는 것으로 이해하는데, 자기원인이 가능하기 위해서는 (하나의 상태는 그것과 동일한 상태와 동시에 존재하므로) 원인과 결과의 동시성이 요구되기 때문이다.[22] 앞서 내적 진리가 모순으로 선언됨으로써 판단들의 연쇄가 완결된 것일 수 없게 되었듯이, 이제 자기원인이 모순으로 선언됨으로써 경험적 직관의 연쇄와 판단들의 연쇄가 맞물리는 연쇄도 완결된 것일 수 없게 된다.

이상의 논의는 다음과 같이 간략하게 정리할 수 있다. 쇼펜하우어는 충분근거율 자체는 근거를 가지지 않음을 지적하고, 내적 진리와

---

[21] "나로서는 '자기원인'에서 단지 형용모순을, 이후의 것인 이전의 것을, 무한한 인과의 고리를 절단하는 거만한 권력의 명령을 볼 뿐이다."(FR, §8, p. 20)

[22] "인과법칙과 동기화의 법칙에 따라 근거는 시간적으로 귀결에 선행해야 한다. 이것은 […] 전적으로 본질적이다."(FR, §47, p. 144)

자기원인을 부정한다. 이러한 입장에서 볼 때, 하나의 판단을 정당화할 수 있는 근거들의 연쇄 일반은 본질적으로 미완결된 것으로 간주된다. 쇼펜하우어에게 증명이란 근거와 귀결의 연쇄를 완결시키는 것이 아니다. 그에게 증명이란 "의심스러운 것을 인정된 것으로 환원하는 것"일 뿐이다(FR, §14, p. 28).

6. 증명의 네 번째 한계: 증명을 통해 전달될 수 없는 내용

이 절에서는 이데아와 특정한 느낌이 증명을 통해서는 전달될 수 없음을 증명의 네 번째 한계로 제시한다.

쇼펜하우어의 형이상학은 이데아를 충분근거율을 따르지 않는 특수한 객관으로 이해한다.[23] 이데아는 다른 무엇의 귀결이나 근거로 알려질 수 없으므로 충분근거율 전반에서 지배적인 "왜?"라는 물음은 이데아에 대해서는 효력을 상실한다. 이데아의 인식은 주관이 오직 주어진 것 자체에만 집중할 때 이루어진다.[24]

---

[23] 이데아는 객관이지만, 다른 객관들과 달리 충분근거율에 종속되지 않는다. "이데아는 (⋯) 주관에 대한 객관 존재라고 하는 형식은 보유하고 있었다", "근거율은 그것[이데아]에 대해서는 아무런 의미도 갖지 않는다"(WWR 1, §32, p. 197); WWR 1, §30, p. 192; 화이트는 쇼펜하우어의 이데아를 플라톤의 이데아와 비교한 바 있다. 이 글의 맥락에서 중요하게 살펴야 할 차이는 플라톤은 이데아가 직관될 수도 있고 추상적으로 인식될 수도 있다고 보지만, 쇼펜하우어는 이데아가 직관적인 인식을 통해서만 알려질 수 있다고 본다는 점이다. F. C. White, "Schopenhauer and Platonic Ideas," *A companion to Schopenhauer* (Chichester: Blackwell Publishing, 2012), pp. 133-146 참조.

[24] 이데아를 인식하고자 하는 인식 주관은 직관적 인식에서 우연적이고 비본질적인 것을 분리하고 본질적인 것만을 남기며, 이렇게 드러난 것이 곧 이데아다. 영은 다음과 같이 해설한다. "이데아를 지각하는 것은 시냇물 이외의 것을 지각하는 것이 아니라 '비본질적인 것'

"우리가 […] 사물들 상호 간의 관계만 추구하는 것을 그만두고, 즉 여러 사물에 대한 어디, 언제, 왜, 무엇 때문에가 아닌 오로지 무엇만을 고찰하며, 또한 추상적인 사유, 이성의 개념, 의식에 사로잡히게 하지 않고, 이 모든 것 대신 자기 정신의 온 힘을 직관에 바쳐 […] 전적으로 이 직관에 침잠하여 의식 전체를 채운다고 하자. […] 이렇게 하여 인식되는 것은 더 이상 개별적 사물 그 자체가 아닌 이데아이고 영원한 형식이며, 이 단계에서 의지의 직접적인 객관성이다."(WWR 1, §34, p. 201)

언급한 이데아의 특성을 고려할 때, 증명이 이데아를 전달하는 소통 방식일 수 없음은 자명하다. 앞선 3절에서의 논의에 따르면, 증명은 증명의 대상이 되는 판단이 어떻게 인식의 충분근거율의 요구에 따라 다른 표상과 결합하는지를 기술한 판단이다. 그러나 이데아는 그 자체로는 아직 판단이 아니므로 증명의 대상이 되기 위해서는 우선 판단으로 기술되어야 할 것인데, 이때 기술된 판단은 이데아를 인식근거로 가질 수 없으며, 다른 어떤 인식근거도 가지지 않는다. 이 판단은 근거와 귀결의 사슬을 벗어나 고립되어 있기에 증명될 수 없으며, 이 판단이 표현하는 내용인 이데아도 증명을 통해서는 전달될 수 없다.

증명이 전달할 수 없는 것에는 이데아만 있는 것은 아니다. 특정

과 분리된 '본질적인 것'에 주의를 집중하여 시냇물을 지각하는 것임을 알아차려야 한다." J. Young, "The Platonic Ideas" in *Schopenhauer* (London: Taylor & Francis, 2005), p. 131; 비슷한 맥락에서, 아우벨레는 경험적 세계로부터 완전히 물러날 때 이데아의 직관이 이루어진다는 것이 쇼펜하우어의 주장이라 이해하는 것은 그의 철학에 대한 흔한 오해 중 하나임을 지적한다. D. V. Auweele, "Schopenhauer and the Paradox of Genius" (*Epoché: A Journal for the History of Philosophy*, vol. 20, 2015), p. 157 참조.

한 느낌(Gefühl)을 기술한 판단 역시 증명을 통해서는 전달될 수 없다. 쇼펜하우어는 주관의 의식 일반에 들어온 것을 인식(Erkenntnis)으로, 인식 중에서 추상적인 것을 지식(Wissen)으로, 그 외의 나머지를 느낌으로 정의한 바 있다(WWR 1, §10-11, pp. 75-76). 쇼펜하우어에 따르면, 인간의 신체는 의지(Wille)로 주어짐과 동시에 표상(Vorstellung)으로 주어지는데, 인식 주관은 의지로서 주어진 신체와 표상으로서 주어진 신체의 동일성을 느낌으로 인식한다.[25]

이 느낌은 '나의 신체는 의지이면서 표상이다'라는 판단으로 기술될 수 있다. 이 판단은 증명될 수 없는 것으로 여겨지는데, 이 판단은 의지로서의 신체와 표상으로서의 신체가 동일하다는 느낌을 기술한 것일 뿐 이 느낌을 근거로 삼고 있는 것이 아니고, 이 느낌 이외의 다른 어떤 것을 인식근거로 가지지도 않기 때문이다. 이 판단이 증명될 수 없다면, 이 판단이 표현하는 느낌 역시 증명을 통해서는 전달될 수 없다.

---

25 쇼펜하우어는 동일성 관계는 오직 직관적으로만 파악될 수 있다고 본다(WWR 1, §18, p. 127); "쇼펜하우어는 […] 적어도 신체의 특정한 측면에 대한 내적 인식이 의지라는 느낌에 호소한다." D. Jacquette, "Schopenhauer's Proof that Thing-in-Itself is Will" (*Kantian Review*, vol. 12, 2007), p. 89; 샤프셰이에 따르면, 쇼펜하우어에게서 '느낌'과 '직관적 인식(intuitive Erkenntnis, anschauliche Erkenntnis)'은 교환 가능한 개념이다. S. Shapshay, "Poetic Intuition and the Bounds of Sense: Metaphor and Metonymy in Schopenhauer's Philosophy" (*European Journal of Philosophy*, vol. 16, 2008), p. 215 참조.

7. 증명의 한계와 언어적 소통 한계의 간극

이 절에서는 시(Poesie)와 철학을 언어적 소통으로 분류하고, 두 소통 방식이 6절에서 제시한 증명의 네 번째 한계를 넘어설 수 있음을 주장한 후, 이에 기초하여 증명의 한계를 언어적 소통의 한계와 구분한다.

만일 증명과는 구분되는 언어적 소통이 있고, 이러한 소통이 앞선 6절에서 다루었던 느낌이나 이데아를 전달할 수 있다면, 증명의 한계를 언어적 소통의 한계와 구분할 수 있을 것이다. 필자가 파악하는 바에 따르면, 시와 철학을 통한 소통이 이에 해당한다. 시를 통한 소통은 이데아를, 철학을 통한 소통은 앞서 언급한 느낌을 전달할 수 있다.

증명을 언어적 소통으로 분류하는 것이 정당한 한, 시와 철학을 언어적 소통으로 분류하는 것 역시 정당하다. 쇼펜하우어에게서 시는 이데아를 전달하는 것이고, 철학은 근거 지어지지 않은 통찰을 전달하는 것이므로 '소통'으로 규정할 수 있다. 또한 시와 철학은 개념으로 구성되고 이 개념들은 언어로 예화되므로 '언어적'이라는 술어를 부여할 수 있다.

다음의 인용은 쇼펜하우어가 예술을 '이데아의 인식'과 '이데아의 전달'이라는 두 목적을 갖는 활동으로 이해했으며, 시 역시 이데아를 전달하는 것을 목적으로 삼는 것으로 여겼음을 잘 드러낸다.

"예술은 순수 관조에 의해 파악된 영원한 이데아, 즉 세계의 모든 현상의 본질적인 것과 영속적인 것을 재현한다. 그리고 재현할 때의 소재에 따라 예술은 조형예술이나 시나 음악이 된다. 그것[예술]의 유일한 기원은 이데아의 인식이고, 그것의 유일한 목적은 이 인식의 전달이다."(WWR 1, §36, pp. 207-208)

시는 증명과 마찬가지로 개념으로 구성된 것이지만, 시를 구성하는 개념들은 충분근거율에 종속되지 않는다.[26] 시인은 이데아를 근거 지어지지 않은 것으로 포착하며, 이데아의 인식과 전달은 직관적으로만 이루어질 수 있음을 알기에 감상자에게 이데아를 어떠한 근거에 뒤따르는 필연적인 귀결로 받아들일 것을 요구하지도 않는다. 시를 구성하는 개념들의 역할은 감상자가 상상된 상(Phantasma)을 형성할 수 있도록 상상력(Phantasie)을 자극하는 것이며, 다시 말해 감상자로 하여금 직관적 인식을 선험적으로 형성하도록 촉발하는 것이다. 그러나 이 개념들은 이러한 역할을 수행한 이후에는 버려져야 한다.[27]

"시에서는 언어로 직접 주어진 것이 개념이고, [⋯] 언제나 이 개념으로부터 직접적인 것으로 인도될 수 있으며, 그 직관적인 것의 묘사는 시를 듣는 사람의 상상력이 떠맡아야 한다. [⋯] 시에서는 개념이 소재이고 직접 주어진 것이므로 [⋯] 직관적인 것[상상된 상]을 불러일으키기 위해서는 소재가 버려져도 무방하다."(WWR 1, §50, pp. 266-267)

---

26 윅스는 추상적인 인식보다 직관적인 인식을 높게 평가하면서도 시의 미학적 가치를 높게 평가하는 것이 쇼펜하우어에게서 도전적인 과정이었음을 적절하게 지적한다. *Wicks, Schopenhauer's The World as Will and Representation - A Reader's Guide*, p. 105 참조.

27 상상된 상과 경험적 직관의 공통점과 차이점에 대해서는 각주 8에서 언급했다.

시와 마찬가지로, 철학 역시 충분근거율에서 벗어난 것을 포착하고 전달한다. 앞선 6절에서 다루었던 두 신체가 동일하다는 느낌은 철학자에 의해 '나의 신체는 의지이면서 표상이다'로 기술되어 타인에게 전달된다.[28] 쇼펜하우어는 이 판단이 다른 네 부류의 진리와는 구별되는 철학적 진리(philosophische Wahrheit)를 갖는다고 말하는데, 이 판단은 이 느낌을 근거로 삼는 것이 아니라 단지 이 느낌을 재현함으로써 보존하는 것을 목적으로 한다.

> "세계의 본질 전체를 추상적이고 보편적이며 분명하게 개념으로 재현하고, 이것을 이성이 항상 이용할 수 있는 영구적인 개념으로 변환하는 것, 이것이 철학이며 이것 이외의 어떤 것도 철학이 아니다."(WWR 1, §68, p. 410)

> "이것[의지로서의 신체와 표상으로서의 신체의 동일성을 기술한 판단]은 다른 네 가지 진리와 달리, 어떤 추상적 표상과 다른 표상의 관계가 아니고, 직관적 또는 추상적 표상의 필연적 형식에 대한 관계도 아니다. 오히려 이것은 직관적 표상인 신체가 결코 표상이 아닌

---

[28] 포스터는 쇼펜하우어가 철학을 직관적인 측면이 있는 것으로 여겼음을 지적한다. "쇼펜하우어는 철학이 단순히 분석적이거나 종합적인 것이 아니라 직관적인 작업이 될 수 있다고 말한다[.]" Foster, "The Hour of Consecration: Inspiration and Cognition in Schopenhauer's Genius," p. 79; 샤프셰이는 통찰에 의존하는 쇼펜하우어의 방법론을 환유적이라고 표현하기도 한다. "쇼펜하우어는 지금까지 별개의 것으로 여겨졌던 것 사이의 근접성(contiguity)을 느끼는 경험을 활용한다. 쇼펜하우어 연구에서 지금까지 제대로 평가받지 못했던 이러한 환유적 사고는 쇼펜하우어 철학에서 반복적으로 등장하는 주된 동기이며, 인간이 그 자체로 존재하는 세상에 간접적으로 접근할 수 있다고 그가 믿는 방식이다." Shapshay, "Poetic Intuition and the Bounds of Sense: Metaphor and Metonymy in Schopenhauer's Philosophy," p. 211.

이와 전적으로 상이한 것인 의지에 대해 갖는 관계에 대한 어떤 판단의 관계다. 따라서 나는 이 진리를 무엇보다 특별 취급해서 철학적 진리라 부르고 싶다."(WWR 1, §18, p. 127)

철학적 진리를 갖는 판단은 쇼펜하우어의 형이상학 전체를 떠받치는 역할을 수행하는데, 이는 쇼펜하우어가 신체가 의지이자 표상이라는 통찰을 기점으로 세계 역시 의지이자 표상임을 주장하기 때문이다.[29] 이 판단이 갖는 막대한 중요성에도 불구하고 이 판단이 근거를 가지지 않는다는 것은 쇼펜하우어가 근거와 귀결의 관계를 파악하는 것을 철학의 본질적 요소로 보고 있지 않다는 것을 의미한다. 철학자가 해야 할 일은 근거와 귀결의 관계를 파악하는 것이 아니라 근거 지어지지 않은 심오한 통찰을 개념으로 기술하여 전달하는 것이다.[30]

이상의 논의는 시와 철학이 이데아와 느낌을 전달할 수 있다는 점에서 앞선 6절에서 제시된 증명의 네 번째 한계를 넘어서는 것이며, 따라서 상위 개념인 언어적 소통의 한계가 하위 개념인 증명의 한계와 구분되어야 함을 보여준다. 이 구분은 쇼펜하우어의 철학에 내재한 놀라운 통찰을 발견할 수 있게 하기도 한다. 그가 보기에 증명의 한계는

---

29 물 자체가 의지라는 쇼펜하우어의 논증이 얼마나 유비적인 것인지에 대해서는 논쟁이 있다. 다수의 연구자들은 그의 논증이 근본적으로 유비적이라고 본다. 그러나 자케트는 WWR 1에서는 이 주장이 유비를 통해 이루어지고, WWR 2에서는 유비가 아닌 방식으로 이루어짐을 분석한 바 있다. 전반적으로 볼 때, 적어도 WWR 1에서의 논증이 유비적이라는 데 대해서는 연구자들 간에 광범위한 합의가 이루어진 것으로 보인다. 자케트의 논의는 Jacquette, "Schopenhauer's Proof that Thing-in-Itself is Will," pp. 76-108 참조.

30 매기는 그의 시대의 철학에서 논증이 너무 중시되는 경향성이 있음을 쇼펜하우어적인 입장에서 비판하기도 한다. 매기는 철학의 본질은 통찰을 전달하는 것이고 논증은 통찰을 전달하는 효과적인 수단으로 간주되어야 한다고 주장한다. Magee, "The Ends of Explanation," pp. 39-40.

증명이 개념으로 구성된 것이기에 발생하는 것이 아니며, 증명이 충분근거율을 따르기에 발생하는 것이다. 즉, 쇼펜하우어는 증명이 갖는 한계는 그 소재에서 유래하는 것이 아니라, 그 소재를 활용하는 방식에서 유래한다고 본다. 달리 말하면, 쇼펜하우어는 동일한 소재를 어떻게 사용하는지에 따라 그 소재가 무엇을 전달할 수 있는지 바뀔 수 있음을 말하고 있는 셈이다.

8. 나가는 말

증명이란 무엇이며, 하나의 판단이 증명되었다는 것은 무엇을 의미하는가? 통상적인 관점에서 증명은 때때로 어떤 판단을 신뢰할 수 있는 확고부동한 토대를 놓는 것으로 이해되는 것처럼 보이며, 증명된 판단은 그 내용을 의심할 수 없는 것으로 간주되는 것처럼 보인다. 또한 증명은 근거와 귀결의 사슬을 엄격하게 파악하는 과정에서 탄생한 합리성의 결정체로 이해되기도 한다. 그러나 쇼펜하우어는 증명이 합리성의 결정체라는 점에는 동의할 것이지만, 증명이 확고부동한 토대를 놓는다거나 증명된 판단의 내용을 의심할 수 없다는 주장에는 동의하지 않을 것이다. 증명은 때때로 불충분하며, 언제나 미완결된 것이자 언제나 충분근거율의 요구에 봉사하는 것일 뿐이기 때문이다.

소통의 맥락에서 쇼펜하우어의 철학을 조명하고자 하는 의도를 견지하면서 그의 철학으로부터 유의미한 시사점을 얻어내고자 한다면, 다음과 같이 물을 수도 있을 것이다. 심오한 이해를 전달하고자 할 때, 증명은 적절한 소통 방식인가? 이에 대한 대답은, 적어도 쇼펜하우어의 대답은 "아니다"이다. 쇼펜하우어가 즐겨 사용하는 비유를 사용하자면, 증명은 근거와 귀결의 관계를 파악할 뿐이라는 점에서 단지 '수평 운동'일 뿐이며, 수평 운동에 머물러서는 심오한 이해를 거머쥘 수도 없고 전달할 수도 없다.

쇼펜하우어가 보기에 진정으로 심오한 이해는 충분근거율에 벗어난 '수직 운동'에 의해서만 파악될 수 있으며, 이렇게 얻어진 이해는 예술과 철학을 통해 전달되어야 한다. 이는 철학과 예술이 심오한 이해를 더 잘 전달할 수 있기 때문이 아니라, 오직 철학과 예술만이 이러한 이해를 전달할 수 있기 때문이다. 가장 심오한 것은 근거 지어진 것으로서가 아니라 근거 지어지지 않은 것으로서 알려지고 전달되며, 달리 말하면 합리적인 것으로서가 아니라 비합리적인 것으로서 전달된다. 바로 이러한 의미에서 지멜이 올바르게 통찰했듯이, 쇼펜하우어의 철학은 비합리적이다.

참고문헌

이서규, 「쇼펜하우어의 충분근거율에 대한 고찰」, 『철학연구』 62, 고려대학교 철학연구소, 2020, 327-359쪽.

Auweele, D. V., "Schopenhauer and the Paradox of Genius," *Epoche: A Journal for the History of Philosophy*, vol. 20, Philosophy Documentation Center, 2015, pp. 149-168.

Foster, C., "The Hour of Consecration: Inspiration and Cognition in *Schopenhauer's Genius*," *Schopenhauer's The World as Will and Representation – A Critical Guide*, Cambridge: Cambridge University Press, 2023.

Hall, R., "Schopenhauer's Philosophy of Music," *A Companion to Schopenhauer*, Chichester: Blackwell publishing, 2012.

Jacquette, D., "Schopenhauer's Philosophy of Logic and Mathematics," *A Companion to Schopenhauer*, Chichester: Blackwell publishing, 2012.

______, "Schopenhauer's Proof that Thing-in-Itself is Will," *Kantian Review*, vol. 12, Cambridge: Cambridge University Press, 2007, pp. 76-108.

Janaway, C., "Schopenhauer on Cognition(Erkenntnis) (W 1 §§8-16)," *Arthur Schopenhauer: Die Welt als Wille und Vorstellung*, Berlin: Akademie Verlag, 2014.

Leibniz, G. W., "The Monadology," *Leibniz's Monadology – A New Translation and Guide*, translated by L. Strickland, Edinburgh: Edinburgh University Press, 2014.

Magee, B., "The Ends of Explanation," *The Philosophy of Schopenhauer*, New York: Oxford University Press, 2002.

______, "Objects and Subjects," *The Philosophy of Schopenhauer*, New York: Oxford University Press, 2002.

______, "The Flower of Existence," *The Philosophy of Schopenhauer*, New York: Oxford University Press, 2002.

Pruss, A. R., *The Principle of Sufficient Reason: A Reassessment*, Cambridge: Cambridge University Press, 2006.

Schopenhauer, A., "On the Fourfold Root of the Principle of Sufficient Reason," *On the Fourfold Root of the Principle of Sufficient Reason and other Writings*, translated by D. E. Cartwright, E. E. Erdmann & C. Janaway, Cambridge: Cambridge University Press, 2012.

______, *The World as a Will and Representation*, vol. 1, translated by J. Norman, A. Welchmann & C. Janaway, Cambridge: Cambridge University Press, 2010.

______, *The World as a Will and Representation*, vol. 2, translated by J. Norman, A. Welchmann & C. Janaway, Cambridge: Cambridge University Press, 2018.

Shapshay, S., "Poetic Intuition and the Bounds of Sense: Metaphor and Metonymy in Schopenhauer's Philosophy," *European Journal of Philosophy*, vol. 16, Oxford: Wiley-Blackwell, 2008, pp. 211-229.

Simmel, G., "Man and His Will," *Schopenhauer and Nietzsche*, translated by H. Loiskandl, D. Weinstein & M. Weinstein, Urbana: University of Illinois Press, 1991.

Trautmann, F., "Communication in the Philosophy of Arthur Schopenhauer," *The Southern Speech Communication Journal*, vol. 40, Abingdon: Taylor & Francis, 1975, pp. 142-157.

Vandenabeele, B., "Schopenhauer on Sense Perception and Aesthetic Cognition," *The Journal of Aesthetic Education*, vol. 45, Champaign: University of Illinois Press, 2011, pp. 37-57.

White, F. C., "Schopenhauer and Platonic Ideas," *A Companion to Schopenhauer*, Chichester: Blackwell Publishing, 2012.

Wicks, R., *Schopenhauer's The World as Will and Representation - A Reader's Guide*, New York: Continuum International Publishing Group, 2011.

Young, J., "The Platonic Ideas," *Schopenhauer*, London: Taylor & Francis, 2005.

찾아보기